KB237091

경찰활동과 인권

경찰활동과 인권

김 수 원 지음

KSI 한국학술정보[주]

■ 머리말 ■

　한 나라의 정치발전과 경제성장은 그 나라 국민의 시민·정치적 권리의 보장 없이는 무의미하며 권력자들의 정치적 이해관계에 얽혀 진행되어서는 안 된다. 민주주의 또한 그 나라의 인권을 배제하고는 논의할 수 없다.

　우리나라는 경제성장에 힘입어서 전통적 국가 권위주의 모델로부터 민주주의로 성장해 왔는가? 우리나라의 민주주의는 인권을 보장하고 실현시켰는가? 우리나라의 인권역사는 이와 같은 질의들에 대해 '아니다'라고 분명히 이야기하고 있다. 국가 주도의 경제성장 위주 정책과 민주화의 요구에 따라 한국은 1980년대에 이르러 세계 상위권의 경제성장을 이루어 냈고 민주화라는 구호를 외치게 하였지만, 여전히 인권수준은 세계의 하위권에 머물러 있었다.

　그리고 최근까지 우리나라는 한국식 민주주의에 의해 공동을 위한 인권에 치중해 왔다. 공동체 사회 내에서 지켜야 되는 가치와 덕목을 최우선으로 상정하고 추구하는 사회에서는 결코 절대적인 인권, 공동체보다 우선하는 권리, 사회 전체의 이익을 위해서라도 침해할 수 없는 신성불가침의 개인영역이란 있을 수 없다는 것이다. 나아가 국가는 사회기강을 바로 세우고 국민들을 도덕적으로 계도하는 주체로서, 공공선을 추구함으로써, 가장 궁극적인 가치는 국가와 정부를 통하여 실현될 수 있다고 생각한 것이다.

　하지만 소수자와 개인의 인권도 공동을 위한 그것만큼 중요하다는 사고가 대두되면서 많은 것이 바뀌고 있다.

경찰부문에서 소수자를 위한 제도, 소수자를 위한 시설 등이 언급되고 있다. 이는 경찰이 과거 한국식 민주주의에 따른 오류를 범하지 않도록 조심스럽게 변화하고 있다는 것이다. 국가경찰에서 자치경찰로, 또 지역경찰로서 일방적인 중앙의 통제에서부터 벗어나 많은 사람들의 참여로써 지역 실정에 맞는 지역주민정책을 제안 및 시행하고자 하고 있다. 이로써 인권의 기본원리에 보다 충실해지고자 변화하고 있다. 따라서 변화된 민주주의 개념과 변화되고 있는 경찰정책이 본 연구를 가능하게 하는 또 하나의 배경이 되고 있다고 말할 수 있다.

경찰제도 및 활동에 대한 인식의 변화 또한 인권구성의 주요 쟁점으로서, 이는 직접적인 서비스에 대한 요구뿐만 아니라 주민인권에 대한 지속적인 교육 및 경찰인력의 증원, 선진사례 등에 대한 벤치마킹 등을 요청하고 있는바 이러한 것들이 바탕이 되어 전반적인 지역주민의 인권향상을 논의하게 하고 있는 것이다.

본 내용은 필자의 2004년도 박사학위논문을 일부 수정·보완한 것으로서 경찰활동과 인권에 대한 내용을 담고 있다. 그렇다 보니 글의 전개가 세련되지 않을 수도 있으며 인용된 사례와 통계들이 이미 수년이 경과해 버린 것도 있다. 하지만 그 당시 상황과의 비교를 통해 경찰활동과 인권과의 중요성 및 연관성을 인식하고 파악해 본다면 본 책의 출판목적이 일부 달성된다고 볼 수 있다.

본서의 미흡하고 부족한 부분들은 향후 출판을 계획하고 있는 「경찰과 인권」, 「수사와 인권」이라는 저서에서 보완하여 내용과 사례를 보다 정확하고 풍부하게 할 것임을 약속하며, 본서의 출판을 허락해 준 한국학술정보(주)와 직원 분들에게 고마움을 표한다.

2007년 7월
저자 김수원

시작하며

경찰은 국민의 생명과 재산을 보호하고 사회의 안녕과 질서를 유지하며 공공복리의 증진을 위하여 국민에게 명령·강제하고 지도·봉사하는 일선 행정기능을 수행한다. 경찰은 사회의 안녕과 질서를 유지하기 위한 업무를 수행하기에 권력을 남용하기도 쉽다. 이 때문에 경찰업무수행은 보다 신중해져야 할 필요가 있다.

경찰업무 중의 하나인 경찰권의 발동은 자칫 인권을 침해하기 쉽다. 특히 경찰이 법률로 정하고 있는 규정들을 지키지 않는 상태에서 경찰권을 발동하거나 잘못된 관행과 제도 등을 교정하려 하지 않는 경우에는 인권보호가 어렵게 된다.

이처럼 국민의 생명과 재산을 보호하고 사회질서를 유지하고자 하는 경찰업무수행이 인권과 일부 대립되는 측면이 있다는 것은 역설적이라 할 수도 있다. 하지만 이러한 측면에도 불구하고 오늘날 지역사회에서 주민 속으로 파고드는 경찰활동의 취지는 경찰기능을 수행하면서 주민 지향적인 서비스를 제공하는 데 있으며 그 핵심은 경찰이 발휘할 수 있는 역량과 지역사회의 잠재력을 유기적으로 결합시켜 범죄예방 및 질서유지 효과의 극대화, 주민권익향상에 있다.

이 점에서 기존의 경찰이 수행해 왔던 목표와 방식에 대한 재점검은 불가피하다. 과거의 경찰기능이 중앙정부의 지침이나 명령에 따른 치안유지가 위주였다고 한다면, 자치시대 경찰의 주된 기능은 서비스의 제공과 함께 주민들의 통제나 감시에도 민감할 수밖에 없도록 되어 있다.

또한 중앙집권 시대 대부분의 행정기능이 일방적인 경우가 많았던 데 비해 민주화, 지방화 시대의 행정기능은 기본적으로 쌍방향적인 관계 정립을 중요시하고 있다. 이 같은 현상은 경찰의 경우에도 예외가 아니어서 경찰에 대한 논의도 일방적인 경찰기능 수행에서 벗어나 지역사회에서 발생하는 다양한 관계에 대한 재정립 사고를 도외시할 수가 없다.

이러한 인식을 토대로 여기에서는 경찰활동에 따른 지역사회에서의 기존 관계들에 대한 사고와 새로운 관계 정립에 대하여 검토하고자 한다. 또한 지방자치의 확산이 가져오는 주민참여 증대 현상이 경찰과 지역사회 관계와의 재정립을 요구하고 있다는 점에서 경찰과 주민을 중심으로 전개되는 다양한 관계들과 인권향상에 관련된 방안을 중심으로 논의해 보고자 한다.

경찰과 국민과의 관계에서 인권침해에 따른 보호문제는 오랜 기간 동안 한쪽의 일방적인 제재와 집행이 적용되는 경향 때문에 사회문제화되는 경향을 보였다. 우리나라의 경우 경찰과 인권을 논의할 수 있는 NGO와 전문적인 연구기관 및 교육을 전담하는 기구가 일부 존재하기는 하지만 과거 권위주의 정권 시절에는 국가 차원에서 인권보호를 위한 전문적인 연구기관과 실무기관을 거의 운용하지 못하였다.

그러다가 최근에 와서는 인권과 관련된 세미나, 경찰제도 등에 대한 공청회가 빈번하게 실시되고 국가인권위원회까지 발족되어 운영되고 있다. 그렇지만 지역 차원에서 경찰과 인권에 대한 연구를 지원할 만한 시설이나 인력은 경찰이나 NGO 모두에게 전무한 실정이고 경찰-지역사회 관계의 역량을 결집할 수 있는 연구나 학회도 성장이 더딘 편이다. 아울러 요즘 경찰활동의 바탕이 되는 자치경찰 역시 지방자치시대에 들어와서도 정상적인 발전을 도모하지 못하고 있다.

이러한 상황에 따라 이 책은 다음과 같은 점에서 논의의 필요성을 제시하고자 한다.

첫째, 경찰활동은 주민참여와 협조가 있어야만 그 역량이 증대된다는 것이다.

주민들의 안전과 인권향상을 위해서는 이들이 보다 활동적인 역할을 하여야 하는데, 주민들이 경찰과 동등한 입장에서 협조를 하는 상황이 전제되는가를 검토해 보아야 한다. 경찰에게 새로운 책임이 부여되었을 때 지역주민과 경찰이 적절하게 연결될 수 있는 고리가 중요한 것으로 본다면 경찰활동과 연관된 주민참여 수준을 증대시키는 새로운 프로그램의 개발과 도입 등이 어느 정도인가를 살펴보아야 한다.

하지만 단지 주민의 참여를 증대시키기 위한 활동이 이루어졌다는 것만으로 지역사회 경찰활동이라고는 말할 수가 없으므로 기존에 운영되었던 관행 및 활동과 구별되는 프로그램이 어느 정도나 반영될 수 있는가도 살펴볼 필요가 있다.

이미 여러 나라에서 시행·연구하고 있는 부랑자와 홈리스(Homeless) 문제, 인권교육, 지역주민들 중에서 장애인, 노약자, 어린이, 청소년과 관련된 문제들에 관한 지역경찰의 개입 프로그램, 자원봉사자와의 연계방안, 유치장 문제, 인권과 관련된 GIS(지리정보시스템) 활용방안 등에 관한 연구는 최근의 관련 연구에 관한 동향을 잘 나타내 주고 있다.

이러한 지역사회 경찰활동에 관한 연구와 시행을 통해 주민과 경찰이 함께 모색하는 치안행정과 인권행정이 활성화된다면 이 또한 본 주제에 대한 연구의 필요성이 충족되는 것이다.

둘째, 정부와 각 단체들의 인권에 관한 의식 변화가 가능하다는 점에서 이러한 의식 변화를 가능하게 하는 요인들에 대한 논의가 필요하다는 것이다.

우리나라에서 인권이라는 용어가 일반화된 것은 민주화의 강화 및 정착과 관계가 있다. 1960년대 근대화로 시작된 경제발전 우선주의와 국가안보 이데올로기는 인간의 기본적 권리에 대한 문제조차 제기하지 못하도록 만들었다. 인권보다는 경제가 우선한다는 논리가 지배적이어서 1970년대 이후 급격한 경제성장에도 불구하고 국가권력에 의한 인권침해는 더욱 심화되어 경제성장 자체가 인권탄압을 정당화하는 구실로 악용되기도 하였다.

정부와 국가권력기관들은 언론기본법을 공포하여 언론을 통폐합하였다. 그러면서 집회및시위에관한법률, 선거법, 노동관계법도 개악하여 국민의 인권보장이 강화될 수 있는 기반을 약화시켰다. 그러다가 1987년 민주화 투쟁, 1990년대 초반의 시민사회 영역 확대로 인권은 차츰 대중에게 가깝게 다가가게 되었다.

과거의 인권침해나 탄압과 관련하여 국가의 주요 권력기관이라 할 수 있는 경찰의 역할을 간과할 수 없는데, 인권보호보다는 자칫 인권침해의 소지가 높았을 수도 있었던 당시의 경찰업무수행을 감안하면 지역사회 경찰활동을 강화하는 현재의 경찰운영과 시책은 괄목할 만한 변화를 보이고 있다고 평가할 수 있다. 하지만 아직까지도 경찰과 관계된 인권의 문제는 그 권력의 남용, 정치적 개입과 권위주의적 행태 등과 연관되면서 끊임없이 비판과 우려를 낳고 있는 실정이다.

경찰 관련 인권문제가 사회적으로 관심이 많아지고는 있지만 그렇다고 경찰의 인권의식이 성장한 것은 아니다. 광범위한 인권문제의 한 부문으로서의 경찰과 관련된 인권이 국제적 논의를 통해 일반화되었음에도 불구하고 우리나라에서는 여전히 특수한 분야로 인식되는 경향도 있다. 여기에는 인권에 대한 인식이 아직까지 폭넓지 못하다는 점도 한몫을 하고 있다. 피의자와 관리자, 아직 확정되지 않은 피의자와 조사자라는 동등하지 않은 관계 속에서 이제는 인권에 대한 인식범위를 넓혀서 '권리의 향상'이라는 한층 진보된 개념으로의 의식 전환이 요구된다고 할 수 있다.

마지막으로, 국외의 동향을 검토하고 이를 참고하여 우리에게 적용할 수 있는 부분을 찾아야 한다는 데에서 본 연구의 필요성을 찾을 수 있다.

미국의 '민간 무질서에 대한 국가위원회'(The National Commission on Civil Disorder)의 보고서에 따르면, "많은 주요 폭동사태는 경찰관의 행동에 의해 영향을 받는다"고 지적하고 있다. 그래서 미국의 대법원은 수색과 체포, 피의자 심문, 정보원의 사용 등 중요하고도 일반적인 경찰의 관행을 제한하는 판결을 내리고 있다.

물론 전통적인 법집행에만 익숙한 보수적인 경찰관들에게는 전통적 법집행 범위를 훨씬 벗어난 지역사회와의 접촉문제를 받아들이기가 쉬운 일은 아닐 것이다. 그러나 현재와 미래의 바람직한 경찰이란 기계적으로 범법자를 체포하는 단순기능의 전통에서 벗어나야 한다는 의견이 대다수를 차지하고 있다. 새로운 경찰은 개인 대 개인의 대인관계를 유지하고 지역사회와 대민관계에 있어서의 광범위한 참여를 요구하기 때문이다.

따라서 지역사회 경찰의 기본적 전제는 법집행 기관이 경찰의 역할을 일반주민에게 주지시키고 또 경찰관 각자는 지역사회의 주민들과의 접촉에 있어 그들이 원하는 것이 무엇인가 하는 것을 성의를 다해 이해하고 도와야 한다는 데 있는 것이다. 이런 점에서 역시 본 연구의 필요성과 활용도를 논의할 수 있는데 이를 통해 궁극적으로 주민인권과 경찰의 대민관계가 증진될 수 있을 것이다.

다시 언급하자면 경찰활동에 따른 지역주민과의 관계를 유지해 나가는 과정에서 특히 주민들의 인권을 보다 향상시킬 수 있는 방안을 모색하고자 하는 것이 본 글의 목적이다.

제 1 장
보편적 가치로서의 인권

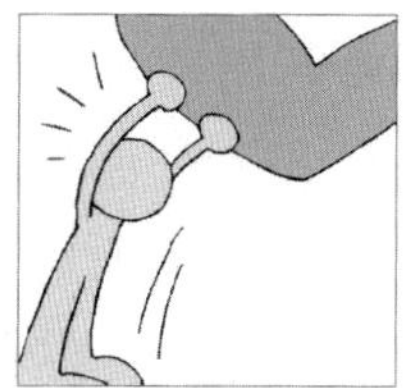

1. 인권의 개념과 배경

　인권은 말 그대로 인간이 가지고 있는 기본적 권리로서 단순히 사람이라는 이유 하나만으로 누리는 권리를 말한다. 또한 인권은 인간이 사회생활을 영위해 가면서 마땅히 누려야 할 권리를 의미하기도 하며 인간이 세상에 태어나 성장해 가면서 바라는 것, 희망하는 것, 요구하는 것들을 권리의 개념으로 승화시킨 것이라 할 수 있다.[1]

　아울러 인권이란 개념은 매우 복잡하고 논쟁적인 개념이라고도 할 수 있다. 개략적으로 말해서 인권은 단지 인간이라는 조건으로부터 주장할 수 있는 정치적, 경제적, 사회적 및 문화적 제반 권리를 지칭하기도 하지만 인권이 포괄할 수 있는 권리의 구체적 내용과 범주에 대해서는 다양한 시각이 대립되고 있기도 하다(Weigel 1995, 41~45).

　인권에 관한 이렇게 많은 자료와 내용 중에서도 우리나라 국내법인 "국가인권위원회법"에서 규정하는 인권에 대한 정의를 살펴보면 포괄적이고 명료함을 알 수 있다. 그것은 '인간의 존엄과 가치 및 자유와 권리'이며, 구체적으로는 '우리나라 헌법과 법률에서 보장하는 권리'이기도 하고 '우리나라가 가입·비준한 국제인권조약에서 인정하는 권리', '국제관습법에서 인정하는 권리'임을 말하고 있다.[2]

　어떤 말의 뜻은 그 역사적인 의미에 따라 규정되는 경우가 많다.

---

1) http://cyberhumanrights.com: 5555/index.html.
2) 국가인권위원회법 제2조 제1항.

우리가 여기서 말하는 인권이란 말도 인류의 오랜 역사의 발전과정에서 볼 때, 근세에 이르면서 시민계급이 봉건적 지배계급의 억압과 차별에 반대하여 자유와 평등을 시민의 경제적 주체로 주장하는 데서 비롯되었다(한상범 1991, 17).

인권의 역사를 살펴볼 때 13세기의 마그나 카르타와 17세기의 인신보호령, 명예혁명, 권리장전은 영국이라는 특정 국가의 맥락을 떠나 오늘날까지도 그 역사적 가치를 인정받고 있다. 존 로크의 자연권과 저항권 이론이 나온 것도 바로 이때였다.

그리고 근대적 인권에 관해 가장 잘 설명할 수 있도록 만들어 준 사건은 18세기 말에 일어난 미국의 독립혁명과 프랑스혁명이라 할 수 있는데, 이 혁명들은 인간을 봉건제와 구인습으로부터 해방시켜 인간이 다른 권위에 의존하지 않고도 스스로 존립할 수 있게 만들어 주었으며 인간이 세상에서 가장 존엄함을 확인시켜 주었다고 할 수 있다.

그 후 19세기에 들어와서는 인간의 권리를 위해 흑인노예 해방, 여성의 권리향상, 전쟁 상황에서의 인도적 처우 등이 핵심내용으로 진행되다가 20세기에는 1·2차 세계대전이라는 비극을 맞게 된다. 이 시기를 전후하여 동·서양에서는 많은 인권탄압과 유린행위가 일어났는데 한편으로는 이러한 사건들을 계기로 인권운동은 새로운 국면으로 접어들게 되었다고 볼 수 있다.[3]

이러한 일련의 사건들로 인해 인권의 중요성에 대한 관심이 증대되어 유엔에서의 인권위원회가 설립되고 또한 지금은 이러한 인권문제가 국제질서를 유지하는 데 중요하게 작용하고 있다. 뿐만 아니라 국가 간의 외교문제에서도 큰 위치를 차지하게 되어 인권은 전 인류

---

3) 일본은 이 시기 수많은 만행으로 인권에 역행하는 정책을 시행하였는바, 만주에서의 생체실험, 남경대학살 사건, 우리나라에서의 강제징용, 종군위안부 등과 같은 것이 그것이다. 또한 유럽에서도 나치 독일에 의해 수많은 유태인의 인권이 조직적으로 말살되었는데 훗날 책임자들에 대한 처벌은 전 세계적으로 많은 관심이 되기도 하였다.

의 보편적 문제라는 인식이 자리 잡게 되었다.

현대에서 인권의 개념은 헌법과 국제법의 영역에서 나온다. 그 두 가지의 목적은 인권을 제도화하고 국가기관의 권력남용으로부터 그것을 지키는 것, 그리고 인간의 존엄을 보장하는 생활조건을 확립하고 인간의 다면적 인격성의 발전을 촉진하는 데 있다(카렐바삭 1986, 32). 다시 말해 넓은 의미에서의 인권개념은 개인과 국가의 관계에 관한 것으로 인권은 개인의 지위, 요구 및 의무를 국가의 사법권과 관련시킨다고 볼 수 있다. 따라서 인권은 정치만큼이나 오래된 주제이며 모든 나라는 인권과 씨름해야만 했다(Donnelly 1986, 30).

그리고 인권개념의 뿌리는 종교와 국가주의에 반대하여 인간적인 힘이나 신적인 힘에 의존하지 않고, 이들에 선행하는 타당한 법이 존재한다는 명제를 최고원칙으로 옹호하는 계몽주의 시대의 자연법 사상에서 발견되었지만 최근에는 인권문제를 지구적 차원의 보편적 문제로 규정하고 인권침해 문제를 국제적인 차원에서 규제하는 세계화와 제도화의 방향으로 발전되고 있다.

1948년 '세계인권선언'을 필두로 시작된 국제사회에서의 이러한 움직임은 '인권의 레짐화 현상'으로 설명할 수 있다. '인권레짐'은 인권이라는 지구적인 문제영역에서 국가 및 UN, NGO, 국제기구들의 공통적인 규범들, 묵시적인 원칙들과 그러한 규범을 실천하기 위한 여러 가지 국제적 조직들, 구체적인 실행절차들을 의미하는 말이다.4) 그리고 인권의 세계화, 레짐화 현상은 단지 인권규약에 대한 가입국가 수의 증가라는 차원에서뿐만 아니라 인권개념의 발전과 확대 차원에서도 뚜렷하다(Mower 1987, 1).

또한 주목할 만한 것은 다양한 비정부기구(NGO)들의 활동이 다원주의가 팽배하고 있는 오늘날의 국제사회에서 국제 인권레짐의 확산

---

4) 이원웅. "국제사회와 인권문제." http://www.rights.or.kr.

과 동태성을 구성하는 가장 중요한 요소로 등장하고 있다는 것이며, 앞에서 언급된 세계인권선언은 인권운동의 새로운 출발점이 되었다고 볼 수 있다(유엔세계대회를 위한 민간단체공동대책위원회 1994, 166).

덧붙여서 인권의 개념은 현실운동의 산물이라고 볼 수 있는데, 이 개념은 독자적인 이론체계를 갖추고 자기발전을 해온 것이 아니라, 현실운동의 과정에서 태동하여 현실운동의 성과에 의해 보충되고 발전되어 오늘에 이른 개념이라 할 수 있다. 가까이는 세계인권선언과 우리의 현실 간의 간극을 없애기 위한 노력의 과정이며 멀리는 자연인으로서 인간의 자주적이고, 존엄한 권리와 사회인으로서 인간의 제도화된 법 및 인간 행동 간의 간극을 메우는 과정이다. 그래서 인권은 구성적인 것이라고 이야기할 수 있는 것이다.[5]

이러한 배경 속에서 인권은 성장 및 발전해 왔고 여러 시대에 걸쳐 역사적 사건들과 맞물리면서 인권은 변화되어 왔다. 따라서 근·현대에서 인간의 역사는 어찌 보면 인권과 민주주의를 위한 투쟁의 역사였다고도 할 수 있다. 그리고 실패와 좌절을 거듭하면서도 인류는 확실하게 전진하고 있다.

2. 인권의 사상적 연원

계몽주의 시대의 자연권 사상을 기점으로 활발하게 논의되었던 인권개념은 그 형성 및 전개과정에서 도출되었던 시대적 한계를 극복하고 지난 수세기 동안 노동자, 여성, 아동, 소수민족 및 정치사회적 소외계층 등 정치적 삶에서 주변화된 행위 주체들의 권리 회복과 증

---

5) http://cyberhumanrights.com: 5555/index.html.

대를 중심으로 한 정치적 투쟁과 일차적인 연계성을 갖는다. 특히 이 과정에서 인권개념은 자체의 주체성 및 정체성에 근거하여 사회적 측면에서 실천성의 담보를 실현해야 하는 역사사회학적 의제 설립에 있어서 중심적 위상을 확보할 수 있다는 가능성과 기대를 제공하기도 하였다. 이러한 상황조건의 변화에 근거하여 기본적 인권규범의 내용과 가치도 끊임없이 발전해 왔다. 즉, 자유에 대한 관념과 국가 폭력으로부터의 보호에 기반을 둔 시민적·정치적 권리로부터 시작된 소극적 인권관념이, 사회적·경제적 재화와 용역 및 기회에의 평등을 보장함과 동시에 이를 위한 국가의 적극적 의지 및 행동을 요구하는 경제적·사회적·문화적 권리로까지 발전하기에 이르렀다(Donelly 1989, 143~144).

이에 따라 모든 국가권력이 인권을 최대한 존중하고 보장할 의무가 있다는 규범적 전제가 가능해졌는데, 이것이 확대되어 온 인권에 대한 기본 내용을 구성하게 되었다. 이러한 서구적 인권사상의 핵심은 현재 인권의 개념 및 그 적용범위가 단지 서구사회에 한정되지 않고, 전체 지구사회에서 일반적으로 적용·준수되는 '보편적 권리'로서의 포괄적 수용성을 지녀야 한다는 사회적 함의를 획득하기에 이르렀다.

이러한 근대 인권의 발전사를 세계사적 맥락에서 세대별로 구분하여 이론적으로 접근하고 있는 아래의 입장은 매우 시사적이라 할 수 있다(Montgomery 1996, Vasak 1982).

흔히 제1세대 인권이라고 불리는 '자유권'은 근대 시민사회 형성기에 부르주아들의 자유로운 산업활동을 보장하기 위한 권리보장에 근거를 두며 주로 자유민주주의권 국가들에서 발전되어 왔다. 이후 파리 코뮌과 러시아혁명을 거치면서 제2세대 인권이라 불리는 '사회권' 개념이 확대·발전되었다. 사회권 개념은 주로 사회주의권 국가들에 의해 자유권에 선행되어야 한다는 논리로서 지지되어 왔지만, 현재 국제사회에서는 자유권에 비해 그 법적 차원에서의 제도화 수준 및 실질적 장치가 상대적으로 취약한 상황이다. 이러한 제1세대와 제2세대 인권개념은 상호 간에 그 우선순위를 두고 지속적인 논쟁을 전개해 오고 있으며, 이는 일부 서부 국가들과 제3세계 간의 외교적 마찰로까지 연계되는 등 매우 복합적인 정치적 의제를 형성해 나아가고 있다.

인권문제를 둘러싼 제3세대 논쟁은 1960, 1970년대에 식민지 해방투쟁이 전 세계적으로 본격화되면서 '민족자결권'(self-determination)의 주장 등을 중심으로 현재에 이르고 있다. 특기할 만한 사실은 최근 이러한 제3세대 인권논쟁이 기존의 제1세대, 제2세대 인권논쟁과 중층적으로 연계되면서 전개되고 있다는 점이다. 제3세대 인권논쟁의 핵심은 개인의 권리보다는 집단과 공동체의 권리에 초점이 맞춰지고 있는데, 발전에 대한 민중의 권리, 환경권, 평화권, 더 나아가서 문화적 유산 보존 및 인도주의적 원조(humanitarian assistance) 등 최근의 현안들이 거의 망라되어 있다(Chung 1999, 8~9). 이는 세계사적 변화의 역동적 추동성을 언급할 경우, 학계가 일반적으로 제시하는 1970년대 일련의 현상들(예: 비국가행위자들의 등장, 비정치적 쟁점인 하위정치의 전면적 부상, 제3세계의 중요성, 쟁점 중심의 국가들 간 통합 추세 등)뿐만 아니라, 1968년의 혁명사적 현상들(예: 신좌파 및 신사회운동에 의한 자본주의사회의 모순 및 인권·여성·환경·평화 등의 의제들)과 밀접한 관련성을 지니며, 이런 현상은 21세기에 더욱 확산되고 있는 반주류적인 세계 사회운동 등에서도 필연적인 논리적 연계가 있음을 발견할 수 있다.

또한 정형적인 이론적 패러다임의 수준에서도 인권문제에 대한 다양한 접근태도를 발견할 수 있다(Schmitz 2003, 521~522). 먼저 현실주의(realism) 시각에서는 국가의 정책결과들이 안보와 같은 국가의 거시적 정책이나 정치권력의 물질적 능력의 분포에 의해서 결정되기 때문에, 인권과 같은 규범이나 비국가행위자들을 독립적인 세력으로서의 중요성을 갖지 못한 것으로 인식하는 관점을 취하고 있다. 그에 비해 자유주의(liberalism) 시각은 다양한 집단들의 정치적 선호와 같은 국가 하위적 원천들을 정치적 결과의 결정요인으로 간주하기 때문에, 인권은 매우 중요한 정치적 의제로서 인정된다.6) 최근의 구성주의(constructivism) 시각은 국가사회의 두 요소인 행위 주체와 체제구조의 상호작용을 중시하면서, 국제적·국내적인 정책결과에 대해 물질적인 인식과 대비되는 인권에 대한 행위 주체들의 관념(ideas)과 정체성(identities)이 상호주관성(intersubjectivity)을 매개로 하여 사회적으로 구성해 내는 인권규범과 실행의 사회적 구조화를 강조한다. 따라서 이런 시각에 따르면, 인권에 대한 주체로서의 행위자를 강조하는 점에서는 현실주의와, 인권을 둘러싼 행위자로서의 주체와 정치권력 및 제도라는 구조의 사회적 상호작용을 강조하는 점에서는 자유주의와 확연한 변별력이 있음을 관찰할 수 있다.

3. 인권의 주요 쟁점

이러한 인권문제에 대한 접근방법에 있어서는 시간적으로 변화되는 양상을 보일 뿐만 아니라, 각 국가 또는 지역별 차이에 따른 공간

---

6) 인권문제에 관한 쟁점은 인권문제 대두의 국제정치적 배경과도 밀접한 관계가 있는데 대표적으로 '도덕적 상호의존'의 증대를 꼽을 수 있다(Donnelly 1986). 과학기술의 발달에 의한 국제적인 커뮤니케이션이 확대는 지구적 규모의 정보교류를 확산시키고 있다. 경이적인 속도로 발전되어 가는 국제적 정보교류망의 확대는 정보를 공유한 개인들을 국가의 구속력으로부터 해방시키는 효과를 가져오고 있다(Claude et al. 1992, 13). 이러한 조건하에서 '상호의존성'의 증대는 경제, 안보문제 영역 등 전통적인 국제관계 쟁점에서뿐만 아니라 인권영역에서도 국가 간의 비용효과를 창출하고 있는데, 이러한 비용창출 효과는 상호의존이론의 핵심적인 요소이다(Keohane 1977).

적 견해차도 존재하는데, 동서양 간에 인권문제 접근 논리에 있어서 주요 쟁점들을 정리하면 대체로 다음과 같다.

첫째, 서구적 인권논리의 사상적 배경은 로크(John Locke)의 자유민주주의에 그 기반을 두고 있음에 비해, 동양은 공자의 유교사상을 그 뿌리로 하고 있다. 둘째, 서구사상이 개인의 존엄성에 근거한 논리화를 전개한 반면(범세계주의, cosmopolitanism), 동양에서는 집단 및 공동체, 나아가 정치공동체로서의 국가에 대한 개인의 희생을 전제로 한다(공동체주의, communitarianism). 따라서 이들의 주요 정치체제는 서구의 전통적인 민주주의 체제와 효율성을 중시하는 동양의 권위주의 체제와의 체제 우월성의 시비로 연결된다. 셋째, 인권을 접근하는 방법에 있어서 서구에서는 시민·정치적 권리를 중시하는 반면, 동양의 아시아 국가들은 사회주의 경제이론가들의 전통을 이어받아 경제·사회·문화적 권리의 보장을 더 우선시한다. 넷째, 서구에서는 인권의 보장에 역점을 두며 정치발전을 우선시하는 반면, 아시아에서는 빈곤탈피 등 경제발전 부문에 초점을 맞춘다. 이는 필연적으로 인권흥정논리(trade-off)에 대한 시각차도 반영하는데, 서구에서는 흥정논리에 대해 부정적 혹은 제한적 수용태도를 보이는 반면 동아시아에서는 대체로 이를 적극적으로 수용하려는 태도를 보이고 있다. 마지막으로, 이런 논쟁의 정점에는 항시 인권사상의 보편적 수용이라는 서구적 명제와 문화적 특수성에 입각한 동양의 아시아적 갈등이 논쟁의 큰 줄기를 형성하고 있다(정영선 1999, 235~236).

이러한 사상·이론적 배경을 통해서 볼 때, 본 글의 분석대상인 경찰제도 및 활동과 인권과의 관련성은 그 연구대상 및 수준에 있어 명확한 이론적 함의를 지니고 있다고 할 수 있다. 이 주제가 국가권력 및 국가제도에 의한 자의적 인권정책의 문제점을 지적하고 있는 점에서는 현실주의를 극복하고 있으며 또한 단순히 개인·지역주민·시민이라는 비국가행위자와, 인권이라는 저수준 정치의제의 상대적 위상 제고를 뛰어넘어 행위자와 구조 사이의 사회적 구성을 재구조화하고 있는 점에서는 자유주의의 순진한 발상도 극복하고 있다고 볼 수 있다. 그러한 대표적 실례로서, 본 글에서 다루는 경찰제도가 인권개념의 사회적 확대에 따라 호국경찰, 안보경찰, 민생치안경찰에서 대민봉사경찰로 그 유형이 변화하면서 시민, 특히 주민의 인권쟁점과 새로운 상호작용을 사회적으로 고려하고 있는 점을 제시할 수 있다.

 이처럼 인권문제에 대한 다양한 접근이 전개되면서 한국의 경우에도 인권문제에 많은 관심을 갖게 되었다. 문제는 자유권과 사회권, 기타 인권과 관련된 다양한 인간적 권리들이 혼재되어 있어 권리의 어떤 영역과 성격에 상대적 중요성을 부여해야 하는가에 대한 판단과 결정이 매우 부담스런 의제가 되고 있다는 것이다. 그러나 인권에 대한 원칙적인 접근태도가 올바른 민주주의의 시행과 인간 존엄성을 보장받을 수 있는 권리를 추구함에 일차적인 근거를 두어야 한다. 기존의 인식과 실행과는 다르게, 정치공동체에 속한 세계시민, 국민, 주민들의 인권관련 요구가 국제적으로나 국가적으로도 매우 다양화되고 있는 추세이며, 이에 따른 국가의 제도와 정책 실행도 신축적인 변화를 모색하고 있다.

제 2 장
인권의 유형과 정책

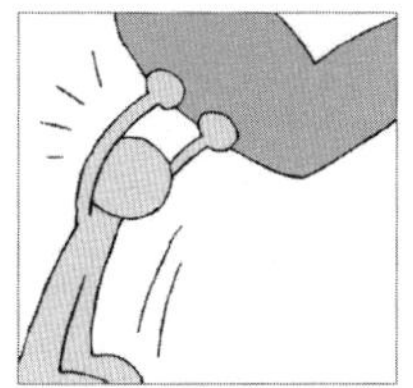

1. 인권의 성격

인권을 인식하는 수준과 내용은 정치, 경제, 사회적 여건, 문화적 전통, 개인적 배경 등에 따라 다르며 인권의 실행 모습도 다양하게 나타난다. 따라서 사회마다 다르게 나타나는 인권실행의 차이를 밝혀 내고 인권증진을 위한 사회적 장치를 마련하려는 노력이 필요하다. 이러한 노력의 출발점으로 여기에서는 인권의 성격을 역사성, 다양성, 보편성, 양도불가성 등으로 나누어 살펴볼 수 있다(김중섭 2001, 17~32).

인권은 타고난 자연현상이 아니라 인간의 적극적 창조물인 역사적, 사회적 현상이다. 곧, 인권발전은 기존 질서를 유지하려는 세력의 억압과 탄압에도 불구하고 사회 구성원들이 적극 참여하고 투쟁하며 저항하여 이루어 낸 것이다. 형태와 성격은 달라도 그것은 전세계에서 쉽게 볼 수 있는 일반적 현상이다. 단적인 보기로서 신분사회에서 차별을 받던 최하층의 백정들이 차별 철폐와 평등 대우를 주장하며 벌인 우리나라의 형평운동역사를 들 수 있다. 그것은 인권발전의 역사가 서구사회에서만 일어난 것이 아니라 각 사회마다 각기 다른 방식으로 일어났다는 것을 보여준다. 이것이 인권의 역사성이라 할 수 있다.

또한 인권발전의 역사를 보면 인권내용이 점점 다양해졌음을 알 수 있다. 18세기 서구에서는 생존권, 자유권, 재산권이 인권의 중심

내용이었다. 그리고 선거권 등 정치적 권리가 강조되었고 재산권 개념이 확립되어 갔다. 그러나 그것은 오늘날의 기준으로 볼 때는 대단히 제한된 개념이었다. 시민적, 정치적 권리는 일정한 자격을 갖춘 제한된 사람들만 누릴 수 있었고, 경제적 권리는 자본가 중심의 개인적 재산소유를 보장하기 위한 것이었다.

그러다가 19세기와 20세기에 들어와 인권개념은 더욱 다양하게 확장되었다. 시민적 권리 및 정치적 권리는 인종, 성, 신분 등으로 차별받지 않을 것을 명시하였으며, 보통 선거의 확립으로 참정권의 범위가 확대되는 등 인권의 범위와 성격이 크게 달라졌다.

앞에서 언급한 대로 인권은 시대에 따라 바뀌어 가는 역사성을 갖고 있고 사회마다 각기 다른 역사적 과정을 통하여 다양하게 인권이 발전하였다는 것을 알 수 있다. 그러나 오늘날의 인권은 사회적·문화적 조건이나 개인적 차이에도 불구하고 어느 곳에서든지 보편적으로 실천되어야 한다는 인식이 확대되고 있다. 곧 모든 인간은 인간이란 존재로서 자유와 존엄, 안녕 복리를 누릴 권리를 갖는다는 것이다. 얼핏 보면, 인권의 역사성과 보편성은 상반되는 주장같이 보이지만 전자는 인권형성의 과정이 사회에 따라 발전되어 온다는 성격을 강조한 반면에 후자는 인간이라면 누구나 권리를 누릴 수 있다는 점을 강조하는 것이다. 그리고 이제 인권은 더 이상 각 나라의 국내적인 문제로 한정되지 않고, 국제사회를 이끌어 가는 새로운 레짐으로 자리 잡게 되었다. 이는 인권이 보편화되었다는 것이다.

마지막으로, 인권의 양도불가성은 인간이 누리고 사는 존재라는 것을 보증해 주는 기본요소라고 볼 수 있다. 예를 들어 인간에게 가장 중요한 인권인 '생명권'을 살펴보면 인권의 양도불가성이 갖는 중요성을 분명하게 파악할 수 있다. 또한 이를 통하여 우리는 인권의 주체가 인간 개개인이라는 점을 이해하게 된다.

이처럼 인권의 양도불가성은 인간이 생명을 가진 생명체이면서 아울러 인간 특유의 존엄을 추구하는 존재이며, 또한 사회를 벗어나 살아갈 수 없다는 존재로서 인권을 누려야 한다는 것을 반영해 주는 것이다. 요컨대 인권의 양도불가성을 통해서 인권의 중요성을 한층 더 강조하게 되는 것이다.

2. 인권의 유형

그리고 인권의 유형은 다음과 같이 설명할 수 있다. 인권을 영어로 쓸 때는 복수형인 'human rights'를 쓰는데 이는 인권의 종류와 유형이 다양하다는 것을 의미한다. 그러나 어떤 한 종류의 인권만을 가리킬 때에는 단수형을 쓴다. 시대가 변함에 따라 새로운 인권문제는 계속 발생한다. 예를 들어 타인의 이메일을 열어 보는 것은 통신 자유의 침해이지만, 과거 컴퓨터가 없던 시대에는 이런 문제 자체를 상상할 수 없었다. 따라서 얼마나 많은 종류의 인권이 있는지를 일일이 열거하는 것은 큰 의미가 없다. 그러나 인권사상과 국제인권법의 발전과정에서 형성된 인권의 유형을 큰 테두리 내에서 분류할 수는 있다. 학자들에 따라 분류방식이 다르기는 하지만 여기에서는 다양한 견해를 종합하여 제시해 보기로 한다(조효제 외 2002, 11~14).

첫째, 시민적·정치적 권리로 설명할 수 있다. 이것은 인간의 존엄성과 자유, 국가의 강압으로부터 자유 지향을 의미한다. 인권의 역사에서 가장 오래된 권리 유형은 사람 개개인의 안전과 안녕을 다루는 시민적·정치적 권리이다. 이 권리는 18세기 말부터 나오기 시작해서 가장 먼저 국제법으로 인정되기 시작했다. 부자 나라든 가난한 나라든 마음만 먹으면 법적 절차와 제도개선을 통해 비교적 쉽게 보장할 수 있는 권리가 바로 시민적·정치적 권리이다. 여기에는 사상과 양심이 자유, 참정권, 의견표명과 언론의 자유, 집회와 결사의 자유 등이 포함된다.

둘째, 법적 권리로 설명할 수 있다. 법적 권리는 모든 인간이 합법적인 절차에 의해 대우를 받을 권리를 말한다. 권력자가 마음대로 통치하는 인치(人治)가 아니라 법의 지배에 의한 법치(法治)를 뜻한다. 따라서 법적 권리를 절차적 권리, 규범적 권리라고도 한다. 고문금지 또는 사형반대 역시 엄격한 의미에서는 법적 권리이다. 특히 법적 권리는 경찰, 교도관 등 법집행 공직자들과 관계가 깊은 권리이기도 하다. 법적 권리는 여러 면에서 시민적·정치적 권리와 비슷하므로 이들을 한데 묶어 '시민적·정치적·법적 권리'라고도 한다. 법 앞의 평등, 유죄판결 전까지 무죄로 추정받을 권리, 공정한 사법부, 공정한 재판, 인신보호, 사생활보호, 소급입법 방지, 구금자 처우 등이 이에 속한다고 볼 수 있다.

셋째, 경제적·사회적·문화적 권리이다. 사람이 하나의 생명체로서 살아가려면 기본적인 의식주와 삶의 질이 보장되어야 한다. 이것을 다루는 것이 바로 경제적·사회적·문화적 권리이다.

19세기 후반에 출현한 경제적·사회적·문화적 권리는 국가의 적극적인 조치가 강조되며, 일정한 경제적 자원이 있어야 실천할 수 있다는 점에서 시민적·정치적·법적 권리와 구분된다. 그러나 법적 권리와 경제적·사회적·문화적 권리는 둘 다 중요하고, 서로가 서로를 보완하며 함께 발전되어야 한다는 점에서 분리될 수 없는 성격(불가분성)을 가진다. 예를 들면, 밥을 먹고 살아갈 집이 있고, 가정을 꾸리고, 건강을 지키고, 노동조건을 보장받고, 교육을 받고, 예술과 과학의 업적을 인정받고, 사회보장의 혜택을 누릴 수 있는 권리 등을 말한다.

마지막으로, 차별받지 않을 권리에 대해서 이야기할 수 있는데, 위의 세 가지 권리가 각기 서로 다른 영역을 다루고 있는 반면 차별받지 않을 권리는 독립된 영역이라기보다는 사람들이 모든 권리를 평등하게 누릴 수 있는 원칙을 강조한다. 따라서 차별받지 않을 권리는 시민적 권리, 법적 권리, 경제적 권리 등 모든 권리영역에 적용될 수 있는 기본권 원칙이라고 보면 된다. 국적, 피부색, 종교, 사상, 장애 등을 가리지 않고 모든 사람이 똑같이 모든 권리를 누릴 수 있다는 말이다.

이 밖에 개인이 아닌 소수자, 난민, 이주노동자 등이 주장하는 권리, 국민의 자기결정권 등을 집단적 권리라고 하며 국제법으로 정착되지는 않았지만 국제사회에서 인정하기 시작한 지향적인 권리가 있다. 이 지향적인 권리는 대표적으로 제3세계 민중의 발전권, 그리고 토착 원주민의 권리 등을 들 수 있으며 이를 선언적 권리라고 한다.

3. 한국의 인권정책

인권의 발전 배경과 속성 등에 대한 앞의 설명에서 보듯이 인권은 하루아침에 주어진 것이 아니다. 외국에서도 오랜 기간 동안 인권이 침해되거나 인권을 전혀 고려치 않는 상황에서 사회 구성원이 인권에 대해 눈을 뜨게 된 결과로 제도화가 이뤄진 셈이다.

한국에서도 인권의 제도화는 오랜 일이 아니다. 인권의 제도화를 위해 인권정책을 펴게 되는데 이러한 인권정책은 인권의 보호와 강화를 목적으로 국가기관이 수립, 집행하는 정책이라고 정의할 수 있다. 넓게 보면 개혁과 민주화를 위한 모든 정책을 인권정책으로 볼 수도 있겠지만, 특별히 인권정책이라고 할 때는 인권관련 법제, 관행, 기구, 의식에 의도적으로 영향을 미치기 위해 고안되는 정책을 가리킨다.

최근 들어 국가인권위원회가 발족되는 등 국가의 인권관련 정책이 여러모로 진행되고 있고 이를 통하여 인권에 대한 방향의 제시와 국민들의 인식이 나아지고 있다. 이외에도 효과적인 인권정책의 수립을 위해 현재의 인권상황을 결정짓는 요인들을 구조, 법제, 관행, 의식의 여러 차원에 걸쳐 분석해 내는 작업이 강조되고 있다. 인권을 강화하기 위한 관심을 가지게 되고 인권정책을 펴도록 한 기존의 문제의식을 정리하면 다음과 같다.

첫째, 과거의 인권침해에 대한 청산작업을 어떻게 할 것인가. 둘째, 반인권적 법령 및 관행들을 어떻게 개폐해 나갈 것인가. 셋째, 경찰, 검찰, 법원, 국정원 등 인권관련 국가기구를 어떻게 개혁할 것인가, 또한 국내인권운동단체나 국제인권기구와는 어떤 관계를 설정할 것인가. 넷째, 일반주민과 법집행 관리들의 인권의식을 어떻게 함양할 것인가 등이 바로 그것이다(곽노현 1994). 그리고 이러한 문제의식에 따른 인권정책이 발전된 과정을 기술하면 다음과 같다.

1) 과거청산 정책

지금까지 과거의 인권침해에 대한 조사는 주로 고문과 관련된 사안에서 개별적 형사소송의 형태로 법원에 의해 진행되어 왔다. 그러나 이러한 방식에 의한 진상규명은 엄격한 입증절차의 제약을 받기 때문에 은밀히 행해진 과거지사에 대한 구제방식으로는 지극히 제한적일 수밖에 없다. 그 결과 김근태 고문사건, 박종철 물고문치사사건, 권인숙 성고문사건 등 몇몇 대표적 사건에서만 고문사실을 공인받았을 뿐이다. 최근에는 의문사진상규명위원회나 민주화운동보상심의위원회 등을 통해 보다 폭넓은 조사와 이에 대한 보상이 이루어지고 있기는 하지만 고문을 받았다는 호소 및 과거의 고문후유증 호소는 아직도 끊이지 않고 계속되고 있다.

고문, 강제전향, 의문사, 암살, 도청, 연금 등 과거의 심각한 인권유린 사태에 대한 조사, 사과, 배상, 원상회복은 폭압적 군부독재정권이 무너지고 민주화의 길에 들어선 나라들에서 공통적으로 제기되는 요구의 하나다. 그러나 군부 영향력의 온존, 보복의 악순환 우려, 기타 여러 유형의 정치적 제약과 현실적 고려로 말미암아 정작 이를 만족할 만한 수준에서 실행한 나라는 그다지 많지 않다.

우리나라의 경우에서 찾아본다면 광주항쟁 및 기타 5공의 불법비리와 관련하여 과거 노태우 정권 출범 직후에 '민주화합추진위원회'(민화추)라는 것이 구성되고 이어 '여소야대' 시절 국회에 '광주특위'를 비롯한 몇 개 특위가 구성되었던 사실을 들 수 있다. 그렇지만 이것들은 당시의 독특한 정황으로 말미암아 대단히 한정적인 권한을, 그것도 매우 제한적으로 행사할 수밖에 없었고 그나마 권한을 위임받은 대상에 대하여도 제대로 과거청산 기능을 발휘해 보지 못했었다. 그리고 그 이후 김영삼 정부가 들어섰을 때도 과거청산과 관련하여 어떠한 공식적 위원회 하나 가져보지 못한 실정이었다. 이는 과거 문민정부라고 말했던 김영삼 정부에서도 과거청산 의지는 적어도 인권문제에 관한 한 그다지 높은 편이 아니었다.

2) 관행과 법령의 변화

우리나라에서 인권침해에 대한 과거청산 노력이 전반적으로 부족했던 것이 사실이지만 1990년대 중반을 지나면서까지 제대로 이뤄지지 못했던 것은 인권보호에 대한 관행과 법제를 국제인권법의 기준에 맞춰 개폐하는 일이었다. 이는 국가경쟁력을 키우기 위해서도 꼭 필요한 조치였다. 국가경쟁력은 무엇보다도 국가의 법제와 정책이 정의와 민주주의, 그리고 인권이라는 국제적 기준으로 판단할 때 어느 정도의 국제경쟁력을 갖고 있느냐와도 관계가 있다. 따라서 인권을 위한 제도개혁과 법과 인권의 국제화 노력이 경제를 위한 제도개혁과 경제의 국제화 노력에 선행되어야 하는 쪽으로 사회적 요구가 분출되어 국민의 정부에 이르렀던 것이다.

3) 인권관련기구에 대한 정책

국가인권위원회 출범 이전에도 우리나라의 국가기구를 보면 이것들이 인권과 관련되는 경우가 많았다. 직접적 국가기구만 해도 경찰, 검찰, 국정원, 기무사, 교도소, 노동위원회, 법원, 헌법재판소 등이 있는데다 이것들 이외에도 특히 사회경제적 인권의 보장과 관련하여 위원회들이 가동된 바 있다. 이러한 기구나 위원회들이 인권과 관련하여 막중한 역할을 맡았다는 점에서 정부 입장에서는 이들 기관의 조직과 운영방침에 대해 관심을 가질 수밖에 없었다.

국가인권위원회 태동 이전에도 정부에서 인권에 특별한 관심을 가져야 했던 상황은 다음과 같은 것들이었다.

첫째, 각 기관의 정치적 중립성을 최대한 보장하는 문제였다. 정권적 이해로부터의 독립성을 보장함으로써 각 기관을 정권안보나 정책통로를 위해 사용해 온 과거에서 벗어나 본래의 인권보장 기능에 충실하게 하자는 것이 그 내용이다. 경찰, 검찰, 국정원, 사법부 등이 특히 이러한 필요성이 큰 것으로 인식되어 왔다.

둘째, 이들 기관의 구성, 운영 및 감독을 보다 민주화함으로써 인권기관이 관료화의 병폐에 빠질 가능성을 최대한 방지한다는 것이다. 간단히 말해서 과거 정권의 개혁프로그램에는 이들 기관의 독자성과 민주성을 확립하는 방향의 정책기조가 설정되어야 한다는 점이었다.

경찰과 검찰을 정권 충복의 자리에서 본래대로 민중의 충복이자 일선 인권수호기관의 자리로 되돌려 놓아야 한다는 요구는 특히 각종 고문사건과 가혹행위가 널리 알려지면서 오래전부터 국민적 공감대를 형성한 바 있다.

4) 인권의식 제고정책: 인권교육 및 홍보방안

인권의식의 제고를 위한 인권홍보 및 인권교육의 중요성은 아무리 강조해도 모자랄 것이다. 인권교육을 위해서는 특히 유치원과 초등학교를 위시한 각급 학교에 인권교육을 위한 정규시간을 확보하고 이를 주관하는 독립된 교육원을 설립하는 것이 가장 효과적이다. 이때의 교재로는 정치·법률적 기반에 입각한 국제인권법, 국내인권법, 인권침해 사례와 구제 등이 복합적으로 사용될 수 있다. 인권을 위한 홍보도 매우 중요하다.

인권상황 개선을 위한 회의나 내용들이 텔레비전과 라디오로 생방송되는 경우 인권을 보는 사회 분위기가 달라질 수 있고 억눌리고 소외되었던 사람들 사이에 희망이 돋아날 수 있기 때문이다. 그동안 체계적인 인권교육 및 홍보정책에 대한 의지는 김영삼 정부 시절까지는 매우 부족한 편이었다.

이처럼 기존의 인권을 보는 시각과 정책적 한계, 그리고 작금의 여러 NGO와 국가인권위원회 발전을 보면 이제는 지역사회 차원의 인권문제도 나름대로 고민해 봐야 한다. 지역사회 차원에서 논의되는 인권문제는 주민과 직접 관계를 가지게 되는 지역사회 경찰활동에 대한 관심과 논의가 필수적이다.

나와는 다른 타인에 대한 이해, 즉 다양성과 소수자의 자율성을 존중하는 것이 바로 인권의 실현이라는 점에서 공권력을 행사하게 되는 경찰활동이 과연 주민들의 다양성을 존중하는지 혹은 주민들에 대한 차별의식은 보유하지 않는지, 나아가 주민인권보호를 위한 특별활동은 어떻게 추진하는지에 대한 관심을 가져볼 수가 있다.

이러한 관심사에 따라 본 글에서는 경찰의 입장, 특히 시민·지역주민의 생활현장에서 인권문제에 접하게 되는 경찰활동에 대해 이야기해 보고자 한다.

제 3 장
경찰제도의 비교

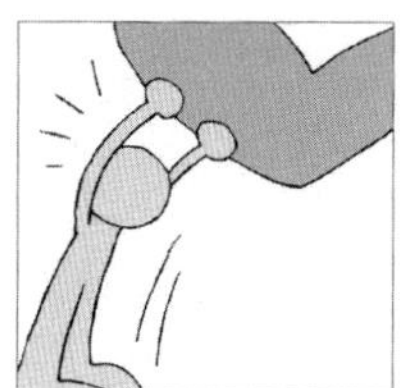

1. 경찰제도의 유형

다양한 경찰활동 중에서도 지역사회 실정에 맞춘 지역사회 경찰활동(community policing)이 발전되기까지 경찰제도는 중앙집권형에서 지방분권형까지 다양하게 운영되고 있다. 경찰제도의 유형은 다음과 같이 세 가지로 구분해 볼 수 있다.[7]

첫째, 중앙집권형 경찰제도이다. 집권화된 경찰체제, 대륙법계 국가경찰체제는 경찰력이 중앙정부의 직접적인 통제하에 있는 것으로 생각되는 국가에서 존재한다. 다시 말하면 경찰의 조직관리에 관한 모든 권한은 중앙정부가 장악하고 있다. 실제로 경찰조직은 관리형태와 운영구조에 있어서는 더욱 분권화될 수도 있지만 그렇지 못한 것은 중앙정부가 법집행의 성공 또는 실패에 대해서 책임을 지고 있기 때문이다.

집권화된 경찰체제는 민주적 이념과 꼭 대립되는 것만은 아니다. 집권화된 체제를 채택하는 민주국가들이 영국 '보통법'(Common Law)의 전통 속에서 얻어진 시민의 자유에 열성적인 관심을 가지고 있지 않다는 것은 주목할 만하다. 이것은 권위주의적인 경향의 결과라기보다는 국가가 민주주의를 성취했던 발전과정의 결과이다.

---

7) '지역사회 경찰활동'에 대한 내용은 뒷장에서 자세히 언급하기로 한다.

미국인들이 그들의 개인적 자유를 보호하기 위하여 많은 범죄와 범죄성을 기꺼이 감수하고 있는 반면에, 오랜 전통을 가지고 있는 국가들은 주민 개개인의 권리보다는 사회의 정의를 더욱 중요하게 생각한다. 이러한 견해는 비민주적인 것으로 생각되는 것이 아니라 민주주의를 보호하기 위하여 필수적인 것으로 보이기도 한다.

이러한 대륙법계 국가경찰제도의 특성으로는 경찰권을 국가의 일반 통치권으로 인식하여 국가적 이해관계하에 두고 경찰행정의 능률성을 강조하고 있다는 점, 중앙집권적이고 관료적인 조직을 유지하고 있다는 점, 정치적 중립성 보장이 안 된다는 점, 경찰운영의 제반 비용을 국가에서 부담한다는 점 등을 들 수 있으며, 이러한 장·단점들을 각 국가들은 자국의 여러 상황에 따라 효율적으로 이용하고 있다(이상원 1995, 170~171).

둘째, 지방분권형 경찰제도를 들 수 있다. 분권화 체제는 지방분권의 정치사상에 따라 지방자치단체의 자치권을 인정하고 경찰의 설치·운영에 대한 책임을 자치단체에 위임하는 제도로서 지방자치단체가 주체라고 할 수 있다. 다시 말해 이는 완전히 자치단체에 소속되어 그 자치단체에서 채용과 복무 일체를 총괄하는 방식으로 경찰행정의 민주성, 정치적 중립성을 확보한다는 특성이 있다.

계층제에 의하여 준군대식으로 조직화된 경찰구조를 가지고 있는 국가는 잠재적인 직권남용의 두려움 때문에 매우 많은 자치경찰기관을 탄생시켰다. 더구나 이러한 경찰의 조직적인 구조를 반대하고 있는 국가들은 경찰권에 대해서도 엄격한 제한을 가하고 있다. 반면에 경찰의 효과성의 정도는 국가영토의 크기, 지형, 인구밀도, 산업화의 정도, 정치풍토, 문화와 역사 그리고 사회적 조건 등에 의하여 영향을 받는다. 이러한 국가들은 보통 보다 광범위한 시민의 자유를 보장해 주고 그들 사회에서 상당한 수준의 범죄를 기꺼이 관대하게 취급하는 경향이 있지만 조직운영에 있어서의 효율성, 신속성 등은 다소 떨어진다는 단점이 있기도 하다(이황우 1995, 11).

셋째, 혼합형 경찰제도이다. 중앙집권과 지방분권을 절충한 혼합형 경찰체제는 국가경찰제도와 자치경찰제도를 조화·혼합시킨 제도로 되어 있다. 국가경찰은 중앙에 존속시키되 광역적인 사건과 강력 사건을 관리하기 위해서 지방자치경찰 안에 국가경찰부서를 설치하여 전국적인 조직망을 구축하며, 자치경찰은 지방자치단체에 존속시키고 국가행정과 지방행정을 동시에 수행하게 한다(구민상 1998, 191).

경찰활동의 통합된 제도는 중앙과 지방정부가 통제를 분담하기 위한 수단을 제공한다는 점에서 때때로 '적당히 분권화된 제도', '혼합된 제도', 혹은 '절충된 제도'로 불린다. 이러한 제도는 분권화된 제도에서 보았던 것보다는 더욱 효과적인 조직운영의 능률성, 업무의 일관성을 제공하기 위하여 채택한다고 볼 수 있으며 전국적으로 조직된 경찰력의 잠재적인 남용에 두려움을 느끼는 사람들이 관심을 나타내는 것으로 보인다(이황우 1995, 20).

국가행정의 일부로서 지방정부가 중앙정부에 귀속되어 행정활동이 이루어지는 경우에는 경찰도 중앙집권적인 국가경찰제도를 채택하여야 할 것이며, 그와 반대로 각 지방의 고유한 행정이 발달하여 지방자치단체를 위주로 이루어질 때에는 당연히 경찰을 지방분권적인 자치경찰로 하는 것이 바람직하다. 그리고 국민의 전통적 성격이 지도와 통제에 익숙하고 관권을 신뢰하는 국가에 있어서는 국가경찰이 바람직하고, 자치공동체의 신념이 굳고 관권의 강압에 반발하는 경향이 있는 국가에서는 자치체 경찰이 발달한다.

다시 말하면, 경찰의 역할과 구조를 어떤 관점에서 혹은 어떻게 바꿀 것인가는 오직 그 국가의 정책에 달려 있다는 것이다. 민주경찰제도를 채택하고 있는 국가들이라면 경찰제도를 위의 세 가지 패턴이나 패러다임으로 구분할 수 있는데, 이는 그 나라의 역사적 배경, 시민의식, 정치제도, 치안상태 등 여건에 따라 그 형태를 달리하며 나라마다 그 운영방법도 서로 다르기 때문이다(이황우 1995, 11).

대륙법계의 중앙집권적인 경찰제도는 우리나라를 포함하여 프랑스, 이탈리아, 덴마크, 스웨덴, 이스라엘, 대만 등이 채택하여 운영하고 있고, 영·미 법계의 자치경찰제도를 운영하고 있는 나라들로는 미국, 벨기에, 캐나다 등을 들 수 있다. 그리고 영국, 일본, 호주, 독일 등은 이 두 가지 제도를 혼합하여 놓은 절충형(혼합형) 제도를 채택하고 있다(Interpol 1987, 2~17).

그러나 여기에서 중요한 것은 동일한 경찰제도를 적용하여 운영한다 할지라도 이는 그 나라의 시대적·역사적 배경과 정치체제, 전반적인 사회 분위기, 시민의식 등의 여건에 따라 차이가 있으며, 시행방법과 내용이 서로 다르기 때문에 제도의 우월성을 논하기가 어렵다는 것이다.

이러한 경찰제도의 유형 중에서 이제까지 우리나라 경찰은 세계적으로 완벽한 국가경찰체제인 중앙집권화 체제를 유지하여 왔다. 최근에서야 자치경찰제 도입 논의에 따라 일부 자치경찰제를 시행하고 있는 지역도 있지만 우리나라의 여러 분야가 지방중심의 자치운영이라는 새로운 제도로 변화되어 가고 있는데도 통합과 효율이라는 명분하에 경찰을 중앙집중체제로 운영한다는 것은 바람직하다고 볼 수 없다.

또한 경찰의 직무수행상 많은 주민들의 참여가 요구됨에도 불구하고 경직되고 권위주의적인 국가경찰제도로 인하여 주민들의 관심은 점점 더 멀어져 가고 있다. 이에 경찰제도의 근본적인 개선을 통해 주민과 경찰과의 유대감을 조성하고 공감대를 형성할 필요가 있다.

2. 자치경찰제 논의

이러한 인식을 토대로 주민 속에 파고드는 경찰, 주민 지향적인 서비스 제공에 기본 취지와 의의를 갖는 경찰로서 탈바꿈하기 위해 기존의 경찰이 수행해 왔던 방식과 제도에 제동을 걸고자 지역사회 경찰활동의 한 일환으로 자치경찰제가 논의되고 있는 것이다. 우리나라는 과거 자치경찰제 도입에 관한 구상을 여러 차례 해 왔지만 부정적인 측면이 더욱 부각되어 시행이 불투명하였던 것도 사실이다.

자치경찰제 도입 논의는 어제오늘의 일이 아니었다. 군사정권 시절만 제외하고 정권이 바뀔 때마다 충분한 논의가 있었다. 특히 국민의 정부에 들어와서는 경찰개혁위원회를 통한 여러 차례의 논의와 공청회 등을 거쳐 우리 실정에 맞는 자치경찰제 모형이 이미 짜여졌다. 여기에는 우리만의 특수사정인 남북분단 상황, 중앙과 지방 간의 역할분담, 예산상의 어려움과 그 마련방안, 지나친 지역주의, 그리고 검찰 위주의 수사구조 등이 모두 고려되었고 최근에는 다시 자치경찰제도의 긍정적 연구의 바탕 위에서 이 제도의 도입과 시행 가능성에 대해서 정치권에서 여러 차례 논의되기도 하였다.

또한 청와대 정부혁신―지방분권위원회는 '지방분권특별법'의 제정방향을 발표하기도 하였고 여기에는 2006~2007년 자치경찰제를 도입한다는 내용도 포함되어 있었다. 그러다가 최근 참여정부는 '지방분권특별법'을 제정하여 자치경찰제를 전면 도입하기로 하였다. 이에 따라 '자치경찰법안(가칭)'을 마련하여 이를 2005. 11. 3. 국회에 제출하였으며 2005. 10.에는 전국 17개 시·군·구가 자치경찰제 시범실시 지역으로 선정되어 준비를 해오기도 하였다. 그렇지만 정치권의 사정 등 여러 요인으로 인하여 법안제출이 1년 이상 지난 지금까지도 법안이 국회에서 계류 중에 있다. 제주특별자치도의 경우만 특별법에

의하여 2006. 7. 1.부터 자치경찰제를 실시하고 있다.[8]

이러한 자치경찰제로의 희망은 지역사회 경찰활동과 인권과의 상관관계를 연구할 수 있도록 자극하고 있는데, 본 글에서는 또한 경찰활동의 여러 변수들이 토대가 되어 궁극적으로는 인권향상이 이루어질 수 있는 데에 관심을 갖고 있다.

3. 전통적 경찰활동과 지역사회 경찰활동

지역사회 경찰활동과 구별되는 '전통적 경찰활동'(Traditional Policing)은 범죄와의 대립에서 효과적일 것이라고 생각해서, 경찰당국에 의하여 수년 동안에 걸쳐 발전되어 온 일련의 원리였다고도 볼 수 있다. 그리고 복잡하지 않은 사회에서 이러한 기법은 질서를 유지하는 데 충분했다고 판단해 볼 수 있다.

전통적 경찰활동은 1930년대에 출현하여 지역사회 경찰활동으로 대체되기 시작할 때인 1970년대까지 지속되어 왔다. 하지만 많은 경찰기관에서는 아직도 전통적인 방법들을 사용하고 있다(이기헌 외 1995, 57).

지역사회 경찰활동의 옹호자들은 "전통적 경찰은 사건이 발생한 후에 서비스 요청에 대응한다"고 주장하며 이것의 대응체계에 대하여 언급한다. 즉 전통적 경찰활동에서 경찰대응은 성격상 사전적(Proactive)이라기보다는, 오히려 반응적(Reactive)이고 사건에 의해 이끌린다는 것

---

8) 여러 가지 관련 내용들을 종합해 보면 절충형(혼합형)의 형태로 운영될 가능성이 많다. 이에 따라 자치경찰은 기초자치단체인 시·군에 자치경찰기구(가칭 자치경찰과)를 두어 교통, 생활안전, 경비 등 주민생활과 밀접히 연관된 생활치안 업무를 담당하게 하고(인사권은 물론 임금, 승진 등도 자치단체가 관장), 국가경찰은 수사, 정보 등 전문수사 분야와 전국적인 사건을 주로 관장한다는 안이다.

이다(Swanson et al. 1998, 16).

전통적인 경찰활동의 특징들을 보면 다음과 같다(Wallace et al. 1995, 275~276).

첫째, 전통적 경찰활동에서 경찰은 서비스 요청에 대응한다. 경찰기관들은 범죄피해자나 다른 경찰관들로부터의 피해 요청에 대응한다. 그리고 경찰관서는 지역사회로부터 정보나 투입(Input)을 거의 받지 못한다. 다만 수집된 기록이나 통계에 의존한다.

둘째, 전통적 경찰활동은 매우 좁은 기획의 범위를 갖고 있다. 그 기획은 내부정책, 통계, 규칙, 법규, 그리고 절차에 중점을 두고 있다.

셋째, 경찰관은 서비스 정신 대신에 남자다움이나 의협심에 기초를 두어 신임 경찰관들을 선발하고 훈련시킨다.

넷째, 경찰관들은 독창성을 발휘하기보다는 경찰관의 법규와 절차에만 따르도록 기대한다.

다섯째, 비록 경찰관들이 법집행 활동에 대하여 20% 미만의 시간을 사용한다 할지라도, 교육훈련은 체포, 수색, 그리고 자기방어와 같은 것들에 중점을 둔다.

여섯째, 관리방식은 형식적인 명령체계를 갖고 있는 형태이다.

일곱째, 보상 및 인정은 지역사회에 대한 서비스보다는 오히려 영웅적 행동에 기초를 두고 있다.

여덟째, 경찰관의 효과성은 '작년에 비해 올해 얼마나 많은 체포와 유죄판결이 이루어졌는가'라는 통계에 의해서 결정된다.

아홉째, 경찰관과 지역사회와의 상호작용은 거의 없다.

물론 이러한 내용들이 지극히 주관적인 판단이라고 보일 수도 있겠지만 대부분 객관적인 전통적 경찰활동의 특징이라 할 수 있다. 왜냐하면 현재의 경찰업무는 이러한 내용과 반대방향으로 지침이 제공되고 이러한 내용과 다른 활동을 요구하고 있기 때문이다.

 다음의 표를 살펴보면 전통적 경찰활동과 지역사회 경찰활동의 차이점을 잘 알 수 있을 것이다.

[표 1] 전통적 경찰활동 대 지역사회 경찰활동

질 문	대 답	
	전통적 경찰활동	지역사회 경찰활동
경찰은 누구인가?	법집행에 대해 주로 책임을 지고 있는 정부기관	경찰이 주민적이고 주민이 곧 경찰. 경찰은 모든 주민의 업무에 대해 항상 관심을 제공하기 위하여 급료를 받는 사람
경찰과 다른 공공봉사기관의 관계는 어떠한가?	기관 우위의 문제로 종종 갈등을 일으킴	경찰은 삶의 질을 향상시키는 데 책임이 있는 여러 부서 중 하나
경찰의 역할은 무엇인가?	범죄해결에 중점	광범위한 문제해결에 중점
경찰능률성 측정방법은?	탐지와 체포율	범죄와 무질서의 부재
최고의 우선사항은?	높은 가치가 있고 폭력과 관련이 있는 범죄	지역사회를 매우 괴롭히는 모든 문제
경찰이 특별히 다루는 것은?	사건	주민의 문제와 관심사
경찰효과성을 결정하는 것은?	출동시간	주민의 협조
경찰은 서비스 요청에 대해서 무슨 견해를 취하는가?	경찰이 해야 할 업무가 없을 때만 취급	중요한 기능이며 훌륭한 기회
경찰전문성은 무엇인가?	중요범죄에 신속하고 효과적으로 대응	지역사회와 긴밀한 관계유지
가장 중요한 정보는?	범죄정보	범죄자정보
경찰책임의 본질적인 성격은 무엇인가?	중앙집권적	지역사회의 욕구에 대한 지방의 책임을 강조
경찰본부의 역할은?	필요한 규율과 정책 제공	조직의 가치를 설명
공보부서의 역할은?	업무수행을 위해 운용경찰관과 떨어져 비밀유지	지역사회와 필수적인 의사소통 채널을 조정
기소를 무엇으로 여기는가?	중요한 목표로	많은 수단 중 하나로

출처: Edward A. Thibault, Lawrence M. Lynch, R. Bruce Mcbride. 1995. Proactive Police Management, 3rd ed. 202~203을 재구성.

제 4 장
인권과 지역사회 경찰활동

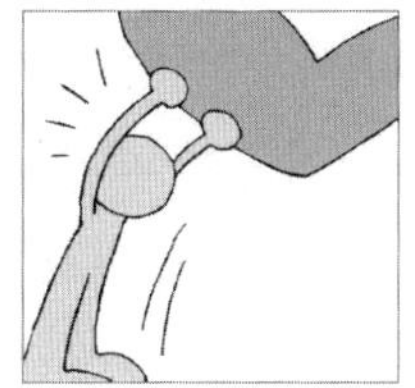

1. 지역사회 경찰활동의 특성

1960년대 후반에 미국에서는 경찰이 효과적으로 본연의 임무를 수행하고 있는지에 대하여 정치지도자, 정부관리, 학계와 시민단체로부터 의문이 제기되었다. 주민들은 과연 경찰이 제대로 목표들을 달성하고 있는지 의문시했던 것이다.

꼬리를 물고 발생하는 부패관련 추문들, 정치적 중립성 위반, 과도한 물리력 행사, 경찰과 시위대와의 충돌 등으로 경찰 관행들에 대한 면밀한 조사가 필요하다는 여론이 제기되었는데 이에 따라서 지역사회의 개념에 바탕을 둔 '지역사회 경찰활동'(Community Policing)이 언급되기 시작하였다.

당시 이러한 지역사회 경찰활동은 명확하지는 않지만, 일반적으로 경찰과 지역사회의 상호 협력관계를 강화하여 지역의 문제를 해결하고자 하는 것으로 여러 내용들을 포괄하는 개념이라고 설명할 수 있었고 이 접근방법은 1980년대 후반부터 현재까지 미국 내 많은 경찰국에서 실시하고 있다. 다시 말하면 지역사회 경찰활동은 과거 전통적인 경찰활동이 지역주민과의 유대를 형성하지 못했을 뿐만 아니라 오히려 악화시킨 측면이 있는 등 그 한계를 드러냄에 따라 대두된 것이라고 설명할 수 있다.

오늘날은 사회질서를 유지해 왔던, 그리고 비공식적 통제수단이라고 할 수 있는 가정과 지역사회의 역할이 약화되고 지역사회가 해체

되어 유대관계가 전통사회보다 약화되었다고 볼 수 있다. 이에 따라 경찰의 역할이 지역사회의 문제해결과 사회질서를 유지하는 임무를 병행하여 수행할 정도로 확장되고 있는 것도 사실이다. 이러한 경찰의 역할변화는 시대적 추세와 주민들의 요구에 따라 변화된 것이라고 볼 수 있는데, 다음에서는 이에 따른 지역사회 경찰활동의 주요 특성에 대해 언급해 보려고 한다(이상안 외 1995, 93).

첫째, 경찰과 지역사회의 협력이 절대적으로 요구된다는 점이다. 이들은 상호성을 토대로 책임과 권위를 공유하며 상호 협력해야 한다. 이를 위해서는 지역주민을 조직화하는 일이 중요하다. 경찰은 지역주민과 밀접하게 상호 작용함으로써 지역문제는 물론 경찰에 대한 지역주민의 태도, 범죄에 대한 두려움 감소 등의 효과를 기대할 수 있다.

둘째, 경찰활동은 지역의 분권화를 통하여 이루어진다. 지역사회의 경찰서비스에 대한 수요와 관심사는 지역사회의 특성에 따라 다양하다. 그리고 경찰관은 자유롭게 다양한 관심사에 대응해야 한다. 지역사회 경찰활동은 경찰서비스를 분권화해서 경찰관을 그들이 봉사하는 지역사회에 근접시키는 것이다.

셋째, 도보순찰은 경찰과 주민의 접촉을 강화시키는 특성을 지니고 있다. 이는 기존의 차량 중심적인 서비스 요구에 대한 대응적인 순찰방법이 도보순찰과 문제해결 지향적인 순찰활동으로 바뀌어야 한다는 것을 의미한다.

넷째, 담당업무에 대한 총체적 지원이 요구된다. 지역사회 주민이 지향하는 순찰활동을 효과적으로 전개하기 위해서는 경찰관들로 하여금 순찰업무 외의 행정적이고 지원적인 업무를 제거할 필요가 있다.

지역사회 경찰활동은 범죄의 방지책임이 경찰에만 있는 것이 아니라 주민들도 범죄예방 책임이 있고, 경찰의 역할이 범죄뿐만이 아니라 주민의 불편사항, 지역사회의 문제해결에도 적극적으로 참여하는 것이며, 경찰의 분권화된 구조를 통해서 주민을 참여시켜 치안서비스를 공동생산하는 데 목적을 두고 있다.

그리고 이러한 특성에 따라 지역사회 경찰활동은 궁극적으로 치안질서의 확립과 지역주민인권의 향상을 가져올 수 있는데 아래의 표를 참고하여 설명하여 보기로 한다.

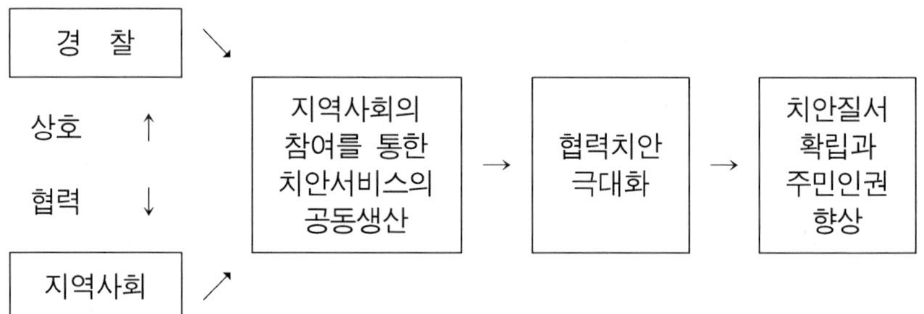

[그림 1] 지역사회 경찰활동의 효과

앞의 그림에서 설명하고 있는 '치안서비스의 민·경 공동생산'이란 말은 주민인권과 관련하여 중요한 의미를 지니고 있다. 즉 인권과 경찰의 연관성을 설명할 때 긴요하게 사용될 수 있다.

주민들은 적극적이든 소극적이든 범죄신고를 하고 정보제공과 경찰과의 상호작용을 통하여 사건해결을 돕는 역할을 수행한다는 점에서 공공안전을 공동 생산한다고 볼 수 있다.

치안서비스의 공동생산은 주민과 경찰관의 원활한 협조체계에 기초하고 있기 때문에 주민과 경찰 간에 협조가 잘 이루어지지 않고 서로 적대감정이 있는 경우에는 성공 가능성이 희박하다. 따라서 경찰이 주민의 신뢰를 얻으려고 노력해야 함을 의미한다. 주민과의 관계가 원만하지 못하다 하더라도 경찰로서는 치안서비스의 공동생산

개념을 적극적으로 도입하여 주민과의 거리감을 줄이고 동시에 재원의 부족으로 인한 민생치안서비스의 양적·질적 문제점도 해결해야 할 것이다.

또한 앞의 그림에서는 '협력치안'이라는 단어도 소개하고 있는데 이는 주민의 참여를 통해서 경찰과 주민이 협력체제를 만들 수 있다는 것을 의미하며 이러한 유형은 참여적 의사결정과 권력공유를 통하여 변화를 달성하려는 계획적이고 구조적인 접근이라고도 볼 수 있다(Whitaker 1980, 240~246). 이러한 협력체제 구축을 통해 치안질서 확립과 함께 주민의 인권향상이 가능하다는 것이다.

2. 인권과 관련된 다양한 경찰관계

1) 경찰과 지역주민과의 관계

민주주의의 기본요소는 자유와 평등이다. 그러나 경찰과 주민은 평등기준에 입각한 신분과 자격을 갖지 않기도 한다. 경찰은 주민의 자유를 제한하기도 하고 주민에 대해서 협조요청권이 있을 뿐 아니라 무장할 수도 있기 때문에 많은 부분에서 민주사회의 주민가치와 경찰작용이 직접 갈등을 일으킬 수 있는 것이다.

경찰의 어떤 업무는 아무리 잘한다 해도 관계된 모든 사람을 만족시킬 수 없는 면을 가지고 있을 수 있다. 경찰의 비인도적 태도나 법의 획일적인 적용이 주민의 반감을 야기할 수가 있는 것이다(이상안 1986, 93~94).

하지만 그와 반대로 주민과 경찰의 관계를 긍정적으로 보는 것이 바람직하다. 특히 지역주민의 인권과 관련된 것은 더욱 그러하다 할 수 있는데, 경찰의 활동시간이 주로 주민을 도와주는 데 소비되며 또한 경찰관은 지역주민의 권리를 행사할 수 있도록 도와주는 데 많은 시간을 할애하기 때문에 경찰의 행동이 도덕적 권위에 의해 좌우된다는 주장이 그것이다(Banton 1963, 10~12).

이러한 갈등들을 극복하고 합의하며 갈등의 해결자로서 경찰의 역할이 주민관계에 있어서 중요시되고 있는데, 그래서 지역사회 경찰활동의 중요성과 필요성이 더욱더 대두되고 있는 것이기도 하다.

■ 대민관계의 개념과 필요성

'대민관계'란 일반적으로 영어의 'Public Relation'(PR)이란 말로 통용되고 있다. 국정과 지방행정에 있어서 PR도 중요하지만, 지역사회 경찰에 있어서 주민상대의 PR 또한 중요한 활동영역이다. 이것은 대상이 주로 주민의 생활과 관련되는 분야이기 때문이다.

지역사회 경찰에 있어 PR은 주민과의 이해와 신뢰, 호감을 조성하기 위하여 노력하는 과정이고 수단이다. 이때 이 둘의 관계는 일방적인 것이 아니고 주체와 객체 간의 이해, 상호신뢰, 상호호감에 바탕을 둔 쌍방 간의 관계이다. 따라서 경찰의 대민행정에 있어서의 PR은 왜곡된 정보나 과장된 선전 또는 어떤 책략에 의하여 주민을 통제하려는 것이 아니라, 합리적인 대안과 내용을 그대로 주민들에게 알려주어 신뢰와 공감을 얻으려는 것이다. 이러한 PR 또는 대민홍보는 민주적인 경찰운영과 행정을 위한 윤활유로서 역할을 수행한다 할 수 있다.

또한 대민관계의 필요성은 경찰활동에 있어서 민주주의 이념을 구현시키고 주민의 권리를 향상시키는 데에 있다고 볼 수 있다. 경찰과 주민 간의 합의가 이루어지기 위해서는 경찰이 주민에게 경찰업무를 수행하는 데에 있어서 드러난 여러 내용을 사실 그대로 알려주는 작업이 우선되어야 한다. 그럼으로써 경찰과 주민 간에 신뢰와 이해가 조성되는 것이다. 이는 경찰의 특성상 이제까지 주민들로 하여금 거부감을 갖게 만들었던 비밀스러움과 과장된 권력을 걷어내자는 것이기도 하다.

그리고 주민의 경찰에 대한 관심을 유발시키고, 나아가서 자신이 속해 있는 지역을 담당하고 있는 경찰관서에 대한 주인의식을 고취시킬 수 있으며 지역주민의 권리를 향상시킬 수 있다는 것이 또 하나의 대민관계 필요성이라고 말할 수 있다.

또, PR은 경찰활동에서 합리화와 효율화를 도모시킨다. PR을 통해서 주민의 의사를 파악하고 또 주민의 필요에 합목적적으로 부응하는 행정과 활동을 해갈 수 있다. 따라서 포괄적으로는 지역주민의 인권향상과 가장 밀접한 관련이 있다고 볼 수 있는 것이다.

■ 대민관계의 수단과 태도

대민관계는 경찰과 주민이 직접접촉을 통하는 방법과 홍보활동을 통해서 주민과의 관계를 조성시키는 두 가지 방법이 있다. 그러나 성공적인 대민관계가 조성되기 위해서는 홍보활동 이전에 몇 가지 전제조건이 선행되어야 한다.

그것은 첫째, 지역과 주민의 권리, 안정에 기여하는 정책이 수립되어야 하고, 둘째, 이 정책을 능률적으로 수행할 수 있는 경찰관의 행정능력과 자질, 그리고 사명감이 갖춰져야 하며, 셋째, 주민의 안정적이고 편안한 삶을 위한 높은 정신적·물질적 서비스가 제공되어야 한다는 것이다. 이와 같은 전제조건의 뒷받침 없이는 아무리 능수능란한 PR수단이 동원된다 하여도 훌륭한 대민관계를 기대하기가 어렵다.

그리고 경찰관들이 지역주민과의 직접접촉을 할 때에는, 그들 경찰관들이 지역경찰을 대표하고 있다는 사실을 명심해야 한다. 항상 겸허하고 성실한 근무자세와 태도를 가져야 하고, 주민을 위한 봉사자라는 생각을 가지며, 과거 권위주의 시대의 일방적인 관계와는 달리 상호존중, 상호신뢰, 상호협력에 바탕을 둔 주체와 객체 간의 쌍방관계라는 사실을 망각하지 않아야 한다.

또한 연설과 토론회, 대중매체, 인터넷, 간행물 등을 통한 홍보활동을 할 경우에도 항상 대등하고 진지하게 주민들과 함께 토론·홍보함으로써 지역사회의 치안과 행정을 안정시키고 주민의 권리향상, 주민과의 일체의식을 조성해야 한다.

특히 친절은 모든 사회가치, 특히 대민봉사를 목적으로 하는 공직사회가치의 중심이 되고 있기 때문에 그만큼 중요하다. 하지만 경찰은 업무의 특수성 때문인지는 모르겠지만 유난히도 오랫동안 대국민 친절의 대상 외에 머물러 있었다.

친절이라는 행태는 물리적 지시교육으로는 실천되기 어렵고, 객관적인 잣대로 평가하기는 더더욱 어렵다. 친절은 그 사람의 교양에 관한 문제이기에 앞서 사회의 문화적 수준을 나타내는 지표임과 동시에 권리와 의식, 교육 등을 나타내 주는 척도라고도 할 수 있다. 따라서 사회 전반에 걸친 인성교육으로 주민교양의 고양도 필요하겠지만 주민과 접촉이 잦은, 그리고 특수한 위치에 있다 할 수 있는 지역경찰관들의 친절은 반드시 선행되어야 한다. 이는 다른 이유를 다 차치하고라도, 경찰관이야말로 주민들에게 친절과 봉사를 베풀어야 하는 것을 업으로 삼아야 하는 위치에 있다고 배웠기 때문이다.

그런데 이 친절을 솔선수범해야 할 경찰관이 오히려 주민의 위에 서서 고압적인 자세를 취함으로 주민의 인권을 도외시한다면 민중의 지팡이로서의 자질을 의심해 볼 수밖에 없다. 따라서 이들로 하여금 올바른 봉사 자세로써 친절을 실천하도록 유도하기 위해서는 무엇보다도 자신이 의식개혁에 의한 실천 의지를 가져야겠고, 관리자의 일대 의식개혁과 전환이 요구된다 할 것이다.

2) 경찰 내의 관계

앞에서 강조한 바 있지만 지역사회 경찰활동의 시행목적은 현행경찰의 형식적 업무구조의 폐해를 개선하여 경찰 대민서비스의 질적 제고를 가져오자는 데 있다. 또한 경찰의 권력을 분산하여 경찰의 민주화와 지역주민의 권리를 향상시키는 데 있다고 할 수 있다. 다시 말하면 경찰을 정치적으로 중립화시켜 공권력의 남용을 방지하고 인권을 보호하며 경찰 본연의 임무인 국민의 생명과 재산보호 등의 기능에 충실하도록 하자는 것이다.

궁극적으로는 지역사회 차원에서 주민을 최대의 고객으로 인식하면서 다양한 지역사회 관계 설정을 통해 지역주민과 함께하는 자치경찰을 지향하자는 것이다.

이러한 목적에 따라 지역주민의 권리향상을 위한 지역치안행정, 지역주민에게 봉사하는 민주경찰을 추진하기 위하여 경찰과 경찰, 경찰관 개인과 경찰기관, 각기 다른 경찰기관끼리의 관계를 중요시하여야 하는 것은 말할 것도 없다.

앞에서 언급했듯이 과거의 정부 등은 현재 우리의 남북분단 상황, 경찰위원회 성격, 치안공조, 예산, 경찰의 특정 정파 예속, 경찰자질 등을 내세워 지방자치경찰 실시와 지역주민들의 권익보호를 위한 지역사회 경찰활동에 대해 부정적인 입장을 취해 왔다(이상환 1998, 28~29).

따라서 그 당시 경찰중립화와 자치경찰제, 지역주민의 권리향상을 위한 경찰활동 등 경찰의 제도개혁을 실천하지 못한 것이 현재의 문제로서 드러나고 있는 것이다.

■ 문제의식을 통한 관계 고려

기본적으로 다음과 같은 문제의식을 가지고 경찰 내의 관계를 고려해 볼 수가 있다.

첫째, 현재의 경찰제도가 과도한 중앙집권성의 폐해를 제거하는 제도인가의 문제다. 정치적 또는 사회적 정세를 빌미로 과도하게 비대해진 중앙집권성과 획일적 운영체제는 여러 가지 폐해를 가져왔다. 무엇보다도 경찰이 정치권력의 시녀가 되어 왔었고 따라서 자연스럽게 지역주민들에 대한 관심은 뒤처져 있었다. 이제는 체제유지를 위한 운영형태에서 벗어날 필요가 있다.

둘째, 지역주민들의 권리향상과 민생치안체제를 확보하는 경찰인가의 문제다. 경찰의 기본 기능인 주민들의 신체와 재산의 안전, 지역주민들의 인권을 위한 활동도 자기가 근무하는 지역의 지방정부에 의해 임명되고 또 그로부터 봉급을 받으면 자기 봉급의 공급원인 주민들의 안전과 인권의 향상을 위하여 헌신적으로 봉사하고자 노력하게 될 것이다.

셋째, 주민의 통제가 가능한 경찰 내부의 민주화가 전제되었는가의 문제다. 개인생활의 안전과 사회질서에 대한 위협으로부터 주민의 권리를 보호하는 경찰기능은 민주화된 경찰 내부로부터 제공되어야 할 서비스이다. 따라서 경찰 내부에서 서로의 사기진작을 위한 제안과 협조는 주민들을 위해 바람직하다. 이러한 것을 바탕으로 효율적인 주민과의 접촉이 가능할 때, 경찰업무수행의 능률성은 물론 민주성과 주민권리가 아울러 확보될 수 있을 것이다(최재원 외 1991, 82).

■ 지역사회 경찰활동의 구현 노력

이러한 관계를 중심으로 하여 인권과 관련된 경찰 내의 지역사회 경찰활동 구현방향에 대한 문제를 제기하고 논의하면 다음과 같다.

첫째, 지역사회 경찰활동이 먼저 민주적 경찰철학의 재정립을 가능하게 하는가이다. 이를 위해서는 무엇보다도 정치적 중립성, 주민의 지지와 신뢰를 정통성의 기반으로 삼는 경찰활동, 철저한 법 규정과 절차의 준수 등 기본 경찰철학을 정립하고 이를 각급 교육과정과 현장업무의 지침으로 삼아야 함은 물론, 주민과 언론, 학계 등 외부에서 이러한 기본 철학을 기반으로 경찰활동을 평가하고 비판할 수 있는 토대 마련이 선행될 필요가 있다.

둘째, 새로운 경찰 패러다임이 확산되었는가이다. 주민 위주의 경영이라는 새로운 패러다임을 토대로 하여 경찰업무의 원칙, 규범과 이러한 기준에 대한 인식들을 '경찰업무의 서비스화', '무력사용의 최소화', '효과성 극대화', '주민과 함께하는 경찰활동' 등 주민 위주의 자치경찰 이념에 맞도록 바꾸어 업무 전반에 확산시키고 조직체계나 운영방식을 이러한 패러다임에 맞추어 변혁해 나가야 한다.

셋째, 주민이 직접 경찰활동을 감시하고 평가하는, 민주성이 확보되는가이다. 이를 위하여 경찰위원회 구성의 다양함이 요구되며 여기에서 주요 정책을 결정함은 물론 지역주민 대표로 경찰자문회의 등을 구성하여 지역주민의 요구에 부응하는 경찰활동을 하고, 경찰행정의 민주성을 확보하여야 할 것이다.

넷째, 자치경찰의 철학과 이념에 맞는 조직체계가 구축되어 있는가이다. 중앙과 지방 정치세력으로부터의 직접적 영향력을 배제시켜 정치적 중립성을 확보해야만 주민 위주의 경찰활동이 이루어질 수 있으며 지역주민의 폭넓은 참여와 이들에 대한 평가 및 통제로서 전국적 경찰서비스 수준의 균형을 맞추고 국가적·광역적 사무처리에 지장이 없는 조직체계를 구축하여야 할 것이다.

다섯째, 인권을 보장하고 주민참여를 유도하는 다양한 프로그램의 개발과 시행이 뒤따르는가이다. 이를테면 학교 지키기, 이웃 서로 지켜주기, 청소년 활동단, 청소년 여름학교, 노인 돌보기 등과 함께 주민 공동 순찰 등 지역 산업체·언론·경찰이 함께하는 범죄예방 및 퇴치 프로그램을 운영함으로써 부당한 인권침해 방지와 함께 지역주민과 기관·단체가 적극적으로 지역의 평화와 안정을 위해 경찰활동에 참여할 수 있도록 할 수가 있을 것이다.[9] 현행 중앙집권적 경찰제에서 보이는 폐쇄적이고 닫힌, 경찰만을 위한 경찰활동을 유지한다면 자치경찰제 시행은 언제나 경찰의 인력과 장비 부족만 호소하는 가운데 갖은 문제만 양산되는 부작용에 봉착할 가능성이 짙다고 할 수 있다.

바로 이러한 문제 인식에 바탕을 둔 새로운 패러다임 등의 모색이 경찰제도 개혁 과제로서의 지역사회 경찰활동의 방향이라 할 수 있으며 경찰 내부에서 경찰 간에 계획 및 조율해야 할 과제라고 할 수 있다.

3) 경찰과 기타 부문의 관계

지역사회 관계강화와 지역주민의 인권향상을 위해서는 기본적으로 지역사회에서 경찰이 맺을 수 있는 관계들에 대한 고려가 선행될 필요가 있다. 지역사회 수준에서 맺을 수 있는 관계라고 한다면 앞에서 언급한 주민관계, 경찰 내부와의 관계, 그리고 덧붙여 기업, 언론,

---

9) http://myhome.netsgo.com/cwsamk/수원21세기.htm.

정치 등과의 관계 설정이 가능하다고 할 것이다.[10]

■ 기업관계

지역사회 경찰활동은 치안·방범·공안·주민관계 등 지금까지 경찰의 입장에서 존재했던 기존의 논리들이 지역주민들의 권리향상을 위한 논리들로 전환하게 만든다. 따라서 중앙경찰 내지는 국가와 기업 간의 관계를 분석하는 기존의 국가경찰-기업관계론에서 한발 더 나아가 지역사회 경찰활동에 초점을 맞추고 지방기업 간의 상호작용을 분석할 필요가 있게 된다.[11] 그러나 아직까지는 우리나라에 이러한 경찰활동의 경험이 축적되지 않았기 때문에 여기에서는 일반적이라고 생각되는 점들에 대해서만 언급하려 한다.

지역사회 경찰활동은 지역주민의 권리향상뿐만 아니라 이를 통해 경찰과 지역기업 간에 관계를 재설정할 수 있다. 아무것도 존재하지 않는 상태에서 상호 전략적 작용이 활발한 관계로 나아가고, 한 단계 더 나아가 지방경찰과 지역기업이 공동의 목적과 이익을 위해 안정적으로 협력하는 관계로 변해 갈 것이라고 예측된다. 물론 이에 따라 지역주민들의 권리가 향상되는 것은 당연하다 할 수 있다.

첫째, 적대적 관계이다. 현재의 상태 즉 지역사회 경찰활동이 본격화되기 이전에는 지역경찰이 단지 중앙경찰의 하부 집행기관의 역할밖에 하지 못하기 때문에 지역경찰-기업관계라는 것이 거의 존재하지 않으며, 존재한다고 하더라고 기껏해야 중앙경찰-기업관계의 단순한 연장에 지나지 않는다. 그러나 자치경찰의 권한이 강화되고 이

---

10) 집행기관과의 협조나 중앙행정기관 등과의 관계는 논의대상에서 제외하고 주민, 지역정치권, 기업, 언론 등과의 관계를 중심으로 하였다.
11) 여기서 지방기업이란 개인사업체, 업소 등을 포함한다.

에 따른 지역주민들을 위한 경찰활동이 중요시되는 등 기능이 중앙경찰로부터 지방으로 이관되면 지역경찰이 지역치안, 방범, 환경, 민원, 봉사에 실질적으로 관여하게 되어 문제가 달라지게 되고 지역기업들은 지역경찰과도 전략적으로 점점 상호 작용하게 된다.

기업은 기본적으로 이익을 추구하며 지역기업들의 지나친 사익추구 경쟁이 주민 전체의 공익을 저해하기 때문에, 공익을 대표하는 경찰이 공익보호를 위해 적절히 지역기업들에 대해 규제를 가해야 한다는 것이 적대적 관계의 내용이라 할 수 있다.

이러한 생각은 우리나라의 중앙경찰이나 관료들에게서도 일반적으로 발견되는바 그것의 연장인 셈이다. 이로부터 지역경찰은 규제나 지원을 통해 지역기업과 상호 작용하는 데 있어 기본적으로 군림하는 자세를 취하며, 상대방은 자기 이익만 추구하는 경향을 나타낸다. 다시 말하면 이 시기의 경찰과 기업과의 관계는 기본적으로 상호 반감을 갖고 있으면서 그때그때의 필요에 따라 지역기업에 대한 규제나 지원이 지역경찰에 대한 경제적 가치(뇌물이나 회사정보 제공 등)와 교환되는 적대적인 교환관계를 이룬다고 할 수 있다(신희권 1995, 736~737).

또한 이때는 기업의 경찰에 대한 비판적이고 불신임 상태, 즉 서로의 행위에 대해 비방하며 정상적이지 못한 경로를 통해 이익을 추구하려고 하는데 이에 따른 약점을 빌미로 대가를 요구하기도 한다.

둘째, 전략적 상호의존관계이다. 지역경찰이나 지역기업 모두 주어진 조건하에서 자기 이익을 극대화하고자 하는 존재라는 기본전제 위에서 이것의 본격화에 따라 양자가 어떻게 전략적으로 상호작용을 하게 되는가, 그리고 그에 따른 지역경찰과 기업관계는 어떻게 변화될 것인가를 살펴보면 다음과 같다.

지역경찰과 지역기업에 초점을 맞추는 것은 지방자치가 본격화될수록 경찰의 환경을 구성하고 있는 관련 조직 내지는 집단 중 지역기업이 점점 더 중요한 자원통제조직으로 등장하며, 동시에 지역기업의 환경 가운데 경찰조직도 점점 더 중요한 자원통제조직으로 되기 때문이다. 부연하면 중앙경찰로부터 정치적, 재정적인 지원이 감소함에 따라 지역경찰은 점점 더 경제적인 성과(고용 내지 성장), 자금, 정보, 경제적 가치(뇌물이나 회사의 자리 제공) 등의 자원을 지역기업에 의존하게 된다. 동시에 지역정책의 주체가 중앙정부에서 지방정부로 변해 감에 따라 지역경찰의 입지와 영향력도 커지게 되는데, 지역기업은 점점 더 사회적 규제(환경오염 등), 경제적 규제(행정의 간소화, 유통과 각종 인허가, 단속문제 등), 개인적인 민사청탁 등의 자원을 경찰에 의존하게 된다.

이러한 지역경찰과 지역기업 간의 전략적 상호작용은 정치·경제·사회적인 환경 속에서 이루어지며 특히 지방자치라는 외적 요인에 크게 영향을 받는다. 따라서 양자의 상호작용은 지역 매스컴, 환경단체, 노동단체, 지역주민, 중앙경찰과의 관계 같은 환경적 요인의 영향을 받으며 이루어지게 된다.

셋째, 협조적 제휴관계이다. 현실적으로 지방자치의 본격화에 따라 각 지방정부, 지역경찰 간의 경쟁이 격심해지고 이로부터 개혁이 일어나면 경찰의 지역기업에 대한 시각은 만족시켜야 할 고객이자 지방재정수입의 주요 원천으로 바뀌게 된다.

또 지역경찰이 개혁하여 지역기업에 대한 규제자, 군림자로부터 효율적인 서비스 제공자, 지원자로 바뀌게 되면 지역기업의 경찰에 대한 시각도 긍정적으로 변한다. 동시에 경찰도 급속한 기술진보와 정보화 속에서 여타 자치경찰과의 경쟁에서 이겨 주민들로부터 믿음을 얻으려면 지역기업과의 협조도 필수적이다. 지역경찰의 여러 지원에 의해 지역기업들은 이익을 극대화하고 지역기업들이 이익의 일부를 경찰의 부족한 재정을 보충하도록 기부금으로 납부하는 과정에서 지역경제가 활성화되면 지역주민들의 고용이 증대되고 권리가 향상되며 전반적인 생활수준도 상승한다.

이상으로부터 알 수 있는 것은 각 지역경찰 간의 경쟁이 격심해지고 특정 지역의 경찰이 스스로를 개혁하게 되면 해당 지방경찰의 기업과의 관계는 위기상황에 대응하기 위해 이전의 의존관계에서 협조적 제휴관계로 변화해 간다는 것이다.

■ 언론관계

현대는 미디어의 시대이며 대중매체는 여론이 형성되는 데 있어서 중요한 위치를 장악하고 있다. 다시 말하면, 경찰은 범죄와 형사사법 문제를 둘러싼 정통성과 권위를 확보하기 위해 검찰, 변호사협회, 재야인권단체 등 다른 관련 단체·조직들과 경쟁하는 사회적 존재이며, 자신을 제대로 표현하여 유리한 여론을 형성하고 정책결정권자들의 관심을 확보할 필요가 있기 때문에 경찰에 있어서 대중매체는 매우 필요하고 중요한 존재다(Ericson et al. 1989, 5~7).

매스미디어라는 통로를 장악하느냐의 여부에 따라 그 분야에서 주도권을 장악하는 조직이 되느냐 주변으로 밀려나는 조직이 되느냐가 결정되며 따라서 경찰홍보에 있어 대중매체가 차지하는 비중도 절대적일 수밖에 없으므로 경찰과 대중매체에 대한 이해는 올바른 경찰홍보 전략과 정책을 수립하는 기본요소라고 할 수 있다(Shlesinger 1991, 397~420).

비록 개별적인 경찰행위나 비리 경찰관에 대한 비판적 기사가 간간이 보도되기는 하지만 매스미디어가 경찰을 다루는 태도는 대체적으로 긍정적이고 우호적이라는 것이 학계의 정설이다.[12) 또한 간헐적인 비판기사를 통해 구축된 '독립적이고 공정한 사회의 대변자'라

---

12) http://www.kopsa.org/new/new2/k-index.htm.

는 언론의 이미지는 결국 국가 통치기구의 상징인 경찰의 존재의의와 역할을 정당화시키는 데 있어 없어서는 안 될 중요한 요소이다. 그럼에도 불구하고 대부분의 경찰관들은 언론이 경찰에 대해 부정적인 기사거리만을 찾아내 보도한다고 생각하고 있으며, 이러한 편중된 언론보도가 경찰에 대한 국민여론 조성에 큰 영향력을 행사한다고 믿고 있다. 그러므로 경찰의 대언론정책에서 지상과제는 경찰에 대해 부정적인 기사의 보도를 막고 긍정적인 보도를 증대시켜 경찰의 이미지를 제고시키는 것이다.

이와 같은 경찰의 입장에서뿐만 아니라, 지역사회 경찰활동하에서 언론은 지역주민뿐만 아니라 사회단체, 지역엘리트 등과 함께 지방행정과 치안에 관한 업무를 원만히 수행하고 경찰 이미지를 위해 도와주거나 견제해야 한다. 하지만 현재로서는 대부분의 언론이 이 같은 역할을 제대로 해내지 못하고 있다. 오히려 상당수 지방언론들이 자치단체나 단체장의 정치·홍보기구로 전락하여 지방자치 발전을 심각하게 저해하고 있는 실정이라고 볼 때 앞으로도 언론의 역할 면에서 안심을 하지는 못할 것 같다.

경찰의 정착과 발전, 경찰의 인권보호와 지역주민의 권리향상에는 언론감시의 기능이 절대적으로 중요하다. 그리고 지방언론과 주민이익, 경찰의 관계도 논란의 소지가 있다고 할 수 있는데 일반적으로 지역경찰과 언론과의 관계를 다음과 같이 가정하여 구분해 보기로 한다.

첫 번째로, 적대적 관계이다. 이는 서로의 단점만을 부각시키려 하며 일체의 교류나 동조가 없는 상태이다. 적대적 관계의 경우 언론 고유기능인 비판이나 지역경찰의 중립성 확보 측면에서는 바람직할지 모르나 지역발전엔 큰 도움이 되지 않는다.

그 다음으로는 이와는 정반대의 관계인 일체적 관계와 공생·유착관계를 들 수 있는데 이 또한 경찰과 단체의 장, 언론사주 등 특정인(집단)의 이익에만 도움이 될 뿐 지역주민들의 이익과 권리보호에는 오히려 해가 된다.

마지막으로는 대립적 상호존중 관계를 들 수 있는데 이 중에서 가장 바람직한 관계라고 할 수 있다. 하지만 우리나라의 경우 대부분의 지방언론이 현재 해당 지방정부와 공생·유착관계에 있는 상태로 파악되는바, 바람직한 경찰제도운영에 있어서 앞으로 얼마나 변화될지는 미지수다(최준호 1999, 21).

■ 정치관계

경찰조직이나 이 조직의 장은 다른 정치권력과의 관계를 제대로 설정하고 운영해 갈 필요가 있다. 중앙경찰업무의 과감한 지방위임과 지방경찰 고유 업무의 획기적인 확대는 지역사회 경찰활동의 활성화 조건이며 또한 주민참여가 현실적으로 보장될 수 있는 조건이기도 하다. 경찰의 재구조화 또는 정부와의 관계 설정은 여러 영역에서 이루어져야 하지만, 무엇보다 중앙경찰과 지방경찰, 정부와 경찰, 정당과 경찰, 의회와 경찰 등 서로 간의 권한과 역할의 재배분을 기축으로 해야 하며, 이를 위해서는 중앙의 기득권 포기와 정치적 도덕성이 가장 중요한 선결조건이 된다 할 수 있다(조명래 1999, 22).

지역사회 중심 경찰활동하에서는 중앙부처와 각 정당, 의회가 이전의 상관으로서의 위치가 아닌 서로 독립적이고 협조적인 관계로 바뀌게 된다. 이처럼 서로의 관계와 위상이 분명히 달라진다는 것이다.

경찰은 일정한 지역 내의 주민과 사물에 대해 안전을 책임질 의무가 있으며 또한 종합적인 결정권을 보유하고 행사하는 하나의 집단이다. 그렇기에 독립된 의사의 주체가 되고 각 지역에 알맞은 행위와 능력을 또한 행사하게 된다. 다른 지역의 경찰기관과의 관계나 중앙경찰, 중앙정부, 기타 중앙정치권력과의 관계에서 일면 독립적인 측면을 보유할 수가 있다. 다시 말하면 이러한 분권화는 국가운영의 결정권한을 중앙에서 지방으로 이양하는 지방분권화의 의미와 함께 공공부문의 기능과 활동을 민간부문으로 이전시키는 사적 분권화의 의미도 내포되어 있다.

3. 인권과 경찰활동의 관계분석

주민의 인권향상을 위해서는 궁극적으로 경찰활동이 체계적이고 세분화가 되어 시행될 필요가 있다는 것을 앞에서도 밝힌 바 있다. 그리고 지역사회 경찰활동 자체만으로도 주민의 인권향상에 도움이 된다는 것도 이미 예측할 수 있을 것이다.

따라서 포괄적이고 다양한 경찰 관련 요소가운데에서도 몇 가지 대표적 요소 및 요인을 선정하여 이들을 중심으로 인권과의 관계를 이야기하고자 한다. 이를 위해서는 우리나라의 사례는 물론 외국의 제도 및 이에 대한 성과의 분석, 주민들의 반응 파악 등이 필수라 할 수 있다.

다음의 그림에서 보여 주고 있듯이 경찰이라는 개념과 경찰의 세부적인 요소들을 개인적인 요인과 환경적 요인으로 분류할 수 있으며 아울러 이에 따라 예상되는 관계도 알아볼 수 있다. 그리고 이를 주민의 인권과 관련하여 논의하기로 한다.

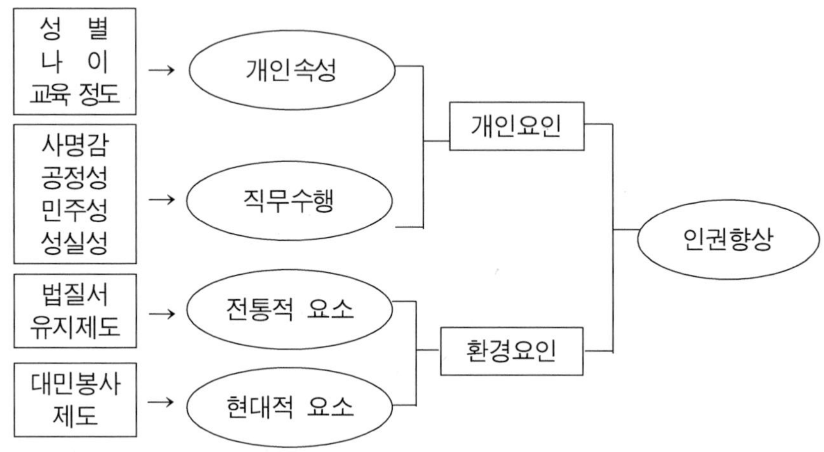

[그림 2] 경찰과 관련한 지역주민의 인권향상 모형 설정기준

　　주관적으로 차이는 있겠지만 경찰의 개인적 요인을 다시 개인속성과 직무속성으로 나누어 보았다. 그리고 환경요인은 전통적 요소와 현대적 요소로 분류하였다. 그 이유는 행위의 주체가 되는 경찰 개개인과 이러한 행위수행을 가능하게 하는 배경으로서의 환경이 가장 기본이 될 수 있으리라는 가정에서이다.

　　다시 경찰 개인의 속성에는 이들의 성별과 나이, 교육 정도 등을 고려해 볼 수 있겠다 하여 이들을 언급하였고, 직무수행 부문에서는 사명감과 공정성, 민주성, 성실성을 대표적으로 선정하기로 한다.

　　또한 환경요인으로서의 전통적 요소에서는 이제까지의 중앙집권적 경찰제도하에서의 목표 내지 특성이라 할 수 있었던 법질서 유지제도에 대해 언급하려 하며, 현대적 요소부문에서는 지역사회 경찰활동에서 가장 중요시되고 있고 대표적이라 할 수 있는 대민봉사제도를 중심으로 전개하려 한다. 그리고 이러한 요소들에 관한 세부적 대상선정이 뒤따를 것이며 아울러 이에 대한 실례 분석도 필요하다.

　　세부적으로는 먼저 지역주민의 인권향상이라는 종속변수를 설정하고 독립변수에는 앞에서 언급하였듯이 개인요인과 환경요인이라는 개념을 설정하기로 한다.

결론적으로 말하자면 본 내용은 "종속변수는 독립변수의 영향을 받는다" 혹은 "독립변수는 종속변수에 영향을 미친다"는 가설을 증명하려 하고 있는데 아래의 그림에서 설명하고 있듯이 종속변수의 '인권향상'이란 개념에는 우리나라 헌법 제2장에서 정하고 있는 주민의 자유와 권리를 지정하고 있고, 독립변수에서는 환경요인의 두 가지 개념인 전통적 요소와 현대적 요소 속에 포함되어 있는 제도, 시설, 교육, 대민관계, 자질에서 몇 가지 대표적인 것들을 선발하여 예를 들어 보기로 한다.

[표 2] 예상되는 관계

구 분	개 념	변 수		설 명
종속변수	인권향상	인권침해, 차별행위		대한민국헌법, 국가인권위원회법
독립변수	개인요인	개인속성		성 별
				나 이
				교육 정도
		직무수행		사명감
				공정성
				민주성
				성실성
	환경요인	전통적 요소	제 도	수사, 순찰, 감사, 인사·평가
			시 설	유치장, 파출소, 프로그램, 장비
			교 육	경찰관교육, 주민교육
		현대적 요소	대민관계	의식, 활동, 주민참여, 협조
			자 질	리더십, 윤리, 경험
			기 타	기 타

모형과 관련된 이슈들을 세분화한 지표들의 설정에는 개인요인들

을 제외한 환경요인, 즉 전통적 요소와 현대적 요소에 대해서만 언급하고자 한다. 그 이유는 말 그대로 개인적 요인은 개인의 속성과 관련된 것으로 지극히 주관적일 수 있다는 판단에서이다.

먼저 제도부문에서의 '수사'라는 이슈에는 수사권과 의사결정, 계급과 직위관련, 조직의 분화, 불심검문 등을 지표로 설정하여 이에 대해 논의 및 평가를 시도하려 하고 '순찰'이라는 이슈에는 이것의 제도와 방법, 사건 대응방법 등을 지표로 활용하려 한다. 그리고 청문감사관과 전문부서에 관한 내용은 '감사' 이슈에서, 인사와 평가방법, 보상체계와 근무시간 및 보수 등은 '인사·평가'라는 이슈에서 언급하기로 한다.

그리고 시설부문에서의 '유치장'이라는 이슈에는 법률과 시설, 신체검사, 인력, 예산 등의 지표를 설정하였고 '파출소(지구대)'라는 이슈에서는 이것의 기능과 역할 및 운영 등에 관한 지표를 설정하였다.13) 또한 '프로그램'의 이슈에는 프로그램의 운영과 활동하고 있는 프로그램에 대한 지표를, '장비' 분야의 이슈에는 인력과 시설, 정보체계, 세부장비 등의 지표를 설정하여 설명하려 한다.

전통적 요소인 교육과 관련된 '경찰관교육'이라는 이슈에서는 이에 대한 지표로 수시교육과 징계교육을 예로 들어 보려 하고 있고 '주민교육'에서는 성인교육과 학생(교)교육을 지표로 한다.

이제까지의 전통적 요소가 아닌 현대적 요소로 구분할 수 있는 대민관계 부문에의 '의식', '활동', '주민참여', '협조' 이슈에서는 친절봉사 의식, 관심과 노력, 신뢰, 대민접촉활동, 범죄예방 활동, 홍보, 자발적 참여, 범죄신고율, 주민신뢰, 타 기관과의 협조, 시민불복종, 대중매체와의 공조 등의 대표적 지표를 각각 설정한다.

마지막으로, 자질부문에서의 '리더십'과 '윤리', '경험'의 이슈에서

---

13) 파출소는 지구대로 변화되었다가 현재는 둘 다 운영되고 있다. 따라서 예전의 파출소를 제외하고는 경찰시설에 대하여 언급할 수가 없다.

는 이것에 대한 지표로서 유형과 경찰책임, 부정행위, 경찰재량, 자질과 윤리, 전문지식, 노하우, 연령, 책임감 등을 들고 있다. 아울러 이것에 대한 지표에서 '연령'은 개인적 속성으로의 변수로도 활용되지만 자질부문에서도 언급할 가치가 있는 관계로 지표로 포함시키기로 한다.

이러한 지표들을 바탕으로 한 경찰활동과 인권과의 관계의 정립은 지속적이고 확고한 정부의 정책이 반드시 필요하다. 경찰활동을 통해 인권을 향상시키겠다는 목표가 세워졌다면 이에 따른 세부적 내용들이 정책으로 지원되어야 한다는 것이다.

정책이란 어떤 사회분야에서 사회적 시스템, 구조, 문화, 가치, 규범, 행태, 물리적 환경 등을 어떻게 바꾸며, 또 어떠한 방법으로 바꾸는가 하는 것 등을 결정하는 정부 관여의 수단이다(노화준 외 2001, 97~99).

여기서 어떠한 사회를 만들겠다고 하는 것은 비전이며 어떻게 만들겠다고 하는 것은 정책수단과 활동이다. 결국 정책은 비전과 전략의 두 개의 수준으로 조화해 볼 수 있다. 정책의 비전은 정책 엘리트 집단의 공유된 가치, 미션, 그리고 이를 실현하는 데 공헌할 것으로 기대되는 정책목적으로 구성되어 있고, 비전을 실현할 전략은 정책목표들과 수단 및 활동들로 구성되어 있다(노화준 1997, 35).

정책의 구조가 이와 같이 비전과 전략의 두 개의 수준으로 구성되어 있기 때문에 정책평가의 유형도 제1차적 수준의 평가와 제2차적 수준의 평가로 구분된다. 제1차적 수준의 평가는 그 평가의 논리가 구체적인 상황적 맥락에 맞추어진 상황논리이기 때문에 이 수준의 평가는 미시적 평가라고 볼 수 있다. 이에 비해서 제2차적 수준의 평가는 평가의 논리가 구체적인 상황적 맥락을 벗어난 전체로서의 사회적 시스템으로서 이 수준의 평가는 거시적인 평가라고 볼 수 있다. 제1차적 수준의 평가는 다시 정책을 구성하고 있는 프로그램 산출결과에 대한 검증(verification)과 프로그램 목표들의 타당화(validation)라는 두 가지 평가의 하위수준으로 구분되고, 제2차적 수준의 평가는 정책목적에 대한 사회적 정당화(vindication)에 대한 평가와 사회적 가치선택(social choice)의 정당성에 대한 평가의 하위수준으로 구분된다.

예를 들어 인권정책에서도 마찬가지이다. 지역사회 주민의 인권이 경찰의 여러 분야와 관련이 있다고 볼 때 이에 대한 검증은 주로 프로그램에서 천명한 목표를 달성했는가, 원래 의도하지 않았거나 기대하지 않았던 효과들이 발생하여 그 결과로 프로그램 목표가 상쇄되었는가, 그 프로그램이 이용 가능한 다른 대안들보다 목표를 더욱 효율적으로 달성했는가 하는 것들을 경험적으로 평가하는 데에 초점을 둔다. 한편 인권정책 프로그램 목표가 경찰이라는 문제 상황에 비추어 적실한 것인가, 그 목표에 예외를 인정하여야 할 상황이 존재하는가, 그리고 둘 이상의 목표가 문제 상황에 동일한 정도로 적절한 것인가 등에 관심을 가지며 인권정책 목적이 전체로서의 사회적 가치 실현을 위한 수단적 가치를 가지고 있는가, 또한 목적은 중대한 사회적 결과를 초래하는 기대하지 않았던 문제들을 가져오지는 않는가, 그리고 형평성 있는 결과를 가져오는가 등이 평가의 대상이다(Frank 1995, 17~24).[14]

이러한 평가의 수준은 인권정책을 둘러싸고 제기될 수 있는 여러 쟁점들을 망라하는 특징을 가진다.

여기에서는 위의 전반적 평가를 바탕으로 우리 사회의 인권과 인권정책이 대민관계를 비롯하여 특히 경찰의 여러 분야와 관련이 있다는 것을 통계와 사례를 들어 설명·검증코자 한다.

---

14) Fisher, Frank. 1995. Evaluating Public Policy. Chicago: Nelson-Hall Publishers.를 참고로 하여 내용을 논문의 주제에 맞추어 재구성함.

1) 지역주민의 인권은 경찰 – 대민관계와 관련이 있다

■ 분석 및 검증: 통계와 사례

지역주민과 경찰과의 관계는 앞서 언급했다시피 인권향상을 위한 제일 기초가 되는 것 중의 하나라고 할 수 있다. 경찰도 이를 위해 많은 노력을 기울이고 있는데 예를 들자면, 수상 인명구조 활동실적, 등반사고 발생추세 및 구조실적, 가출인·미아 처리 현황, 유실물 처리 현황 등 여러 실적 및 현황들이 이를 뒷받침해 주고 있다.

물론 이러한 경찰의 활동은 경찰과 주민 간의 관계를 향상시키기 위해서만 행해졌던 것은 아니다. 하지만 실생활에서 해마다 증가되는 안전사고와 위험요인은 경찰이 의무감으로 대처해야 한다는 것만으로는 극복되기 힘들다. 지역주민들에 대한 관심과 관계 개선을 위한 노력이 계속적으로 요구된다는 말이다.

수상 인명구조 활동이라든지 등반사고 관련 조치, 가출인·미아 관련 해결 및 해결방안 모색, 유실물 처리에 관한 방안 등은 경찰과 지역주민과의 관계에서 극히 일부분을 차지하는 것들이다. 가출인을 보호하고 미아를 보호자에게 인계하고, 습득 유실물을 유실자에게 반환하는 등의 일련의 경찰활동들은 지역주민과의 유대감과 신뢰도 증가에 큰 역할을 하고 있다. 아울러 경찰의 지역주민에 대한 애정과 관심이 없이는 해마다 증가하고 있는 사고에 대응하기 힘들다. 이것은 곧 주민의 권리와 안전이 경찰과 지역주민과의 관계와 밀접한 관련이 있다는 것을 의미한다.

경찰봉사에 대한 주민의 요구는 다양하다. 경찰활동이 활발함에 따라 주민들은 경찰이 범죄를 막고 범죄자를 조사하고 체포하는 것 이상의 다양한 문제를 다루어 줄 것을 기대한다는 것을 경찰지도자들은 알게 되었다. 이는 경찰의 활동이 주민들의 권리와 밀접한 관련이 있음을 나타내 주고 있는 것이기도 하다.

주민들은 경찰이 중범죄에 대항하는 것이 중요하다는 것에는 동의하지만 차량도난이나 청소년들의 폭력 같은 사소하지만 신경 쓰이는 일에도 도움을 주기를 원한다. 따라서 경찰은 주민들의 목소리에 귀를 기울일 방법을 찾고 그들이 어떠한 활동을 요구하는지를 알아낼 대화의 장을 마련해야만 한다는 것을 알게 되었다. 이러한 주민들의 사소한 요청에 대해 대응하는 것이 주민들이 경찰에 대해 갖는 만족도와 신뢰감을 상당히 향상시켜 줄 수도 있다. 미국 위스콘신의 매디슨, 플로리다의 포트피어스, 콜로라도의 아우로라와 포트콜린스, 텍사스의 맥알랜과 미시간의 랜싱 등지에서는 주민들에게 조사를 실시하여 경찰이 다루어 주었으면 하는 문제를 규명하였고 경찰프로그램에 대한 주민들의 생각에 장점과 약점이 무엇인가를 가려내도록 하였다. 이러한 사례들은 지역주민의 권리향상 측면에서뿐만이 아니라 인권보장을 위한 경찰의 노력이라고 볼 수 있다(이황우 1996 115~116).

미국 휴스턴의 이웃 지향적 경찰활동 계획은 1983년부터 1984년까지 경찰국 전역에 걸친 분권화와 발맞추어 실행되었다. 분권화와 함께 휴스턴 경찰국은 각 지역에 양질의 서비스를 제공하고자 했다. 이러한 접근방법은 경찰이 도시 전역에 걸친 독특한 특색과 다양한 이웃 주민들의 요구에 대해 보다 잘 대응할 수 있도록 했다.

이러한 이웃 지향적 경찰활동으로 경찰은 범죄예방이 경찰국의 임무 중 가장 중요하며, 범죄문제를 다루는 데 있어서 경찰과 지역사회가 공개적·협동적으로 활동해야 하고, 경찰인력은 휴스턴 시민들의 전체적인 삶의 질과 인권의식을 높이기 위해 주로 사용되어야 하며 단지 범죄유형과 범죄경향 분석에 집중되어서는 안 된다는 것을 인식하게 되었다. 이 프로그램의 성공으로 1992년 일리노이스의 줄리엣에서도 이웃 지향적 경찰활동이 적극적으로 전개되었다(이황우

1996[b], 123~124).

다음은 호주의 이웃감시활동에 관한 것이다.

빅토리아주에서 1983년에는 8만여 건의 절도사건이 발생하였지만, 검거율은 1만 5천 건 정도에 그쳤다. 빅토리아 경찰은 절도범죄의 심각성을 깨닫고 증가하는 절도사건을 예방하기 위해서 이웃감시를 도입할 것을 제안하였다.

이웃감시의 구체적인 방법은 가정물품에 대한 기명표시와 사진촬영, 의심스러운 행위를 경찰에 신고하도록 하는 주민교육, 주민들의 방범의식 강화, 이웃감시가 운영되는 지역임을 나타내는 표지판을 설치하는 것이었다.

경찰의 역할은 조정자, 자문자, 관찰자의 자격으로 이웃감시위원회에 참여하였다. 그리고 이웃감시지역위원회의 구성원들은 의견이 불일치하는 경우도 있었으므로 이러한 문제를 해결하기 위해서 각 안건은 소위원회의 심의를 거쳐 중앙위원회에 상정하는 형식을 취하였다. 4개의 소위원회는 로고선정위원회, 재정위원회, 가정의 모든 물품이 순번에 따라 기명 표시되었는지 확인하는 검색위원회, 주민들에게 정보를 알리는 홍보위원회로 구성되었다.

이러한 결과 빅토리아주 전체의 범죄율은 16% 증가했지만 이웃감시가 시행되는 지역은 15% 줄었다. 그리고 이웃감시 프로그램이 공식적으로 시작된 지 약 2년 후인 1986년 6월 30일까지 대략 78만 명의 빅토리아 주민들이 이웃감시에 참여하였고, 주 전체인구의 19%는 이웃감시가 실시되는 지역에 거주하게 되었다. 1992년에는 참여인구가 210만 명에 이르게 되었다(노호래 2000[b], 152~153).

우리나라도 '자율방범대'라든지 '범죄신고 요원' 등을 통한 자율방범활동은 지역주민의 권익보호와 인권향상에 큰 몫을 하고 있다.

자율방범대는 자원봉사자를 중심으로 지역주민이 마을 단위로 조직하여 관할 파출소와 상호 협력관계를 갖고 방범활동을 하는 자율봉사조직이다. 자율방범대는 경찰과 합동 또는 자체적으로 3~5명이 조를 편성, 심야 취약시간에 순찰활동을 전개하고 있으며, 순찰 중에 발견한 범죄현장 신고, 부녀자의 안전귀가, 청소년 선도보호활동 등의 활동을 하고 있다.

그리고 이것은 1999년 현재 전국적으로 총 3,471개 조직에 9만 7천여 명으로 구성되어 있으며, 1999년 한 해 동안 34,422건의 범죄신고와 29,381명의 형사범을 경찰관과 합동 검거하는 실적을 거두는 등 지역치안활동에 기여하고 있다. 이 자율방범대의 경우 경찰의 지원은 전무한 상태로 순수 자체경비에 의해 운영되지만 일부 자치단체에서 운영비를 지원하는 곳도 있다(노호래 2000[b], 161~162).

또한 범죄신고 활성화를 위하여 직업의 특성상 취약시간대에 활동하고 가두상황 목격이 용이한 신문배달원, 미화원, 24시간 편의점 종사자 등을 범죄신고 요원으로 위촉하여 전국 파출소(지구대)별로 활동하게 하고 있으며, 모범택시, 콜택시 운전사, 햄(HAM, 아마추어 무선) 회원 등은 112신고센터와 연계하여 민간인 112신고 요원으로 현재도 활동하고 있다(노호래 2000[b], 162~163). 이들 신고 요원에 의한 신고건수와 검거는 해마다 증가하고 있는 추세이다.

경찰서에 따라서는 지역주민과 협력하여 범죄예방 활동을 전개하는 곳도 있다. 영주경찰서의 경우 농촌지역의 절도를 방지하기 위해 농촌지역의 방범체제(RASS)를 운영하기도 했다.[15]

---

15) RASS란 Rural Area Security System의 약자로서 농촌지역방범체제라는 의미를 가지고 있다. 농촌지역의 절도를 방지하기 위해서 이웃감시 조직구성과 운영, 외지차량 출입기록부 비치, 주민신고체제 구축을 그 프로그램의 내용으로 하고 있다.

■ 평 가

오래전의 연구결과이기는 하지만, 1996년 부산에서 경찰서비스 공동생산 활동이 서비스 결과에 미치는 효과를 분석하기 위해 경찰서비스 결과에 영향을 미치는 여러 요인들의 효과도 동시에 분석한 사례가 있었다. 이 연구는 지금의 경찰운용 상황과 비교해 보았을 때 전반적 내용 면에서 차이가 없다. 이 연구의 분석결과를 통해 나타난 주요 내용은 다음과 같다(김인 1996, 317~]320).

첫째, 주민들의 범죄피해라는 경찰서비스의 객관적 결과에는 동네 주민들의 공동범죄대책회의나 혹은 공동경비원의 고용과 같은 집단적·소극적 공동생산이 효과를 미치지만, 그 외의 공동생산은 통계적으로 유의미한 효과를 미치지 않는 것으로 나타났다. 이러한 분석결과가 나타난 것은 실제 이들 변수가 영향을 미치지 않기 때문일 수도 있고, 동시에 영향을 미치게 되는 데에는 시차가 필요한데 이런 점이 모형에서 고려되지 못했기 때문일 수도 있다. 그러나 주민들의 범죄피해는 주민들의 소득수준이 높은 동네일수록 그리고 주민들의 친밀성이 낮은 동네일수록 주민들의 범죄피해가 심한 것으로 나타난 것은 우리가 쉽게 예측할 수 있는 것이다.

둘째, 집단적·적극적 공동생산이 주민들의 안전감에 미치는 효과가 있는 것으로 나타난 점은 주목할 만하다. 즉, 자율방범대 활동이 잘되는 지역의 주민들은 그렇지 않은 지역의 주민들보다 안전감이 높다.

이는 방범기기의 설치 등 개인적·소극적 자율방범활동이나 범죄신고 등의 개인적·적극적인 자율방범활동, 주민들의 방범대책협의 등의 집단적·소극적인 자율방범활동은 주민들의 안전감이나 경찰서비스의 만족감에 통계적으로 유의미한 영향을 미치지 않는 것으로 나타났다. 이러한 분석결과를 통해서 이런 종류의 자율방범활동이 경찰서비스의 결과와 관련하여 아무런 효과가 없다고 결론 내려서는 곤란하다. 왜냐하면, 이 연구는 경찰서비스의 방범활동과 관련한 모든 결과를 연구의 대상으로 삼은 것이 아니기 때문이다. 즉, 범죄의 신고활동 여부가 범죄의 수사나 체포에 영향을 미칠 수 있으며, 동시에 이것이 범죄예방에 영향을 미칠 수 있기 때문이다. 이와 같은 공동생산 활동과는 달리, 집단적·적극적인 공동생산 활동은 주민들의 안전감에 유의미한 효과를 미치고 있다. 따라서 이런 점을 감안한다면, 주관적인 경찰서비스 결과인 주민들의 안전감을 증진시키기 위하여 정부는 자율방범대 활동의 활성화를 위해서 다각적인 노력을 기울일 필요가 있다.

셋째, 집단적·적극적인 공동생산인 자율방범대 활동에의 참여 여부는 경찰서비스의 주민만족감에 유의미한 효과를 미치나 다른 유형의 공동생산은 경찰서비스의 만족감에 유의미한 효과를 미치지 않는 것으로 나타났다.

자율방범대 활동에 직접 참여하는 주민들은 경찰서비스에 보다 만족하는 것으로 나타나서 지역의 안전을 증진시키려는 목적으로 실시되는 자율방범대 활동은 경찰서비스의 만족이라는 긍정적인 부수효과도 초래하고 있어 경찰의 입장에서는 주민들의 자율방범대 활동에의 참여를 확대시킬 필요가 있다는 점을 시사해 주고 있다.

넷째, 주관적인 경찰서비스 결과를 가장 잘 설명하는 것은 정치적 효능감이라는 사실도 아주 중요하다. 이는 경찰서비스에 대한 만족이나 혹은 안전감이 경찰 자체의 노력에 의해서만 결정되는 것이 아니라 주민들의 정부활동 인식이나 평가에 의해 크게 영향을 받게 된다는 것이다. 이것은 경찰서비스가 법 시행과 관련되어 있기 때문으로 볼 수 있다. 이와 같이 경찰서비스에 대한 만족감에 정치적 효능감이라는 변수가 중요한 영향을 미치는 것은 미국에서의 연구나 한국에서의 다른 연구에서도 마찬가지로 나타나고 있다(김인 1986, Rosentraub et al. 1982, 171~184).

이는 정부에 대한 태도라는, 보다 일반적인 견해가 구체적인 경찰서비스의 결과에 영향을 미치는 것으로 보는 소위 '구체화 모형'에 의해 경찰서비스의 만족도와 안전감이 잘 설명되고 있는 것으로 해석할 수도 있다(Stipark 1984). 그러나 다른 연구결과 중의 하나인 쓰레기 수거 서비스의 만족도에는 이런 정치적 태도가 영향을 미치지 않는다. 이런 점을 감안한다면 경찰서비스의 안전감이나 만족도를 단순히 구체화 모형을 통해 설명하는 것보다는 경찰서비스의 법 시행 및 공권력 행사와 관련되는 것으로 해석하는 것이 타당할 것이다(김인 1986[b]).

다섯째, 주민들 간의 친밀성 정도가 주민들의 안전감에 영향을 미치는 것으로 나타났다는 점도 의미 있는 분석결과이다. 사실, 주민들이 상호 잘 알고 친밀하게 지내야 하는 것은 그 자체가 좋은 일이기 때문에 권장되어야 하지만 주민들의 안전감 증진이라는 동네의 상황 개선에도 도움을 주고 있어 실질적인 측면에서도 권장되어야 하는 것이다. 또한 이러한 주민들 간의 친밀성 정도는 자원봉사 활동을 통해 동네의 안전이라는 공공재를 생산하는 자율방범대 활동에의 참여의 적극성에도 영향을 미치고 있어 주민들의 친밀성 증진은 중요한 의미를 갖는 것으로 판단된다(김인 1997). 특히 이러한 견해는 자원봉사에 관한 정치경제학적 관점에서도 뒷받침되고 있다. 따라서 자율방범대 활동도 더욱 작은 단위로 운영하는 문제를 검토할 필요가 있다.

여섯째, 주민들의 안전감이나 경찰서비스에 대한 만족감과 같은 경찰서비스의 주관적인 결과는 동네의 1년간 범죄발생 정도, 주민들의 범죄피해 정도 등의 객관적인 치안상황, 정치적 효능감, 주민들 간의 친밀감, 자율방범활동 정도 등의 변수들 외에도 성별, 소득수준 등 주민들의 사회경제적 특성이나 혹은 거주지 유형에 의해서도 영향을 받는 것으로 나타났다. 따라서 경찰서비스의 결과나 혹은 성과를 측정하여 평가할 때 이러한 점을 참고하여야 할 것이다.

일곱째, 경찰서비스의 만족의 경우 경찰로부터 불심검문이나 경찰에의 연행경험이 중요하게 영향을 미치는 것으로 나타났다(김인 1986[c]). 경찰의 이런 활동은 범인의 검거나 범죄예방에 필수적인 것으로 생각되지만 가능한 이런 활동을 최소화하고 아울러 이러한 활동을 펴는 경우에도 경찰이 주민들의 불만을 사지 않도록 각별한 주의를 기울일 필요가 있다.

2) 지역주민의 인권은 경찰제도와 관련이 있다

■ 분석 및 검증: 통계와 사례

112신고가 국민의 비상벨로 자리 잡게 되면서 그 신고건수는 해마다 늘어나고 있으며 특 도시지역의 치안수요가 많게 나타나는 것은 당연한 일일 것이다. 물론 경찰제도라는 분야에 속해 있는 세부 항목들이 다양하고 많다는 것은 다 알고 있는 사실이지만 경찰제도의 한 부분으로서 112신고 관련 제도 및 현황, 자율방범대 제도, 지하철 수사대와 관련하여 통계를 나열해 놓은 것은 앞서 언급한 것과 마찬가지로 세세한 부분이라 할지라도 경찰의 제도들은 지역주민의 인권과 밀접한 관련이 있음을 나타내기 위해서이다.

다음에 언급하려 하는 경찰순찰은 경찰이 운영하는 제도의 한 부분으로서 많은 의미를 지니고 있다. 이것은 주민이 안전하게 활동을 하고 인권을 보호받기 위해 요구되는 대표적인 경찰활동인 것이다.

먼저 경찰활동과 제도에 있어서 방향과 목표에 관한 내용이다(이황우 1996[b], 120~121).

미국의 국가사법연구소는 포괄적으로 평가된 문제지향적 경찰활동 프로그램이 1984년 버지니아의 뉴포트뉴스(Newport News)에서 실행되는 것에 자금 지원을 했다. 문제지향적 경찰활동은 1970년대 후반부터 경찰직에 고학력 출신자들이 들어오게 되자 그들을 적극적으로 활용하고자 그들의 직무만족을 증대시키기 위한 접근방법으로 시도된 것이다.

뉴포트뉴스에서의 문제지향적 경찰활동의 절차는 조사(scanning), 분석(analysis), 대응(response), 평가(assessment)의 네 가지 단계로 이루어 졌다(Spellman et al. 1986, 4). 이러한 접근방법의 결과로 도심지역의 강도는 39% 감소되었고, 아파트 밀집지역의 주거침입은 35% 감소되었으며, 제조공장 외곽 주차지역의 절도는 53%가 감소되었다(Thibault et al. 1995, 187).

경찰제도에 있어서 과학적 접근도 주민의 인권을 논의하는 데 있어서 필요한데 그것은 아래의 내용과 같다(노호래 2000[b], 141~143).

지역사회 경찰활동은 전통적인 경찰활동의 한계성을 인식하는 것에서부터 시작되었으며, 경찰활동에 대한 전통적 가정들에 도전하여 경찰활동 전략들을 재평가해 보고, 새로운 대안을 모색해 보려는 과학적 연구기풍에 의해 지역사회 경찰활동 개념이 정착하게 된 것이다.

본래 예방순찰의 원리는 런던시 경찰국에서 유래되어 1972년에는 경찰재단의 후원하에 캔자스시의 미주리경찰국(KCDP)에서 본격적으로 연구되었었다. 이 계획은 또한 많은 논쟁을 불러일으키기도 하였는데 여기에서의 초기목표는 잠재적 법 위반자들에 대한 억제에 있었으며 경찰업무는 봉사요청에 주로 반응하는 것이었다(Barker et al. 1994, 305).

이 연구는 경찰활동 전략에서 불문율처럼 신성시되던 가정, 즉 순찰차에 의한 순찰이 실제로 범죄를 예방할 수 있다는 명제에 의문을 제기한 것이었다. 결과적으로는 순찰 빈도를 높여도 범죄예방에 별

효과가 없었다는 연구결과가 도출되었다. 이는 예방순찰활동에 투입된 시간과 자원이 낭비되는 것일 수 있다는 것을 나타내 준다.[16]

다시 말해 이 연구는 예방순찰을 하는 것이 범죄예방이라는 목적을 제대로 이행하지 못할뿐더러 비생산적이라는 것을 밝혀낸 것이다 (Thibault et al. 1995, 173).

여기에서는 예방순찰이라는 예를 들어 설명하였지만 결국 이것은 지역주민의 인권이 단순하게 하나의 제도에 의해서 좌우되지 않고 상황에 따른 복합적인 제도의 연속선상에서 향상되고 이루어짐을 말하고 있는 것이기도 하다.

다음은 순찰경찰관의 직무시간에 관한 연구인데, 연구에 따르면 순찰경찰관 근무시간의 10%만이 범죄 관련 활동에 쓰인다는 것이다. 나머지 90%의 시간은 범죄와 관련이 없는 전화신고처리, 교통법규집행, 정보의 수집, 한가한 시간으로 사용된다고 한다. 순찰경찰관에 의해 처리되는 신고전화 중 대다수가 범죄와 관련이 없거나 단순한 사건들이며, 순찰시간의 상당량이 직무의 한가한 시간으로 낭비된다고 한다. 덧붙여서 경찰인사제도의 혁신에 관한 내용은 다음과 같다

---

16) 이 연구는 캔자스시 경찰국의 남부 순찰분대에서 실행한 것으로 정규적인 예방순찰의 세 가지 통제된 단계를 사용하였다.

'반응적'(reactive)이라 이름 붙인 한 순찰구역에서는 경찰들이 방범순찰을 전혀 하지 않고 단지 주민들의 도움 요청에 대응해서만 그 구역에 들어갔다. 이러한 전략의 의도는 그 순찰구역에서 경찰들의 가시성을 실질적으로 줄여 보고자 하는 것이었다.

'적극적'(proactive)이라 이름 붙은 두 번째 순찰구역에서는 보통수준보다 2 내지 3배 많은 경찰관을 배치시켰다. 이것은 만일 방범순찰이 실제로 범죄를 막는다면 적극적인 순찰구역에서의 범죄는 실질적으로 줄어들 것이라는 것을 전제로 하였다.

세 번째 순찰구역인 '통제' 구역에서는 한 순찰차에 한 명의 경찰관이 타고 순찰하는 정규적인 수준의 순찰이 행해졌다.

1년 동안의 자료분석에 따르면 세 가지 형태의 순찰구역에서 일어난 범죄 사건의 정도와 경찰서비스에 대한 주민들의 태도, 범죄에 대한 주민들의 공포, 경찰의 출동시간, 혹은 경찰의 출동시간에 대한 주민들의 만족도 등에 있어 큰 차이가 없다는 것이다.

(전용찬 2000, 391).

우리나라는 2000년 이전까지 여자경찰의 경우, 총 정원이 1,784명으로 전 경찰인력의 1.9% 수준에 불과한바, 미국 10.3%, 중국 11.5%, 일본 3.6%에 비해 상대적으로 비중이 낮고 업무영역도 내근 민원부서에만 집중되어 있어 여성 특유의 장점과 능력을 활용하지 못하는 문제가 있었다. 이에 여성고용확대라는 국가정책에 부응하고, 부드럽고 친절한 경찰 이미지로의 개선 및 여성 특유의 섬세함을 최대한 활용하기 위해 이후 여자경찰의 정원비율을 현재의 1.9%(1,784명)에서 4%(3,622명)로 확대하고, 방범·형사·교통 등 각 민생치안 분야에 1,061명(여자경찰 총원의 60%)을 배치하였다. 아울러 민생치안 관련 부서인 112신고센터에 여자경찰을 배치함으로써 장난신고가 11.4% 감소하였다.

■ 평 가

지역주민의 인권이 경찰의 제도와 밀접한 관련이 있다는 것에 대하여 여기에서는 경찰제도의 한 예로서 순찰제도에서 찾아보면서 평가해 보려 한다.

앞에서 언급된 캔자스시 경찰국의 예방순찰 연구에서는 경찰관들의 출동시간(responce time)도 검토되었다. 이 연구에 의해 검증된 또 다른 요소는 경찰의 '대응시간'이다. 연구결과에 따르면 몇 가지 범죄에 있어서는 대응시간이 영향을 줄 수 있는 것으로 판명되었지만 강력범죄 중 상당수는 신속한 대응에 그다지 영향을 받지 않는 것으로 나타났고, 대응시간에 영향을 받는 경우에도 주민 측이 신고를 지체하는 경우가 많았다. 따라서 경찰의 신속한 대응이 범죄결과에 제한적인 영향을 줄 뿐이므로 신속한 대응을 유지하기 위하여 경찰자원을 투입하는 것은 합리적으로 고려하여야 함을 시사하고 있다.

이러한 문제로 인해 미국 '법집행원조청'(Law Enforcement Assistance Administration: LEAA)은 연구가 또 다른 프로젝트인 캔자스시 출동시간 연구를 하도록 했지만 결과는 비슷하였다.

중범죄의 경우 빠른 출동시간이 본질적으로 보다 나은 결과를 초래할 수 있으리라 생각했지만 이 연구결과로 이러한 생각은 분명치 않게 되었다(Missouri Police Department 1977, 23).

이 연구에서는 주민들의 만족도 문제에 있어서 주민을 만족시키는 주요 결정요소가 주민이 경찰에 대해 갖고 있는 인식과 출동시간에 대한 기대감이란 사실을 확인하였다. 경찰이 출동하는 데 소요된 시간보다는 주민들이 출동하리라 예상하고 있던 시간과 실제로 경찰이 나타난 시간이 맞아떨어지는가 하는 점이 더 중요하다.

전체적으로 보아 실제로 걸린 시간과 주민이 예상하고 있던 시간과의 차이가 주민의 만족도에 있어 가장 주요한 결정요인이라는 것이 이 연구를 통해 드러났다.

따라서 이러한 예방순찰과 대응시간 연구를 통해 발견된 사실들은 대안적인 순찰운영 전략을 개발하는 계기를 마련하였는데, 이러한 대안들 중의 하나가 '차별적 경찰대응'(Differential Police Response: DPR)으로 알려진 개념이다. 차별적 경찰대응 전략은 긴급한 정도에 따라 차등을 두어 대응할 필요성을 구체화한 것이다. 연구결과에 따르면 주민들은 경찰이 관심을 가져 주기를 바라지만 경찰의 입장을 설명하면 반드시 신속하게 순찰경찰관이 사건현장에 출동해야만 한다고 여기지는 않는 것으로 나타났다(McEwen et. al. 1969).

이러한 DPR전략은 하나의 시간관리 전략으로서 순찰경찰관이 지역사회봉사업무나 사건해결 활동에 할애할 수 있는 시간적 여력을 제공해 주고, 주민의 필요와 요구에 대한 대응력을 높이며 경찰자원의 효율성을 제고시킬 수 있다.

경찰행정연구포럼의 연구는 경찰서의 인력은 모든 범죄신고에 빨리 반응하는 데 주로 쓰였으나 이웃 주민들과의 관계를 더욱 공고히 하는 데 더 많은 시간을 활용하는 지역사회 경찰활동의 전략을 도입 해야 한다고 결론 내리고 있다(Spelman et al. 1984, 11).

다시 말하면 출동시간이 중범죄를 효과적으로 처리하지도 못할뿐 더러 주민의 만족감을 직접적으로 증대시키지도 못하였기 때문에 이 연구는 다른 경찰전략을 탐구하기 위한 기틀을 마련해 주었다고 할 수 있다. 그렇기 때문에 다양한 분야의 경찰과 주민 관련 연구가 계 속되어 오고 있으며 좀 더 나은 주민생활과 주민의 권익향상을 위한 경찰제도가 존재하고 있는 것이다.

다음은 순찰 관련 경찰관의 배치와 관련된 것이다.

경찰관의 배치는 기관장의 치안철학, 지리적 관할구역, 하루 중 근 무시간, 지역사회의 특성, 신고의 형태, 경찰봉사의 수요 등에 의하 여 결정된다(Radelet et al. 1994, 68).

이러한 요인에 비추어 볼 때 순찰관리자는 사용 가능한 인원이 정 해져 있을 때 사회가 기대하는 경찰의 기능을 어떻게 하면 가장 효 율적으로 수행해 낼 수 있는가를 생각해야 한다. 경찰배치에 대한 대안의 연구는 수학적 모델, 인원분할 순찰, 전략 순찰, 그리고 1인 1조의 순찰차와 2인 1조의 순찰차 등에 의해 이루어졌다.

비록 인원배치에 대한 연구가 직접적으로 지역사회 경찰활동의 문 제를 다루고 있지는 않으나 이것에 대한 연구결과는 일방적으로 모 든 결과에 일관적으로 사용될 수는 없다는 것을 알려주고 있으므로 지역사회 경찰활동의 개념을 지지하는 것이다. 통일적으로 일관된 모델을 사용하기보다는 순찰배치계획은 각 지역사회에 맞게 고안되 어야 하며 이것이 지역주민에게는 더 많은 도움이 된다.

아울러 순찰요원들의 업무를 보다 효과적으로 수행하기 위해 다양 한 순찰형태가 시도되기도 하였는데 이러한 다양한 모델들의 일관된 공통목적은 봉사요청에 효과적으로 대처하고 범죄를 통제하며, 시간을 생산적으로 이용한다는 것에 있다(Hale 1994, 175~176). 이러한 실험을 전문화된 순찰이라고 한다.

전문화된 순찰의 평가결과 업무수행의 효과는 향상되지 않았으나, 인력사용 면의 효율성은 일반적으로 향상된 것으로 나타났다. 따라서 이러한 성공은 전문화된 순찰을 재정의하여 그 효과 또한 높이려는 시도에 박차를 가했다.

특히 경찰요구관리프로그램에서는 주민들이 제기한 특정한 요구를 경찰당국이 더 잘 판단할 수 있었고 또한 그러한 요청에 더욱 효과적으로 대응할 수 있었다. 이는 각기 주민들의 요구에 따라 경찰의 대응도 바뀌기 때문에 융통성을 띠었고 그 실험과정의 평가는 지역사회 경찰활동에서 사용될 수 있었던 다른 운용계획과 제도를 만드는 데 도움을 주었다.

많은 경찰의 제도 중에서도 여기에서는 순찰제도와 관련하여 몇 가지를 언급해 보았다. 물론 여기에 대한 평가는 다양하다. 지역적인 특성과 연구시점의 시대성으로 인해 이에 대한 부정적 견해도 있을 수 있다. 하지만 중요한 것은 이러한 제도에 대한 꾸준한 연구와 다양한 적용을 시도하는 것이 지역주민들을 위해서 필요하다는 것이다. 또한 이 부분에서 언급된 실례들을 연구해 보면 이에 대한 판단을 내릴 수 있을 것이며 평가할 수 있을 것이다. 아울러 경찰제도의 하나로서 순찰은 지역주민의 안전과 인권을 보장받게 해 주는 데 매우 중요한 역할을 하고 있음을 알 수 있으며 경찰제도는 주민의 인권에 많은 영향을 미칠 수 있음도 알 수 있다.

3) 지역주민의 인권은 경찰시설과 관련이 있다

■ 분석 및 검증: 통계와 사례

각종 경찰 관련 시설이 좋아질수록 지역주민의 인권은 향상된다. 자의든 타의든 간에 이러한 시설을 이용하는 지역주민들의 수가 늘어 가고 경찰에 대한 의존도가 심화되어 갈 것임이 예측되고 있는 바, 갈수록 이들 시설물들의 운영이 중요시된다고 할 수 있다. 이에 대한 통계자료로서 파출소(지구대)의 수 및 지역별 운영 현황, 방범 심방 현황, 112신고센터 설치 현황 등을 언급하고 있는데 이것은 본 논문의 '부록' 부분에서 참고해 보기로 한다.

파출소(지구대) 시설 등 이와 관련된 근무여건의 개선은 지역주민의 인권과 밀접한 관련이 있다.

현재 지역경찰의 외근활동은 새로운 패러다임이 필요하다 할 수 있다. 지금까지의 경찰활동이나 조직운영은 사회 안녕질서의 주체가 경찰이라는 인식하에 범죄의 검거결과를 중시하고 주민을 경찰에 대한 협력대상으로 생각하고, 주민과의 관계구축도 주민의 협력을 용이하게 획득하기 위한 발상으로 자리 잡고 있었다.

그러나 지역사회의 주체는 지역을 구성하는 주민이며 경찰은 그 안전과 평온을 도모하기 위해 주민의 관점에서 지역사회에 발생하는 문제나 요망을 파악하고, 독자적 혹은 주민, 자치단체와 협력하여 문제를 해결해 나가야 한다. 경찰의 최종목적은 범죄자의 검거가 아니라 지역사회 주민의 안전 확보와 생활의 질을 향상시키는 데 있으며, 이러한 안전 확보와 생활의 질 향상은 지역주민과의 양호한 관계구축에서 출발하는 것이다.

지역사회 관계를 개선하기 위해서 우선 경찰은 지역사회가 무엇을 필요로 하는지에 대해서 적극적으로 그 의견을 수렴하고, 지역의 요망에 응답하며, 지역주민이 범죄예방 활동에 참가하도록 동기를 부여하고, 문제해결활동에 착수해야 한다.

그러나 현재 우리나라의 전통적인 경찰대응과 경찰현황에서 살펴본다면 이는 어렵다고 볼 수 있다. 범죄율의 계속적인 증가, 신종범죄의 출현, 범죄기법의 다양화, 범죄유형의 변화 등 범죄는 한계점에 이르렀다고 볼 수 있으며, 미래의 경찰활동은 범죄에 대한 근원적인 대응이 요구될 것으로 생각된다(노호래 1997, 358~359).

따라서 범죄와 최전선에서 싸우는 파출소(지구대) 경찰의 근무여건을 개선하여 지역사회의 범죄사건에 대해서 자세히 분석하도록 하고, 사건들을 체계적으로 정리하여 해결책을 마련하는 등 범죄에 대한 근원적인 대응으로 지역주민의 인권향상에 기여해야 한다.

그리고 다음은 경찰시설 부문에서의 프로그램과 관련된 대표적인 것으로 '통합 범인체포 프로그램'(Integrated Criminal Apprehension Program: ICAP)이다.

1975년 미국 '법집행원조청'(LEAA)은 통합 범인체포 프로그램(ICAP)을 지원하기 시작하였는데, 그 프로그램은 그 후 전국의 500개 이상의 도시에서 실행되었다. 그 프로그램의 목적은 순찰인력을 철저한 범죄분석을 통해 확인된 범죄문제를 위한 순찰자원으로 쓰려는 것이었다. 이것은 순찰업무의 모든 분야에 걸친 업무지원 개념으로 인식되었다.

ICAP는 순찰업무량, 관리지향순찰, 범죄수사관리, 그리고 순찰업무관리 등의 프로젝트에 기초하였다. 그리고 ICAP에서 초점이 되는 문제는 범죄분석이었다. 범죄경향의 자세한 분석과 용의자의 수법, 그 경향의 특성, 인구학적, 계절적 그리고 시간적 특성과 다른 관련된 변인들에 기초한 ICAP는 순찰경찰관들이 다루어야 할 문제들을 구분해 주었다. 그 후 ICAP는 그 문제를 다루기 위해 가능한 경찰대응을 분석했고 자원과 예상되는 효과, 전략의 특성을 기초로 최적의 대안을 택한 후 그 대응을 실행했다. 이러한 과정을 실행하는 것은 문제해결을 위한 과학적인 접근으로 범죄자 체포에 관련된 최상의 경험적 지식을 이용하는 것이었다(Barker et al. 1994, 311~312).

결과적으로 ICAP는 문제지향적 경찰활동의 발달에 직접적인 영향을 끼쳤는데 그것은 ICAP가 범죄분석 과정에 있어서 문제규명과 경찰의 작전적인 대응을 강조했기 때문이다. ICAP의 방법을 통해 규명된 문제들은 많은 경우에 있어서 비범죄 혹은 범죄 주변적인 성질의 것으로서 새롭고 보다 진보된 방법으로 경찰이 대응해야 할 필요가 있다는 것이 밝혀졌다(이황우 1996[b], 116~118).

또한 범죄지도의 활용도 살펴볼 수 있다.

우리나라 경찰은 뉴욕 경찰에서 성공을 거둔 '컴스텟'(CompStat)을 도입하고 있다. 이는 '지리정보시스템'(Geographic Information System: GIS) 개념이 내재되어 컴퓨터에 의해 범죄지도를 작성하는 것이다. 여기서의 범죄지도는 GIS를 이용하여 특정 지역과 장소에 대한 범죄정보를 나타내는 지도로서 자료의 시각적인 이해를 돕고, 1천 단어 이상의 가치가 있는 정보를 첫눈에 알아볼 수 있도록 작성한 의미가 압축된 전자지도이다.

범죄지도 작성 프로젝트를 실행하고 있는 미국 시카고 경찰국의 범죄지도 작성 프로젝트는 경찰과 지역사회의 교류와 협력에 의해서 자료공유가 양 방향에서 이루어졌다. 지역사회조직과 주민들은 범죄에 대한 자료와 인식, 범죄위험성에 관한 자료를 경찰에 제공하고 범죄지도 작성에 관한 전문성을 경찰과 공유하였다. 경찰도 지역사회조직의 개인용 컴퓨터로 재분석할 수 있도록 범죄자료를 제공했다. 또한 경찰관서의 장은 지역사회단체와의 모임에서 최근의 범죄추세를 알 수 있는 지도를 제공하고, 경찰의 순찰활동은 지역사회단체의 인식과 분석결과를 일부 반영하기도 했다. 이러한 범죄지도 작성을 위한 경찰과 지역사회의 공동노력은 그 과정에서 이견을 표출하기도 했지만 경찰과 지역사회의 간격을 좁히는 역할을 했다.

아울러 미국경찰의 GIS를 이용한 범죄통계정보 활용사례에 대해서도 알아보기로 한다(노호래 2001, 61~71).

먼저 쉬레버포트(Shreveport) 경찰서의 주거침입절도 해결사례이다. 이 사례는 주거침입절도 문제의 분석과 절도를 예방하기 위한 전술에 범죄지도가 어떻게 활용되었는가를 설명하기 위한 것이다(Reno 1998, 15~21). 쉬레버포트 경찰서는 수년 전부터 범죄분석과 효율적인 인력배치를 위하여 범죄지도를 산출할 수 있는 데스크톱 컴퓨터를 활용하고 있었다. 과거에 범죄지도는 범죄분석 부서에서만 산출될 수 있었으나 최근에는 모든 부서에서 활용할 수 있도록 범죄지도화 능력을 배양하고 있다.

전체 주거침입절도 발생지도는 범죄 다발지역을 정의하고, 인력과 자원을 효과적으로 활용하기 위한 것이지만 그 부수적 목적은 청소년의 무단결석 문제가 주거침입절도와 관련되어 있을 것으로 추정하고, 주거침입절도 집중지역이 인근 고등학교와 인접되어 있다는 것을 명확하게 알기 위한 것이었다. 범죄 다발지역에 집중적으로 순찰인력을 배치하고, 해당구역의 지역연락 담당관과 순찰인력은 서로 연계하여 수사를 실행하였다. 지역연락 담당관은 고등학교 담당자에게 운영계획을 알리고, 무단결석 문제와 주거침입절도는 관련되어 있음을 지적하였다. 그리고 범죄분석 담당자의 빈도분석에 따라 가정 주거침입절도가 빈번한 평일 오전 08:00에 인력을 집중적으로 배치하였다.

이 작전은 2주가량 지속되었는데 학교와 경찰의 노력에 따라 이 학교의 무단결석 문제가 해결되고, 주거침입절도 용의자가 체포되었으며, 3월 말까지 주거침입절도는 67% 감소하였다. 이러한 주거침입절도 문제는 계속 낮은 상태를 유지하였다. 쉬레버포트 경찰서 GIS프로그램의 범죄지도는 경찰의 인력배치와 범죄해결에 있어서 귀중한 도구가 되었다.

앞에서 잠시 언급하였듯이 뉴욕 경찰의 컴스텟은 국내 경찰의 GIS 도입 시 모델이 된 것으로, 컴퓨터통계처리시스템을 의미하는 이름으로 국내에서 경찰 GIS의 대명사로 불린다. 컴스텟은 범죄, 피해자, 범죄 장소와 시간, 기타 지역정보를 포함하고 있으며, 범죄 집중지역을 가려내는 등 다양한 분석이 가능하도록 설계되었다. 그 적용결과 또한 큰 성공을 거둔 것으로 평가된다. 그러나 컴스텟의 성공이 독립적인 프로그램의 효율성에서 비롯된 것은 아니다. 그 배경에는 1993년부터 추진된 뉴욕 경찰개혁이 있었다. 뉴욕 경찰개혁 내용은 조직개편과 인사개혁, 권한의 위임과 자율권 허용, 범죄통계분석 강화, 범죄대책회의와 성과에 대한 평가 등을 포함하는 광범위한 것이었다.

전적으로 컴스텟 프로그램의 결과로 평가될 수 없지만, 뉴욕 경찰개혁은 1996년 이후 3년 동안 강력범죄가 38.6% 감소하는 성공을 거두었다. 특히 살인은 48.3%나 감소하여 지난 20년 동안의 최저치를 기록하였다. 강도도 42.6% 감소했으며, 자동차 절도도 46.7%가 감소하였다.

뉴욕시의 범죄감소는 컴스텟을 비롯한 폭넓은 조직 및 인사개혁의 결과였다. 그중 실시간 범죄통계와 자료분석, 이에 기초한 경찰서장과 관련부서장의 컴스텟 대책회의가 종합적인 전략도구로서 큰 역할을 한 것으로 평가된다. 그 결과 컴스텟은 1996년 포드재단과 하버드대학 케네디 행정대학원이 성공적인 국가정책 프로그램에 수여하는 '미국정부혁신프로그램'(Innovations in American Government Program)상을 수상하였다(이현희 2000, 306~310).

다음은 시애틀 경찰서가 범죄지도 분석을 통하여 연쇄강도범을 체포한 사례를 설명한 것이다(Robbin 2000, 73~79).

1998년 11월 초 시애틀은 강도사건이 빈발하였다. 시애틀 경찰서 범죄분석 부서에 근무하는 매클란(MaClanahan)과 로빈(Robbin)은 범죄통계를 검토하는 과정에서 동일범으로 추정되는 몇 건의 강도사건을 발견했다. 사건에 대한 정밀한 검토결과 20, 30대의 두 명의 흑인 남자가 용의자로 추정되었다.

이 두 형사들은 각 사건의 사건번호, 날짜, 시간, 주소, 상가의 유형, 용의자의 인상착의, 사용된 무기, 피해품을 전산 처리하고 GIS프로그램에 입력하여 지도화하였다. 이 지도를 산출한 후에 다음 강도가 실행될 날짜, 시간, 지역을 예측하였다. 또한 이들은 각 강도사건에서 사용된 차량을 파악하고 회수하기 위하여 동일한 분석을 실행했다. 범죄분석의 결과보고서는 지도 분석, 사건의 동일성, 용의자의 인상착의, 다음 강도가 발생할 것으로 예상되는 날짜, 시간을 예측한 내용이 포함되어 있으며, 이 내용이 시애틀의 경찰관과 언론기관, 관련기관에 배포되었다.

마지막으로 캠퍼스범죄를 축소한 사례이다.

캠퍼스범죄와 안전인식이 대학의 이미지에 중요한 영향을 미친다는 것을 알게 된 템플(Temple)대학교 당국은 캠퍼스범죄에 대처하기 위해서 GIS기술을 적용해 보기로 했다. 이것은 대학 캠퍼스와 같은 좁은 지역을 대상으로 한 GIS로서 그 활용성과 효율성을 검토해 보기로 한 것이다(Henderson et al. 2000, 3~12).

1997~1998년의 경찰의 공식적인 통계에 따르면 캠퍼스폭력은 건물 내부보다는 외부의 통로, 잔디밭, 거리, 인도에서 발생하는 것으로 나타났으며, 드러나지 않는 범죄를 찾아내기 위해서 학생과 교직원 2,000명을 대상으로 피해경험에 대한 설문조사를 실시했다. 이 조사에 따르면 1997년 5월부터 1998년 4월까지 57건의 폭력을 발견했는데, 그 특성은 4개의 지역에서 집중하여 발생한 것으로 나타났다.

그 후 GIS분석에 따라 범죄 다발지역에 3개의 경찰초소를 설치했고 범죄 우범지역을 통행하는 사람들을 위해 에스코트서비스를 제공하고, 자전거순찰 단위의 인력을 9명에서 19명으로 늘리고, 가장 범죄가 많은 지역과 시간대를 중심으로 순찰을 실시하였다.

그 후 학생과 교직원을 대상으로 한 조사에 따르면 범죄피해는 상당히 줄어들었다는 것을 알 수 있었다. 1998~1999년 사이에 16건의 폭력이 있었다고 나타나고 있으며, GIS에 의해 분석된 4곳의 집중지역에서는 한 건의 폭력도 발생하지 않았다.

현재 경찰의 GIS활용은 미국에서 가장 활발하게 이루어지고 있다. 미국경찰은 상용화된 GIS프로그램을 이용할 뿐 아니라, 경찰이 자체적인 범죄지도 분석 프로그램을 개발하는 경우도 흔하다. 또한 많은 경찰이 GIS를 치안실무에 적용하여 성공적인 효과를 거두고 있다(이상안 외 1995).

■ 평 가

지역주민의 인권은 경찰의 시설과도 밀접한 관련이 있다. 위에서 언급했다시피 아직까지 우리나라에서는 생소한 GIS를 시설부분의 대표적 예로 들 수 있는데, 범죄유형과 환경적 특성을 쉽게 분석할 수 있는 이러한 GIS는 경찰의 순찰방법과 제도, 경찰의 전반적 운영체제까지도 변화시켰고, 특정 문제지역에 대한 경찰인력의 효율적인 배치를 가능하게 했다.

이에 따라 미국 템플대학교 경찰은 현재 개인용 컴퓨터를 사용하여 전자지도에 접근할 수 있는 체제를 가지고 있으며, 경찰관들 사이의 커뮤니케이션을 통하여 신속한 분석과 정확성을 개선하기 위해 노력하고 있다. 이 또한 지역주민 인권향상을 위해 큰 공헌을 한 셈이다.

이 사례는 GIS를 사용한 경우이다.

미국 일리노이주 경찰 범죄분석 부서는 다발하는 교통사고를 예방하기 위하여 일반주민들이 자료를 쉽게 알 수 있도록 최신기술을 활용하는 방법을 강구하고 있었다. 이러한 방법은 바로 자료를 지리적인 관점에서 분석하는 GIS의 지도화 기능에 의해서 가능하다.

먼저 교통사고 위치에 대한 상세한 정보를 수집하기 위하여 교통사고 데이터베이스를 만들었다. 이 데이터베이스에는 주 경찰의 보고서를 바탕으로 운전자의 특성, 도로의 상태와 위치, 물적·인적 피해 정도를 망라한 정보가 저장되어 있다. 사고의 위치, 시간, 요일, 월에 관한 정보는 차트, 그래프, 지도로 변형되었다. 그리고 이러한 정보는 GIS를 사용하여 지도로 표현되었다.

경찰은 교통사고의 공간적 특성을 쉽게 파악할 수 있는 전자지도의 사용으로 특정 지역에 대한 인력배치와 예방전략 수립에 많은 도움을 받을 수 있게 된 것이다. 또한 경찰은 GIS분석에 따라 특정 지역 순찰과 휴일 중심의 순찰을 교통사고 예방의 전략으로 활용하였다. 구체적인 내용으로 사고위험이 높은 지역에 대한 집중단속을 하였고 교통사고의 주요 원인이 되는 몇 가지 위반에 대해서는 전혀 봐주지 않고 집행되었다.

주 경찰이 이러한 조치를 취한 후에 고속도로에서의 사고는 1997년 전반기 6개월보다 1998년 전반기 6개월에는 35% 감소되었다. GIS는 교통사고 예방을 위한 도구가 되었고, 일리노이 경찰수뇌부의 호평을 받았으며 인력배치에 가장 효과적인 것으로 입증되었다(Rieckenberg 1998, 23~26).

특히 우리나라에서 다발적으로 일어나고 있는 교통사고와 관련하여 GIS를 이용하는 것도 지역주민의 안전과 권익향상을 위해 필요한 것이라 할 수 있다.

4) 지역주민의 인권은 경찰교육과 관련이 있다

■ 분석 및 검증: 통계와 사례

경찰의 교육에는 경찰 내부적인 교육뿐만 아니라 청소년을 포함한 지역주민들의 교육도 포함되어 있다. 이러한 다양한 교육을 통해서 지역주민의 인권이 향상되리라는 것은 어느 누구라도 부정할 수 없을 것이다.

청소년 명예경찰과 관련한 통계, 학교폭력신고 관련 센터의 운영, 청소년의 고충상담과 관련한 통계를 경찰교육과 관련한 예로 설정하여 언급할 수 있는데 이러한 것들을 통한 교육의 확대가 갈수록 요구될 수밖에 없으며 이로써 지역주민의 인권이 외면당하지 않는 것이다.

1968년 미국의 법집행 교육은 형사사법 관계자들에게 고급수준의 교육을 실시하기 위한 목적을 갖고 있었다. 경찰당국에서는 더 많은 교육을 받은 경찰관이 더욱 반응적이고 포괄적인 서비스를 제공할 수 있으리라 믿었다. 대학교육을 받은 경찰관들이 경찰지도자의 위치에 이른다면 더욱 창조적인 접근방법을 연구하고 더욱 훌륭한 계획을 세우리라 생각했다. 오늘날의 입장에서 보면 조기교육 정책으로 인해 이러한 목표에 접근했다는 것이 증명된 것이다. 더욱이 고등교육 차원의 형사사법 프로그램이 개발되어 형사사법 문제에 대한 연구가 학자들과 실무자들에게까지 확대되기도 하였다.

'법집행및형사사법을 위한 연구소'는 경찰 연구가들이 무엇이 소용이 있고 무엇이 그렇지 않으며 그리고 무엇이 소용이 있을 수 있는지에 대해 더 많은 것을 알도록 하는 최초의 중요한 연구 동기를 제공하였다. 이 연구소는 형사사법 연구운동에 기초적인 역할을 했고 이 운동은 법집행에서 정책과 직접 관련된 연구계획을 후원했던 포드

(Ford)나 모트(Mott)재단과 같은 사설기관에 의해 상당히 활성화되었다. 더 나아가 '과학재단'(National Science Foundation)이 후원한 경찰활동에 대한 연구는 법집행 연구에 있어서의 방법론적 통제에 중요한 기준을 마련하였다.

포드재단으로부터 상당한 원조금을 받아 경찰문제들에 대한 연구를 하기 위하여 '경찰재단'(Police Foundation)이 설립되었고 그 후 '경찰행정연구포럼'(Police Executive Research Forum: PERF)도 설립되었다. 대학교육을 받은 경찰행정관리들로 이루어진 경찰행정연구포럼은 경찰정책을 연구하여 그 연구에서 밝혀진 것들을 경찰지도자들이 논의하도록 하게 하는 기관이었다. 경찰재단과 경찰행정연구포럼이 강화됨에 따라 경찰활동에 대한 기존의 생각을 바꾸고, 치안전략을 평가하며 새로운 경찰봉사에 대한 대안을 시험할 과학적 연구 분위기를 조성하였다. 그리고 이러한 연구를 통해 새로운 법집행 프로그램에 있어서의 필수적 요소들을 만들어 냈다. 지역사회 경찰활동은 이러한 연구로 인해 밝혀진 것들에 기반을 두고 있다(이황우 1996[b], 103~104).

아울러 이러한 내용은 경찰 내부에서의 연구와 교육을 통한 주민봉사 프로그램의 일환이라 볼 수 있는데 외부적인 교육을 통해서도 지역주민의 안전 및 권익보호에 많은 효과를 거둘 수 있다.

다음은 청소년 교육과 관련한 문제로서 일본의 예이다.

그간 일본의 치안은 전체적으로 매우 양호하였으나, 청소년들에 의한 잡범의 증가가 주민불안의 시발점이 되고 있었던 적이 있었다. 1985년부터 1994년까지의 10년 동안에 날치기 약 2.6배, 오토바이 절도 약 1.3배, 차량털이 약 1.3배 등으로 잡범이 증가하였었다.

청소년범도 소위 우발형 범행이라 불리는 절도, 오토바이 절도, 자전거 절도, 점유이탈물 횡령 등이 약 70%를 점하고 있었는데 이는 경찰의 수사 활동보다는 주민의 협조 속에 가두예방 활동이 효과를 거둘 수 있다는 판단을 하도록 하고 있으며 교육의 중요성이 부각됨을 의미하기도 한다.

이와 관련하여 1994년 7월에 경찰법이 개정되었는데 이로써 경찰청에 새롭게 생활안전기획과, 지역과, 소년과, 생활환경과, 총기대책과 및 약물대책과로 구성된 생활안전국이 설치되었다. 이어 하부조직에서도 비슷한 조직개편이 있었다(전대양 1997, 50).

물론 교육과 관련한 사례는 많다. 지역주민을 대상으로 하는 경찰의 치안 및 생활 관련 교육을 실시할 수도 있고 경찰이 인권과 관련한 이제까지의 치부를 드러냄으로써 교육적 효과를 누릴 수도 있다. 하지만 궁극적으로 중요한 것은 이러한 교육을 통해 지역주민의 인권과 인권의식이 향상되는 것이다.

■ 평 가

인권교육의 목표가 인권과 기본적인 자유에 대한 존중의 강화, 인격과 인간 존엄성의 완전한 발전 추구, 모든 사람의 효과적인 참여 등이라고 규정할 때 인권교육은 인권을 존중하는 국가로서는 결코 방치할 수 없는 의무사항이라 할 수 있다. 동시에 인권교육은 인권의 보장과 실현 및 증진을 목적으로 하는 것이기 때문에 인권의 국가적 활동과 사회적 활동을 별도로 나누어 진행할 수는 없다(이대훈 2003, 4~5).

아울러 경찰 자체적으로 행해지는 내부교육, 외부강사를 초빙한 경찰 내부교육, 경찰의 지역주민에 대한 교육, 경찰의 학교를 대상으로 하는 교육 등, 꼭 인권과 직접적으로 관련된 교육이 아니더라도 상관없다. 예를 들면 주민들과 잘 어울릴 수 있는 방법, 주민들과 함께 하는 시사교육, 초·중·고 학생들을 대상으로 하는 범죄 관련 사례 전파 등 경찰의 교육은 분명히 지역주민의 인권향상에 도움이 된다.

그리고 이에 대한 꾸준한 시도와 관심을 가져야 하며 이를 위한 지원방안도 강구해야 한다.

경찰에 대한 국민의 인식은 한국여성개발원 김원홍 연구원이 2001년 10월 서울지역 24개 경찰서와 10개 파출소를 찾은 민원인들을 대상으로 실시한 '경찰서비스에 대한 태도조사'에서 살펴볼 수 있는데 '경찰에게 필요한 교육'에 대한 질문에 전체 응답자 503명 가운데 69.8%인 354명이 '친절교육'이라고 답했다. '인권교육'과 '전문수사교육', '문화소양교육'은 각각 277명과 212명, 96명으로 나타났다(대한매일 03 / 08 / 19).

이와 같은 결과는 지역주민들이 인권에 대해 많은 부분을 경찰관들에게 요구한다는 것이다. 따라서 근본적이고 지속적인 교육이 필요하며, 정기적인 인권교육 실태조사 실시 및 인권교육 의무규정 제정, 예산과 전문 인력의 확보 등이 요구된다 할 수 있다.

5) 지역주민의 인권은 경찰자질과 관련이 있다

■ 분석 및 검증: 통계와 사례

경찰관으로서의 자질은 이들이 처음 임용될 때부터 결정된다. 본래의 성품이 나쁘지 않는 한 이들은 시험과 승진, 포상 등의 여러 제도들을 통해 자질이 갖추어진다. 물론 경찰관으로서의 윤리의식과 올바른 생활을 유도하기 위한 동기부여도 중요하다. 그러기 위해서는 인성 함양에 목적을 둔 정신교육과 각종 제안들을 통한 포상, 공정한 인사 등이 선행되어야 한다.

아울러 갈수록 경찰에 대한 인식이 좋아지고 인기 있는 직종으로 부상하고 있다고는 하지만 우수한 인력의 수급 속에는 '자질이 갖추어진 사람'이라는 개념이 기본적으로 자리 잡고 있다. 따라서 그런 사람들로 경찰인력이 계속적으로 충원되어야만 주민과의 마찰이 적어지며 주민의 권리를 더욱 보호받을 수 있다.

그리고 '부록' 부분에서 언급하고 있는 면접제도의 비교, 경찰공무원 채용현황, 정기승진시험 선발 및 응시현황, 제안제도운영실적 등은 경찰의 자질과 관련된 통계로서 참고토록 하였다.

1984년 이황우의 경찰에 대한 주민들의 평가 관련 조사에 따르면 '경찰을 존경한다'가 27.6%이고, '존경하지 않는다'가 37.1%로서 부정적인 의견이 많았고, '경찰의 혜택을 받는 계층이 상류층'이라는 의견이 52.6%로서 경찰이 공정하게 법집행을 하고 있다고 보지 않았다. 그러나 경찰이 협조를 요청해 올 경우 72.2%가 협조를 하겠다는 긍정적인 의사는 가지고 있었다. 그리고 1990년의 최인섭과 김효정의 연구에 따르면 경찰에 대한 인상이 '좋게 생각한다'가 26.5%, '좋지 않게 생각한다'가 23.4%로서 좋게 생각한다가 약간 많으나 전체적으로 비슷한 경향을 보여 주고 있어 경찰에 대한 일반적인 인상은 긍정과 부정이 반반인 것을 알 수 있다. 따라서 이것은 1984년의 연구결과보다는 약간 개선된 모습을 보여 주고 있다. 이후 1998년의 '치안행정관련 여론조사결과보고서'에 따르면 '예전보다 많이 친절해졌다'는 응답이 48.3%로 높아졌으며, '예전보다 불친절하다'는 응답이 8.1%로서 경찰관의 업무집행 태도가 예전과는 달라졌음을 알 수 있다. '파출소와 경찰서의 이용편의를 위한 개선사항'으로는 '경찰관의 권위적인 태도'부터 개선되어야 한다는 응답이 64%로 가장 높게 나타나고 있다(극동조사연구소 1998).

이와 같은 조사결과에 따르면 주민들이 경찰에 대해 전폭적인 지지를 보내고 있다고는 볼 수 없다. 범죄의 예방과 지역사회 문제를 해결하기 위해서는 지역사회와의 공동대응이 필요하고 주민들의 적극적인 참여가 있어야 한다. 또한 주민들의 참여를 유도하기 위해서는 주민들이 경찰을 신뢰하고 존경할 수 있는 풍토를 마련해야 한다. 이를 위해 경찰은 부단히 이미지 개선에 노력해야 하고 적극적인 경찰활동이 필요하다고 볼 수 있다(노호래 2000[b], 156). 이는 자질의 향상이 필요하다는 것이며 이러한 적극적 노력은 결국 지역주민의 인권향상을 위해서라는 것이다.

▪ 평 가

위의 여론조사에서도 볼 수 있듯이 갈수록 경찰에 대한 주민들의 인식이 좋아지고 있는 것이 사실이다. 하지만 아직까지도 권위적인 태도라든가, 비리 관련 문제들은 여전히 고쳐야 할 것으로 남아 있다.
가장 중요한 것은 경찰관 개개인의 기본적 자질이다. 자질이 갖추어지지 않은 경찰관들에게서는 지역주민의 인권문제를 논하기가 쉽지 않다. 우선 자기에게 이익이 되어야 하고 자신이 편한 대로만 일을 처리하려고 하는 경우가 일반적인 경찰관들에게서도 많이 나타나는 현상이다. 꾸준한 자기수양으로 책임감, 사명감, 봉사정신을 함양하는 것이 필요하다. 그래야만이 인권을 논할 수 있는 것이다.

이제까지 각종 통계 및 사례를 통해서 지역주민의 인권이 경찰의 여러 분야와 관련이 있다는 것에 대해 살펴보았다. 본 글에서는 분석 및 검증이라는 거창한 단어를 언급하여 인권과 경찰의 관계를 끼워 맞추려 하였지만 실상은 이러한 내용의 언급이 무색할 정도로 당연한 것이 경찰과 인권과의 관계이다.
대민관계에 노력을 하고 좋은 경찰제도가 적극적으로 추진되고, 시설이 좋아지고, 교육이 활발해지고, 자질을 갖추기 위해 노력하면 지역주민의 인권이 향상된다는 데에 반론을 제기할 사람은 아무도 없다. 하지만 중요한 것은 이러한 것에 대한 관심이다. 그래서 외국의 관련 예와 우리나라의 통계들을 언급했던 것이기도 하다. 처음은 관심에서부터 시작할지라도 이러한 관심이 차츰 전체적인 분위기를 유도해 나가기도 한다. 주민인권이 경찰의 관심으로부터 향상되었다는 말이 당연시될 때가 올 수도 있는 것이다.

결론적으로 위의 여러 사례들과 연구에 대한 논의들을 정리해 보면 이것들이 인권과는 직접적인 연관성이 없다 할지라도 지역주민들의 편의 도모나 권익향상에 분명히 도움이 되는 것으로 평가할 수 있다. 정리한 내용은 다음과 같다.

  ○ 무작위 혹은 요점 순찰이 범죄를 예방하는 것은 아니다.

  ○ 경찰관들은 아무 일도 하지 않는 시간이 상당히 많다.

  ○ 주민의 신고에 빨리 대처한다고 해서 범인검거 가능성이 높아지는 것은 아니다

  ○ 경찰에 대한 주민들의 만족도를 결정짓는 것은 얼마나 빨리 반응을 보이는가가 아니라 주민들이 예상하고 있던 반응시간을 맞추어 주는가이다.

  ○ 차별적 경찰출동과 같은 신고관리 계획은 주민의 안전을 위협하지 않고도 경찰활동의 능률성과 효과성을 높일 수 있다.

  ○ 순찰요원들을 잘 배치하려면 환경적인 요인과 시간, 계절, 장소에 따라 달라지는 주민들의 신고를 잘 분석해야 한다.

  ○ 1인 1조식 순찰대는 2인 1조보다 매우 효율적이다.

  ○ 1인 1조 순찰 시에 경찰관이 더 많은 위험에 처하지는 않는다.

  ○ 공통적으로 제시된 목적을 달성하기 위해 협동하여 노력하는 경찰과 팀은 더욱 포괄적인 경찰업무를 수행할 수 있다.

  ○ 전문화된 순찰, 즉 독특한 순찰인원 배치계획은 특수한 상황이나 문제에 대처하는 데 유용하다.

  ○ 의미 있는 경찰 성과측정이 개발되어야 하는데 이는 개개인의

능력평가와 지휘에 유용하게 쓰일 수 있게 하기 위해서이다.

- ○ 경찰관의 직무확대와 강화는 직무만족도를 높이는 데 도움이 되고 경찰관들이 더욱 생산적인 활동을 할 수 있는 환경을 조성해 준다.
- ○ 주민들은 경찰지원 요청과 비범죄적인 사건과 관련이 있는 문제해결을 요청하고 있는 것이 현실이고 또 경찰은 그러한 문제들을 다루어야만 한다.

제 5 장
경찰활동에서의 인권문제

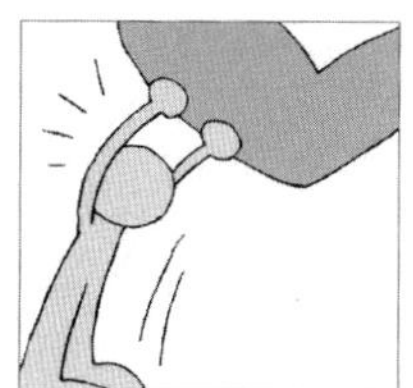

경찰활동은 여러 가지 변화를 나타내고 있는데, 특이한 점은 지역 주민을 위한 대민봉사 활동에 점차 많은 비중을 두고 있다는 점이다. 물론 이 같은 활동의 근본적인 목적은 시민의 인권보호 및 인권 향상에 있다. 지역의 안전을 지키며 지역주민의 쾌적한 생활을 가능하게 해 주고 교통문제와 안정적인 지역사회에서의 삶을 영위할 수 있도록 경찰이 변화하고 있다는 것이다.

최근 변화되고 있는 인권정책과 인권에 대한 외부의 관심에 비해 인력이나 예산지원 등의 실질적인 대책은 미흡한 실정이다. 따라서 여기에서는 지역주민과 관련한 경찰의 전반적인 인권보호 실태와 문제점들에 대해 언급해 보고자 하는데 이에 대한 논의는 경찰에 대한 주민들의 불신을 줄이고 지역주민들의 권리를 향상시키기 위해서라 할 수 있다. 또한 경찰과 주민과의 관계에서 인권의 측면이 많이 반영되고 있음을 알리는 데에도 목적이 있다고 할 수 있다.

먼저 이러한 문제점을 도출하는 데는 몇 가지 변수를 정하여 논의하고자 하는데, 앞에서도 여러 번 언급되었던 경찰의 대민관계, 제도, 시설, 교육, 자질이 그것이다. 또한 이러한 변수 내에 세부적으로 여러 항목을 선정하여 문제점들을 짚어 보기로 한다.

1. 인권과 경찰 대민관계

경찰활동은 필연적으로 이에 반하는 인권운동과 부딪치게 되어 있다. 아무리 경찰이 지역주민의 안전과 치안확보, 권익보호를 위하여 활동한다고 하지만 지역주민의 입장에서는 이러한 활동이 불평등하게 적용될 수도 있고 불합리할 수도 있고 또는 미흡할 수도 있는 것이다. 이러한 것에 대한 주민의 표현은 주로 항의데모, 불법집회, 폭동 등으로 나타나기도 하여 경찰의 입장에서는 심각한 딜레마에 빠지기도 한다.

타울러(Juby E. Towler)는 "민권운동의 성공 여부는 민권후퇴를 추구하는 저항을 어떻게 분쇄하는가에 달려 있다. 민권운동가들은 법을 지키지 않음으로써 그 법을 제거하려고 하는데, 이러한 행동은 필연적으로 법집행과 충돌하게 된다."고 지적하고 있다(Towler 1964, 36).

따라서 지역주민들도 경찰활동과 관련된 문제점을 해결하는 데 있어서 이에 대한 상황파악과 정확한 인식, 법 테두리 안에서의 점진적인 모색의 형태로 나아가야 할 것이다. 그래서 이러한 문제점의 파악이 중요한 것이다.

1) 의 식

먼저 경찰의 친절봉사 의식이 미흡하다는 것을 들 수 있다. 경찰−지역사회의 상호관계 내지 상호의존성은 경찰과 서비스 수혜대상인 주민 간의 진심에서 우러나오는 결속력이 이루어질 때 가능한 것인데, 특히 인구학적으로 보다 복잡해지는 도심지역에서 이를 성취하는 것은 점차 어려워지고 있다(스콜닉, 베일리 2001, 136).

그러나 여러 가지 변수에 따른 결속력의 약화는 각자의 의식 전환으로써 극복할 수 있는데 그중의 하나가 경찰의 친절과 봉사에 관한 의식이다. 지금 우리나라 경찰활동에 있어서 필요한 것은 지역주민과의 신뢰관계 구현이며 서로의 복리를 증진하는 것이 경찰활동의 목표라고도 할 수 있다. 하지만 아직도 경찰관들의 친절봉사 의식은 부족하다. 과거의 권위적인 태도가 몸에 배어 있어서 지역주민을 지역방범을 위한 협력자로 보려 하지 않고, 지역사회와의 친선관계를 향상시키고자 노력하지 않는다. 또한 지역주민을 위한 봉사 프로그램도 일부 경찰서에서만 실행되고 있어 전국적으로 실행되어 국민들에게 인식되기에는 아직까지는 미흡하다고 할 수 있다.

다음으로는 관심과 노력의 부족이다. 커져 가는 도시 속에서 증대해 가는 사회적 불안요소가 법집행에 대하여 심각한 문제를 제기하고 있다. 법집행 기관은 현실적으로 인종적, 종교적 및 문화적, 민족적 집단과 상호 이해를 높여야 할 현실적인 필요가 있다. 그리고 행정부 내의 중요 역할의 하나인 법집행은 견제와 통제를 필요로 하는 선동적 사태에서도 질서를 유지해야 한다(하워드 얼 1997, 25~26).

반면에 이러한 활동을 유지하면서도 경찰이 가장 중요시해야 할 것은 인권이다. 경찰관은 주민에게 부여된 인권을 존중하는 것이 절대 필요하다. 또한 이것을 보장해 주려는 노력과 이에 대한 지속적인 관심이 필요하다.

경찰의 인간관계훈련 프로그램에 이 인권존중의 내용을 포함시킬 필요성은 절실하다 할 수 있다. 그 이유는 인권에 무지한 주민들에게 기세를 부리는 경찰관이 많다는 사실이 밝혀졌기 때문이다. 불법체포, 불법침입 및 일반적인 인권부인 행위는 직업적 경찰관의 입장에서 비난을 받아야 한다(Siegel et al. 1963, 14). 이 또한 주민에 대한 관심의 결여에서부터 비롯된다. 인권에 대한 배려와 관심이 적기 때문에 현재 경찰의 행위와 관련된 주민의 불만이 줄어들지 않는 것이다.

마지막으로 신뢰관계 미구축에 대하여 언급할 수 있다. 경찰의 많은 활동에도 불구하고 지역주민과 경찰 간에는 신뢰관계가 쉽게 회복되지 않고 있다. 그 이유는 이러한 활동을 하는 경찰관은 일부이고 대부분의 경찰관들은 이러한 업무는 내 영역이 아니라고 생각하기 때문이다.

서울경찰청이 1999년 4월 (주)현대리서치에 의뢰하여 경찰청 산하 1,741명의 경찰관을 대상으로 실시한 설문조사에서 조사대상의 65.4%가 "경찰이 시민들로부터 믿음을 얻지 못하고 있다"고 답했으며 "신뢰를 받고 있다"는 응답은 34.6%에 그쳤다. 불신 이유에 대해 응답자의 27.0%가 '과잉단속' 때문이라고 답했으며 다음으로는 '부정부패·비리'(26.7%), '권위주의적 태도'(20.8%), '불친절'(13.9%) 등을 꼽아 비교적 객관적인 자기진단을 하고 있는 것으로 분석됐다(임창호 1999, 186).

물론 최근의 조사내용은 아니다. 그러나 이것뿐만이 아니라 그 이후에도 그동안 주민들의 경찰에 대한 인식과 평가에 대한 조사연구를 종합해 보면 주민들은 전폭적으로 경찰관을 존경하거나 신뢰하지는 않는 것으로 나타나고 있다. 비록 몇 년 전의 통계와 자료를 인용하긴 하였지만, 분명한 것은 신뢰관계라는 것은 어떠한 경우라 할지라도 단기간에 혹은 적은 노력으로는 회복되지 않는다는 것이다.

2) 활 동

먼저 경찰의 대민접촉활동이 미흡하다는 것이 대민관계의 완만한 유지라는 측면에서 문제가 되는 부분이다. 주민과의 관계개선을 위한 주민과의 접촉활동에는 직접적으로 경찰관이 거리에 나가 주민들과 접촉하는 방법이 있을 수 있다. 이러한 대면적 접촉은 서로 간의 오해를 줄이는 방안이 될 수 있다. 이러한 직접적인 대면은 도보순찰과 방범심방을 통한 방법이 가장 빈번할 것이나, 경찰관들이 주민들의 행동에 적절하게 대응할 수 있는 다양한 기법을 익히지 못하였고 도보순찰과 방범심방의 중요성과 유용성을 인식하지 못하고 있다는 것이 문제점이라 할 수 있다.

그리고 경찰기관 내에서 민원접수의 창구로서 민원봉사실을 운영함으로써 지역주민들과 접촉하는 방법도 있고 실제로 이를 적절히 활용하고도 있다. 그러나 이와 같은 일을 처리하는 부서는 사회통제, 범죄통제 측면에서의 불평·불만 관련 민원접수 처리에만 익숙하도록 구조화되어 있기 때문에 일반주민들이 일반적인 요구사항을 가지고 쉽게 접근할 수 있는 의사소통의 통로가 되지 못하는 한계를 가지고 있다. 그리하여 주민이 경찰에 대해 어떤 문제를 요구해 올 때에도 이러한 문제가 범죄와 관련된 것이 아닐 때에는 이 문제를 쉽게 이해하지도 못하고 제대로 처리하지 못하게 되어 주민의 불평·불만을 촉진하고 갈등을 유발시키고 있는 실정이다(노호래 2000, 195~196).

이에 대한 여러 연구결과 중에서 경찰관들에 대한 설문에서 나타난 주민들의 경찰불신 이유는 공통적으로 주민과 경찰이 접촉하는 과정에서 나오는 것들이다. 과잉단속, 부정부패, 권위주의적 태도, 불친절과 같은 것들은 경찰서비스의 문제점으로 자주 등장하는 것이다. 그러나 근본적인 문제점들에 대한 해결방안을 모색하는 것과 이에 대한 실행이 아직까지 부족하다(홍성삼 1999, 32~33).

둘째, 범죄예방 활동의 미흡이라는 측면에서이다. 경찰은 주민의 생명과 재산을 직접적으로 보호하며 공공의 질서를 유지하는 활동을 하고 있다. 직접 최일선에서 범죄나 무질서와 싸우는 것이 경찰의 임무이기 때문에 공익을 위해서 일하는 것은 다른 행정활동과 같다고 하여도 이와는 다른 여러 가지 특성을 나타내게 된다.

민주성과 효과성, 자율성과 효율성 등이 그것의 한 특성이라 할 수 있는데 이것들 사이에도 갈등이 있을 수 있다. 경찰이 주민의 의사를 제한하거나 행동을 규제하는 경우에 이들 목표 사이에 갈등은 첨예하게 나타나게 된다. 이러한 특성은 경찰이 강제력을 사용하기 때문에 나타나는 것으로 보는 학자도 있다. 따라서 경찰은 권력을 행사하는 작용이라는 점에서 다른 행정조직과 다른 성격을 지닌다고 하고 있으며 국가사회의 조직을 유지하기 위해 경찰은 국민의 자유와 권리를 제약할 수밖에 없다(이황우 1996, 21). 그러나 모든 주민의 자유를 보장하고 확대해야 한다는 관점에서 보면 경찰활동과 권력은 축소되어야 할 것이다. 이는 범죄예방 등의 활동을 할 수 있는 최소한의 권력만을 사용해야 한다는 것을 의미한다.

일반주민은 물론 법질서를 위반하는 사람들도 최소한의 간섭과 제한을 요구하며 조금이라도 자신의 기준에서 보아 과도한 제한이나 간섭을 하는 경우 경찰에 저항하게 된다. 술에 취한 상태에서 파출소에서 난폭한 행동, 자해 행동 등을 하더라도 직접 강제력 행사를 꺼리고 경찰이 피해야 하는 경우도 많다. 이 경우 법질서 위반자의 행위를 제지하여야 하지만 인력 부족으로 제대로 대처하지 못하거나 이들에게 시간과 인력이 소모되는 관계로 다른 지역이나 다른 범죄에 대해 소홀하게 되는 문제도 나타난다. 그래서 범죄예방 활동의 중요성이 강조되고 있는 것이기도 하지만 현실은 그렇지가 못하다.

셋째, 적극적 홍보의 부족이다. '경찰홍보'란 좁게는 경찰의 활동이나 업무와 관련된 사항을 널리 알려서 경찰목적 달성에 유리한 환경을 조성하는 행위이며, 넓게는 지역주민의 경찰활동에 대한 참여를 확대하고 각종 기관·단체 및 언론 등과의 상호협조 체제를 강화하여 이를 경찰이 수행하는 모든 업무에 연계시키는 행위이다. 이에 따라 바람직한 경찰상은 경찰이 주민들의 마음속에 자리 잡도록 함으로써 수사협조나 범죄예방 효과는 물론 경찰활동에 대한 호의적인 여론과 정책적 배려를 얻을 수 있는 기반을 조성하는 것이다.

이를 위해 경찰에서는 공보관실을 설치·운영하면서 공보업무를 전담하게 하고 있으며 또한 언론 및 방송기관에 각종 사건·사고 및 주요 치안시책에 대한 보도자료를 제공하거나 경찰 관련 방송 프로그램 제작을 지원하는 등 다각적인 홍보활동을 전개하고 있다. 특히 인터넷 대중화에 부응하여 관련 홈페이지 운영과 정보를 신속하게 제공하고 있다.

하지만 이러한 활동들이 만족할 만한 성과를 거두지 못하는 이유는 소극적이고 한시적인 활동으로서 그친 경우가 의외로 많았다는 것이다.

그동안은 경찰홍보와 관련하여 경찰조직 내에서 언론매체에 대한 이해가 부족했으며 언론에 대한 막연한 피해의식을 바탕으로 하는 홍보기피 현상이 일반적이었다. 또한 경찰의 홍보는 변화하고 있는 사회 분위기에서 별다른 호소력을 지닐 수가 없었고 경찰의 활동상이 국민들에게 제대로 전달될 수 있도록 노력하지 못했다는 점 등이 문제점으로 대두되고 있다.

그리고 일선 경찰관들의 인식 부족과 시간 부족 등으로 인해 지역모임에 정규적으로 참여하고 있지 못하였던 것도 고려해 보아야 하며, 인력 부족, 자금부족 등으로 인해 홍보책자를 제대로 발행하고 있지 못했던 부분도 참고해야 한다. 다시 말하면 경찰활동에 대한 적극적 홍보활동을 하지 못하였다는 것이다.

3) 주민참여

이 부분은 경찰의 직접적인 활동이 아닌 지역주민의 문제에 관한 내용들이다. 하지만 주민이 참여할 수 있게 제도적·정책적으로 보장해 주며 이에 대한 지속적인 관심을 가지도록 여건을 조성해 주는 것은 경찰의 몫이다.

첫째, 지역주민의 자발적 참여가 미흡하다는 것인데 이는 지역주민이 인권을 보장받는 데에 있어서 충분히 문제가 될 수 있는 부분이기도 하다(임창호 1999, 209~210). 1990년 범죄와의 전쟁 선포를 계기로 치안활동의 주요 기조가 시국치안에서 민생치안으로 전환되어 왔으며, 그동안에도 민생치안의 효과적인 달성을 위한 여러 가지 활동이 있어 왔다. 또한 협력관계의 운영을 통한 주민들의 참여를 유도해 왔다. 그러나 이러한 활동은 주민들의 자발적인 참여를 유도하는 것이라기보다는 경찰의 주도하에 주민들을 경찰에 협조적으로 만들고 경찰업무를 이해시키려고 하는 데 치중하였다고 밖에 볼 수 없다(황석하 1997, 39).

그리고 이러한 지역주민 참여의 한 방법으로서 자율방범활동을 살펴보면, 방범장비가 초보단계에 머물러 있을 뿐 아니라 방범대원들의 방범대책도 시대에 뒤떨어져 있다고 할 수 있다.[17) 자율방범대가 지역에 많이 조직되어 있으나 이들이 범죄예방을 행하는 방법은 비체계적이고 비과학적이며, 자율방범활동 자체가 자원봉사로 운영되는 것이어서 회원의 참여율도 저조하고, 예산의 규모도 아주 적거나 전혀 없기 때문에 개선되어야 할 점이 많다. 따라서 정부의 관계부처에서는 자율방범활동의 중요성을 인식하여, 지역사회에서 봉사하는 사람들이 여러 면에서 혜택을 받도록 필요한 자원과 운영기준을 마련할 필요가 있다.

또한 현재 자율방범대원들을 대상으로 교육을 시키고는 있으나 이들을 대상으로 하는 체계적인 교육 프로그램은 없다. 주민들도 자율방범활동에 대한 관심이 상당히 높은 편으로 분석되고 있으나 이들

---

17) 자율방범대는 자원봉사자를 중심으로 지역주민이 마을 단위로 조직하여 관할 파출소(지구대)와 상호 협력관계를 갖고 방범활동을 하는 자율봉사조직이다. 자율방범대는 경찰과 합동 또는 자체적으로 3~5명이 조를 편성, 심야 취약시간에 순찰활동을 전개하고 있으며, 순찰 중에 발견한 범죄현장 신고, 부녀자의 안전귀가, 청소년 선도보호활동 등의 활동을 하고 있다.

을 구체적인 자율방범활동으로 투입시키는 프로그램이 없다.

그리고 아직 우리 사회는 자율봉사활동에 대한 관심이 크게 신장되어 있지 않다. 이것은 한국사회의 전통적인 유교문화의 하나인 가족중심주의나 친족중심주의에 크게 기인하는 것으로 볼 수 있다. 즉 사람들이 살아가면서 겪게 되는 여러 가지 어려움을 가족이나 친족을 통해서 해결하려는 성향 때문에 지역사회 전체에 대한 관심이 서구에 비해 떨어지고 있는 것이 사실이다(김인 1997, 188).

최근에는 경찰청의 주도하에 각 경찰서에서 청소년들에 대한 경찰의 이미지 개선과 학원폭력에 대한 효율적인 관리를 위하여 '청소년 명예경찰프로그램'을 시범운영하고 있다. 이러한 프로그램의 개발은 청소년들과의 관계개선에 일조를 하고 봉사활동을 실효성 있게 할 수 있도록 함으로써 지역사회 경찰활동을 활성화할 수 있는 계기가 될 수 있다. 하지만 이 프로그램의 문제점으로는 운영이 비예산사업이기 때문에 프로그램을 진행하기가 어려운 점이 있고, 입시위주의 우리나라 교육현실에서 학부모들은 자녀의 봉사활동을 권장한다기보다는 학업에 열중하기를 바라고 있다는 것이다.

둘째, 주민참여 제도의 부족과 제도운영의 형식성이다. 현재 우리나라에서는 지역주민이 참여하여 경찰운영 전반에 걸친 의견을 제시하고 방향을 설정하는 몇 가지 위원회 제도가 운영되고 있다.

경찰의 정치적 중립성을 보장하기 위해 행정자치부에 설치된 '경찰위원회'(위원장 1인을 포함한 7인의 민간인 위원으로 구성)가 대표적이라 할 수 있는데, 이 위원회는 경찰행정 전반에 대한 심의·의결 활동을 함으로써 경찰조직 전반에 큰 영향이 미친다고 할 수 있다. 하지만 심의·의결사항에 대한 행정자치부장관의 재심요구권이 명시되어 완전한 독립성을 기대하기 어렵고 따라서 그 역할이 형식적인 측면에 그칠 수 있다는 단점이 지적되고 있다.

그리고 1998년 경찰행정의 민주성 및 생산성을 제고하기 위해 설치한 경찰청장 자문기구인 '경찰개혁위원회'(위원장을 포함한 30명 이내의 민간인 전문가들로 구성), 지역안정과 질서유지에 관한 사항, 민방위 및 재해대책 운영에 관한 사항 등을 협의하기 위해 지방경찰청에 설치된 '치안행정협의회'도 자치경찰제 시행이 유보되고 중앙집권적 국가경찰체제가 유지되는 현 상황에서 주민의 대표로서 경찰조직 및 경찰활동에 미칠 수 있는 영향력은 거의 미미하다고 할 수 있다.

또한 경찰서 단위에 경찰서장의 자문기구로 설치된 '경찰서행정발전위원회'(10인 이상 30인 이하의 민간인으로 구성)도 경찰의 행정발전과 주민의 인권보호에 기여하고는 있지만 위원들의 전문성 및 관심부족, 단순한 의견참고 기구로서의 운영 등으로 형식적인 활동으로 흐를 수밖에 없다는 문제점들을 지니고 있다.

셋째, 범죄신고율이 저조하다는 것이다. 주민들이 범죄신고를 하지 않는 가장 중요한 이유로서 경찰이 적극적으로 해결하지 않는다든지, 경찰이 원상회복을 할 수 없기 때문이라고 하지만 그 외에도 보복에 대한 공포감을 갖고 있기 때문이라고 한다. 어쨌든 신고율이 저조하여 신고율을 높이는 방안이 검토되어야 할 것이다. 물론 보상과 관련된 규칙들을 시행하고는 있지만 좀 더 적극적인 적용과 발굴로써 주민신고를 유도할 수 있는 다각적인 방안을 강구하는 것이 필요하다. 참고로 주민신고에 따른 보상과 관련하여 1997년에는 그 전해보다 약 30%가 늘어난 1,561명을 대상으로 7억 7,680만 원을 지급하기도 하였고 이를 통해 1,409건의 중요범죄를 해결할 수 있었다(김인 1997[b], 181).

넷째, 지역주민들의 경찰관에 대한 불신이다. 많은 경찰의 활동에도 불구하고 지역주민과 경찰 간에는 신뢰관계가 쉽게 회복되지 않고 있다. 예를 들어 한 지역경찰관서에서 관내에 거주하는 독거노인이나 소년·소녀가장 등 결손가정에 대하여 수시로 방문하여 애로사항을 파악하고 관심과 도움을 이끌어 내고 있다고 하면 이러한 활동을 하는 경찰관은 일부이고 대부분의 경찰관들은 이러한 업무는 내 업무가 아니라고 생각하기 때문에 주민과 경찰 간의 신뢰관계는 쉽게 회복되지 않는 것이다.

지역사회 경찰활동은 전통적 경찰활동에 비해서 주민에게 보다 높은 만족을 제공할 수 있는 것으로 기대되고 있으며, 이를 통해서 주민의 범죄에 대한 두려움의 제거, 경찰에 대한 신뢰의 증대 등을 경험하게 될 수 있을 것이다. 그러나 동시에 어떤 주민은 보다 전통적인 경찰활동 형태를 선호하고 이를 요구하게 될지도 모른다. 강한 힘과 위엄, 실질적인 공권력을 행사할 수 있는 경찰관에 대한 향수로 이를 특히 불만족스럽게 느낄 것이다.

또한 주민이 지역사회 경찰활동을 불신하는 보다 내면적인 이유 가운데 하나는 지역사회 경찰활동이 실제로 경찰의 범죄와의 전쟁능력을 저해한다고 믿고 있기 때문일지도 모른다. 이러한 현상은 경찰조직 내에서 만약 지역사회 경찰활동이 책임성을 갖게 되고 반대로 순찰조직, 대응시간 등이 축소된다면 나타나게 될 것이다(스콜닉, 베일리 2001, 130~131). 이러한 지역주민들의 불신도 하나의 문제점으로 지적된다.

4) 협 조

먼저 현재 지역사회의 조직화 및 타 기관과의 협조가 미흡하다는 점을 들 수 있다. 그리고 아직까지도 지역사회가 제대로 범죄를 예방하기에 잘 조직되어 있다고 볼 수 없다. 지역사회를 조직화하여 지역사회가 경찰과 함께 범죄예방 활동을 벌인다면 더욱 효율적으로 범죄를 예방할 수도 있을 것이다. 특히 교회나 아파트 부녀회는 지역별로 어느 정도 잘 조직되어 있으므로 이들 단체와 협력하여 안전한 지역사회를 만들기 위해 노력할 수도 있지만 이 역시 지금으로서는 미흡한 실정이다.

또한 우리나라의 경우 일반 행정부서도 모호한 업무에 대한 기피, 경찰관서 등과 함께 서로 협력하는 관행 부족 등 타 기관과의 협조가 부족하다는 것도 하나의 문제점으로 언급할 수 있다.

그 다음은 주민 불복종의 문제이다. 먼저 우리는 주민 불복종에 관해 명백한 것부터 기술해야 한다. 즉, 우리의 현시대가 주민 불복종에 관해 아무런 해답이나 해결책을 제시하지 못한다는 사실, 그리고 많은 경찰기관이 원인을 알아내려는 관점에서 창조적인 연구나 조사를 하지 않고 주민 무질서를 그저 위기의식 차원에서 대처하고 있다는 점이다.

이와 같은 주민 불복종의 분석-그 철학, 역사적 배경, 원인-은 옛날부터 정부를 괴롭혀 온 이 모호한 현상에 대처하기 위한 방법을 제시하고 보다 나은 이해와 전망을 촉진시키기 위한 것이다(하워드 얼 1997, 200).

이것과 연관시켜서 경찰작용은 국민의 자유를 제한하는 경우가 많고 제한은 명령이나 강제를 수반한다. 명령이나 강제는 자율적인 의사결정에 대한 행동을 제한하고 국가의사인 법을 실현하는 것이다. 이러한 경찰의 명령과 강제는 불심검문, 체포, 구속, 압수, 수색, 범죄의 진압, 폭동의 진압, 테러의 진압 등에서 잘 나타나고 있으며 이러한 경찰업무의 권력성은 주민들이 경찰과 마찰을 일으키고 불만을 갖게 하며 불복종의 근본적 원인이 된다.

경찰은 지역주민과 함께 생활하며 직무를 수행한다. 그러나 경찰의 직무수행은 주민의 자유를 제한함으로 인해 주민과 일정한 거리를 유지해야 할 필요도 있다. 직무집행의 객관성과 공정성을 위해서 경찰은 주민과 가까우면서도 일정한 거리를 두어야 하기 때문에 경찰관은 때때로 완전히 주민과 융합하지 못하게 된다. 이로 인해 주민들도 경찰을 이해하지 못하거나, 법집행에 협조하지 않거나, 불신을 하는 경우가 생긴다. 이럴 때 경찰은 주민들로부터 고립감을 느끼게 된다.

경찰업무의 원만한 집행을 위해서는 무엇보다도 주민의 협조가 중요하다. 따라서 경찰과 주민은 상호 협력할 필요가 크다. 경찰이 민·경 친선활동, 협력치안활동, 주민자율방범활동 등을 통해 주민의 자발적 협조와 참여를 얻는 노력을 적극적으로 추진할 필요가 여기에 있다(홍성삼 1999, 33~34). 하지만 잘 추진되지 못하고 있는 현실이다.

또한 대중매체와의 공조 부족도 들 수 있다. 그동안 경찰의 홍보와 관련하여 경찰조직 내에서 언론매체에 대한 이해가 부족했으며 언론에 대한 막연한 피해의식으로 홍보기피 현상이 일반적이었다. 이러한 것들이 결과적으로 경찰과 지역주민의 관계를 원활치 못하게 한 것이다(임창호 1999, 209). 경찰과 주민과의 협력이 사치가 아니고 필수적이듯이 경찰 내부조직 간의 공동협력도 효과적인 범죄억제를 위해 필수적인 것이기 때문에 이에 관해서도 대중매체의 협조를 얻어 원하는 목표를 달성해야 한다(Adams 1994, 5).

대중매체가 지역주민에게 미치는 영향은 엄청나다. 그럼에도 불구하고 TV나 신문은 경찰과 관련된 기사를 방송할 때 신중하지 못한 경우도 있다. 경찰관 일부의 비리를 경찰 전체의 비리로 보도하기도 하고, 경찰을 지역사회의 동반자로 유도하기보다는 지역사회를 괴롭히는 존재로서 표현하는 경우도 있다. 경찰의 공식적인 발표보다 앞서 나가거나 잘못된 내용을 보도하는 경우도 있다.

전반적으로 경찰은 다양한 경찰활동에 이러한 대중매체를 참여시키고자 시도하지 않으며, 오히려 경찰활동에서 이러한 것들을 무시하거나 서로 불편한 관계로 만들기도 하는 오류를 범하고 있는 것이다.

2. 인권과 경찰제도

우리나라 경찰은 창설된 이래로 강력한 중앙집권적 국가경찰제도를 유지함으로써 국가의 위기대처와 질서유지 등에 커다란 공헌을 하였으나, 최근에는 과도하게 비대해진 중앙집권적 운영체계로 인해 지역에 알맞은 경찰활동을 수행하고 있지 못하며 국민의 신뢰도 전반적으로 받지 못하고 있다. 중앙집권적 국가경찰제도를 유지하다 보니 각 지방의 특성에 맞는 지역사회 서비스 지향적인 행정에는 소홀할 수밖에 없는 것이다. 그 결과 경찰행정에 대한 통제는 대부분 사후적인 통제제도이며 사전적, 예방적, 민주적 통제제도는 미약할 수밖에 없다. 그러나 지방자치경찰제도 및 지역사회 경찰활동을 도입하고 시행하게 된다면 경찰관은 지역주민들에게 좀 더 친절하게 서비스를 제공할 것이며, 이로써 지역 실정에 맞는 지역사회 경찰활동을 수행할 수 있을 것이다.

이러한 전제하에 인권에 관한 경찰제도의 문제점을 아래의 수사, 순찰, 감사, 인사 및 평가의 네 부분으로 나누어 언급해 보기로 한다.

1) 수 사

첫째, 수사권의 문제를 들 수 있다. 현재 범죄수사에 있어서 행정자치부 소속 수사경찰은 법무부 소속 검사의 지휘를 받는 동시에 경찰조직 내의 계통적 소속 상사의 지휘를 받고 있다. 따라서 이러한 명령의 이원화로 인해 수사의 지연, 혼란, 비능률이 초래되고 있다.

자치경찰제 도입과 경찰수사권 독립은 별개의 문제라는 주장이 있지만, 자치경찰제와 경찰의 독자적 수사권 문제는 이미 우리나라와 일본의 형사소송법 제정의 논의과정에서 볼 수 있듯이 분리해서 검토할 문제가 아니다. 자치경찰제하에서도 검사동일체 원칙으로 중앙집권화된 국가기관인 검사의 지휘 아래 경찰이 놓이게 된다면, 검찰과 지방경찰의 상명하복관계를 통해 중앙으로의 권한 집중이 계속되어 자치경찰제도를 도입하는 취지에 반할 수밖에 없게 된다. 그리고 지방자치단체 소속으로 바뀌는 자치체 경찰은, 내부적으로는 중앙으로부터 독립성을 확보할 수 있게 됨에도 외부적으로는 국가기관인 검사에게 여전히 상명하복관계로 통제됨으로써 정치적 중립성과 분권화 이념에 역행하게 되어 지역주민에 대한 봉사를 포함하여 자치경찰제의 본질이 훼손된다고 할 수 있다(경찰개혁위원회 1999, 42~43). 따라서 자치경찰제도를 도입하면서 경찰수사권을 독립시키지 않는 것은 그 의미가 없다고 할 것이며 이러한 문제가 결국은 지역주민의 인권향상에 걸림돌이 되는 것이다.

둘째, 독자적 의사결정이 불가능하다는 것이다. 경찰운영이 지리적으로 소규모 관할구역 단위로 분권화되어 있음에도 불구하고, 관할구역 명령권자들은 보통 경찰운영을 하는 데 있어서 제한된 능력을 갖고 있다. 이들은 경찰 최고관리층에 의해 형성된 의사결정에 따르게 된다. 그러나 지역사회 경찰활동의 핵심적인 내용은 지역사회의 특성에 따라 경찰활동의 우선순위와 관련 문제점이 서로 다르다는 점이다. 이는 경찰활동은 반드시 유연성을 가져야 한다는 것인데 이를 달성하기 위해서는 하위 명령권자들에게 자신들이 관할하고 있는 지역적 조건에 따라 활동할 수 있는 재량권이 주어져야 한다. 명령의 분권화는 지역사회 내에서의 경찰활동을 극대화하고 차후에 이를 특별한 지식으로 활용 및 피드백하기 위해서 꼭 필요한 것이지만 역시 현재의 제도는 그렇지 못하다(Bayley 1985).

셋째, 계급과 직위에 관련된 문제이다. 관리 경찰이 보다 법규 지향적이고 합리적인 경향을 지니는 데 반해 일선 경찰은 어떤 일에 대해서 일시적인 방법으로 끝마치려는 경향이 있으며, 자신이 수사상 가지고 있는 권한을 남용하기도 하고 위에서 언급한 근무 동료 경찰들 간의 결속력을 과시하는 경향도 있다. 그리고 관리 경찰은 대체로 지역사회 경찰활동이 갖는 이념에 대해 먼저 관심을 가짐으로써 눈앞에 직면한 범죄의 수사방법보다는 일반적으로 새로운 이념에 보다 흥미로워한다. 반면 일부 일선 경찰들은 이러한 지역사회 경찰활동에 차가운 냉소를 보이는데, 그 이유는 이들이 경찰활동에 있어서 개혁이라는 것은 필요성이 없으며, 실현 불가능한 것으로 보고 있기 때문이다(스콜닉, 베일리 2001, 109~112). 이와 같이 일선 경찰들은 보다 폭넓은 견문을 수용하거나 관리방식, 법규, 형사사법 등에 있어서 개선된 방식을 채택하기보다는 자신들의 기존 정체성을 강화시키고자 하는 경향이 있는바 관리자와 실무자, 다시 말하면 계급과 직위에 따른 행태들의 차이도 하나의 문제점으로 부각되고 있다.

넷째, 불심검문과 관련한 문제이다.[18] 한국형사정책연구원의 연구보고서에 따르면 '파출소 경찰관의 불심검문이 범인검거 및 범죄예방에 도움을 주고 있다'고 긍정적으로 응답한 경우는 65.5%였다. 그러나 파출소 경찰관의 태도에 대해서는 '불심검문 시 공손한 태도를 취한다'라는 의견에 35.2%가 응답했고, '불심검문이 때때로 주민에게 큰 불편이 된다'고 응답한 경우는 48.7%로 불심검문이 범죄예방이나 범인검거에 도움을 주고 있다고 느끼기는 하나 이로 인해 불편을 느끼는 경우도 상당수 있음을 알 수 있었다. '불심검문 시 파출소 경찰이 주민에게 취하는 태도가 공손하다'고 응답한 경우는 남성보다는 여성이 더 공손하다고 응답했고, 연령별로는 40대가 가장 긍

---

18) 경찰관직무집행법 제2조 제2항에서는 불심검문과 관련하여 "수상한 언동 등으로 어떠한 죄를 범하였거나 또는 범하려 하고 있다고 의심할 만한 상당한 이유가 있는 자, 또는 이미 행해지는 범죄 혹은 행해지려고 하는 범죄에 관하여 그 사실을 안다고 인정되는 자를 시켜 질문할 수 있다"고 규정하고 있다.

정적으로 응답하고 있고, 다음은 50대 이상, 30대, 20대 순으로 차이가 나타났다. 그리고 '주민은 파출소 경찰의 불심검문에 응할 의무가 있다'는 항목에는 연령이 높을수록 의무라고 생각하는 경향이 더 많았다(한국형사정책연구원 1991, 노종래 1998, 353).

낮은 연령집단일수록 경찰의 불심검문에 대해서 경찰이 주민을 존중하지 않는다는 태도를 보이고 있으므로 경찰관은 다양한 연령집단과의 만남이 있을 경우 더 세심한 배려가 필요하다. 하지만 낮은 연령의 집단이 상대적으로 이와 같은 배려를 덜 받고 있다는 것이 사실이며 젊었을 때의 경찰과의 접촉경험은 나이가 들어서도 계속적으로 이어진다는 점에서 주의를 기울일 필요성이 있다. 이 또한 오래된 통계이기는 하지만 이 제도가 시사하는 바는 크다 할 수 있다.

2) 순 찰

먼저 단순한 순찰제도로 인한 문제이다. 우리나라 경찰은 대민연락관제도 등이 없고 최근까지 파출소 직원이 지역사회 경찰활동을 수행하고 있었다고 할 수 있다. 또한 일부 지역경찰관서 직원들은 법집행 및 치안질서 유지에만 중점을 두고, 지역주민과의 관계유지에 관해서는 소홀하였었다. 순찰을 통한 지역주민과의 융화는 단순히 순찰로써 범인을 검거하고 질서를 유지하는 것보다 장기적으로 유리하다는 것이다. 아직까지 이러한 순찰제도에 따른 인식이 전환되지 않는다는 것도 문제점이라 할 수 있다.

둘째, 순찰방법의 문제이다. 한 연구결과에 의하면 순찰차량을 통한 신속한 대응이 효과적으로 범죄를 억제하거나 더 많은 범죄자 체포를 가져다주지 못하였다는 결과가 나타났다(Kelling et al. 1974,

Percey 1980, 75~86). 하지만 우리나라 경찰의 순찰행태를 살펴볼 때 이러한 결과에 대해 긍정적으로 받아들이지 않고 있는 것이 거의 확실시된다.

이러한 연구를 토대로 살펴본다면 지역사회 경찰활동을 위한 순찰은 도보순찰이나 자전거순찰이 원칙이라 할 수 있다. 하지만 차량순찰이 전혀 필요 없다는 것은 아니다. 지역주민과 직접 접촉할 수 있는 도보순찰이나 자전거순찰의 병행이 지역주민을 위해서는 필요하다. 도보순찰이나 자전거순찰을 함으로써 지역주민들에게 자신을 알릴 수 있을 것이고, 지역주민은 얼굴을 아는 경찰관을 부담 없이 찾을 수 있을 것이므로 차량순찰뿐만 아니라 도보순찰이나 자전거순찰도 강화해야 할 것이다. 도보순찰을 하면서 단지 순찰지역을 걸어 다니는 것이 아니고, 지역주민들과 대화를 나누고 범죄취약 지역도 파악하고, 이에 대한 해결방안을 모색하면서 순찰을 해야 하지만 현실은 그렇지 못하다는 데에 문제가 있는 것이다(임창호 1999, 202).

셋째, 사후 대응 위주의 경찰활동의 문제점이다. 현행의 순찰은 사후 대응적 경찰활동이라고 할 수 있다. 사후 대응적 경찰활동은 한계가 있게 마련이며, 근본적인 원인을 해결하지 못하기 때문에 유사한 사건들이 계속해서 발생한다. 경찰은 유사한 문제를 다루기 위해서 많은 자원을 반복해서 동원해야 하므로 이는 경찰력의 낭비라고 볼 수 있으며 사전적, 문제지향적인 경찰활동으로 잘 이용하지 못한다는 것을 의미한다. 또한 이는 사후 대응적 경찰활동의 한계를 극복하지 못하고 경찰인력을 효율적으로 사용하지 못한다는 말이다. 하지만 이 역시 실현시키는 데 많은 어려움이 따를 수밖에 없다.

3) 감 사

경찰의 대주민관계, 인권문제를 포함한 지역사회 관계강화 전략 중의 대표적이라고 볼 수 있는 것이 '청문감사관' 제도이다. 이 제도는 수사, 교통, 방범 등 각종 사건·사고와 관련하여 주민과 항상 접촉하고 있는 경찰관의 불친절, 부당한 업무처리 등의 민원이 있는 경우 민원인의 불만사항 등 고충을 상담·처리하기 위해 도입한 제도이다. 1999년 6월에 처음 시행하였는데, 이 제도는 주민을 '봉사의 대상'으로 인식함으로써, 치안서비스의 질적 향상을 도모하고, 대민접촉 경찰관들이 친절하고 신속·공정·명확하게 업무를 처리토록 하여 신뢰받는 경찰상을 정립하며, 경찰관에 의한 인권침해 우려요소를 사전 제거함으로써 인권경찰상을 확보하는 데 주된 목적이 있다.[19]

그러나 청문감사관제도가 경찰이 안고 있는 모든 문제들을 해결할 수는 없다. 그런데 마치 청문감사관은 수사과정에서 인권을 침해하는 요소를 과감히 척결하고 과학수사와 적법수사로 국민들의 수사상 신뢰를 회복하고, 특히 검찰 등 타 기관의 간섭요인을 사전에 제거할 수 있을 것으로 기대들을 하며 거의 모든 민원사항이 이곳에 집중되고 있는 상황이다. 물론 이 제도가 수사, 교통, 방범 등 대민접촉 분야에 있어 주민들의 불편, 불만사항을 상담하고 즉시 해소할 수 있는 종합창구로 활용되는 것이 바람직하지만 현실적으로는 어려운 형편이다.[20] 여기에는 부족한 인원과 내부수사 및 조사의 한계성, 중립성의 부족 등을 주요 원인으로 꼽을 수 있다.

그리고 현재 우리나라 경찰서에는 지역사회 경찰활동과 감사업무를 전담하여 수행하는 부서가 없다는 것도 이 부문에서의 문제점으로 꼽을 수 있다. 그 결과 지역사회 경찰활동이 체계적으로 수행될

---

19) http://www.police.go.kr/cybercenter/cybercenter/body_others.html.
20) http://www.kopsa.org/new/new2/k-index.html.

수가 없다. 물론 앞서 언급한 청문감사관제도가 있기는 하지만 이것으로 다양한 민원과 감사문제를 포괄하기에는 한계가 있다. 경찰서 각 민원봉사실에는 주민들의 고소, 고발사건, 직원들에 대한 문제사항 등 주민들의 애로사항이 거의 무차별적으로 접수되고 있다. 이에 따라 경찰청, 지방경찰청뿐만 아니라 각 경찰서에도 지역사회 경찰활동을 전담하는 부서를 설립하여 체계적으로 수행하지 못함으로 해서 야기되는 문제점들이 최근 들어 많이 부각되고 있기도 하다.

미국, 영국, 일본은 경찰서에 대민과(Community Relation)나 지역과를 설치하고, 특히 일본의 경우 경찰서에 생활안전국을 설치하고, 교번을 생활안전센터화하여 지역주민의 고충을 처리하면서 경찰과 지역사회 관계를 협력관계로 만드는 데 앞장서고 있다는 사실은 우리나라의 현 경찰운영 실태와 비교된다 할 수 있다(임창호 1999, 200).

4) 인사 및 평가

첫째, 인사의 문제이다. 경찰관이 국민의 생명·신체·재산을 보호하여야 함에도 불구하고 경찰관의 잘못된 무기의 사용 등으로 국민의 생명과 신체에 위해를 가하고 심지어는 경찰관 자신의 생명까지도 잃는 경우가 발생하므로 경찰의 선발 및 인사는 일반공무원의 그것보다도 더 신중하여야 하고 더 중요하다 할 수 있다(이종복 1996, 351).

또한 경찰에서는 인사에서의 부정비리를 근절하기 위해 비리행위자는 과감하게 퇴출·단속해 나가고 있지만 인사제도에 따른 공평하고 지속적 적용이 그리 쉽지만은 않다고 할 수 있다. 예를 들자면 경찰대학, 경찰종합학교, 중앙경찰학교 등 경찰교육기관을 중심으로 신임·보수교육 등을 하고 이를 통한 공정한 인사의 적용 등이 이루어져야 하지만 아직까지는 그리 활발하지 않다고 볼 수 있다.

둘째, 양에 기준한 전통적 평가이다. 현재 경찰관에 대한 성과평정은 '양에 기초를 둔 평가기준'을 사용하고 있다. 그러나 경찰이 주로 전통적인 양에 기초를 둔 평가기준을 사용하면서 지역사회 경찰활동을 수행하고자 한다면, 그 프로그램은 성공하지 못할 것이다. 경찰의 역할이 '범죄 진압자인 우리 대 주민들'이라는 정신에 기초를 두고 있다면, 지역사회 경찰활동은 성공하지 못할 뿐만 아니라 오히려 해로울 수도 있다(Roberg et al. 1996, 442).

그리고 현행 근무평정에는 다양한 평가방법이 없다. 지역주민을 위한 봉사와 지역주민과의 관계유지 노력 등에 대하여 인정해 주는 평가항목 등이 없다는 것이 문제이다. 단지 직무수행 태도에만 약간 반영될 뿐이다.

셋째, 보상체계의 문제이다. 예를 들어 과거 파출소 근무 경찰관은 끊임없이 주민들과 접촉하면서 돌발적인 상황에 대비해야 하는 등 업무부담이 매우 크고, 근무시간이 과중한 것이 현실이었다. 외근 경찰관들의 근무의욕과 사기가 저하된다면 지역사회 경찰활동이 제대로 이루어질 수 없다. 이에 따라 지역사회 경찰활동은 경찰업무에 대해 만족감을 느끼는 경찰관에 의해서 수행되어야 하므로, 외근 경찰관의 근무의욕 및 사기를 높이는 방안을 모색해야 하지만 현실은 그렇지 못하다.

그리고 우리 경찰은 임금수준에 비해 근무강도가 훨씬 높다. 현재 여러 가지 여건의 개선으로 우수인력이 경찰에 투입될 수 있는 계기가 마련되었다고는 하나 근무여건이 선진국 수준에는 아직도 훨씬 못 미치고 있다(김복영 외 1996, 21).

넷째, 근무시간 및 보수의 문제이다. 경찰관의 근무시간과 보수관계도 지역주민의 인권문제에 영향을 미친다고 할 수 있다. 현재 경찰은 근무시간, 보수, 상명하복관계, 업무의 비자율성으로 인해 일선 경찰관들의 사기가 저하되어 있다. 특히 각종 비상근무 등으로 인하여 근무시간이 연장될 때가 많이 있으며, 근무시간을 기준으로 볼 때 타 부서 공무원에 비하여 보수도 낮은 편이다.

경찰관들의 직무만족도가 높아야만 지역사회에 대한 서비스의 질을 높일 수 있고, 지역주민에 대한 권리를 보호해 줄 수 있는 것이다.

3. 인권과 경찰시설

1) 유치장

유치장은 경찰의 시설에서 대표적으로 거론되고 있는 부문으로 최근 국가인권위원회의 인권상황실태조사에서도 발표한 바 있을 정도로 인권과 밀접한 관련이 있다고 할 수 있다. 따라서 이에 대한 문제점들을 여러 분야로 세분화하여 언급하려 한다.

우선 문제가 되는 것은 유치장 및 대용구치시설 운영의 법적 근거이다. 현재 우리나라에서 유일한 유치장 운영에 관한 법률규정은 행형법 제68조이다. 즉 현재 우리나라의 16개 경찰서에서 대용구치시설로 운영되고 있는 유치장을 비롯하여 전국의 유치장은 행형법 제68조에 따라 미결수용실에 준하도록 규정되어 있다.[21]

그러나 문제는 공소가 제기된 이후에도 재판이 종료할 때까지 형사피고인이 유치장에 구금되는 경우도 있다는 점에 있다. 이 경우에는 법무부 교정국이 맡아야 할 형 확정 이전의 피고인 관리를 경찰

---

21) 미결수용실이란 형사피의자 또는 형사피고인으로서 구속영장의 집행을 받은 자인 미결수용자를 수용하는 장소를 말하는데 이를 근거로 유치장 및 대용구치시설에 형사피의자를 비롯하여 형사피고인까지 수용하고 있는 것이다. 행형법 제68조[유치장] 경찰관서에 설치된 유치장은 미결수용실에 준한다.

이 맡는다는 것으로 모순이 아닐 수 없다. 이와 같이 유치장 및 대용구치시설의 운영에 관한 법률적 근거는 너무나 빈약하다. 특히 경찰행정작용법적 성격이 강한 경찰관직무집행법 또는 경찰청 훈령에 불과한 피의자 유치 및 호송규칙으로 형사피의자를 유치장에 유치하는 것은 그 법률적으로도 문제가 있으며 인권보호의 측면에서도 두말할 필요가 없다.[22]

다음은 시설의 문제인데, 유치시설이라는 공간이 국가공권력과 긴밀한 관계를 유지하는 만큼 인권침해의 가능성이 크고, 적법과 불법이 교차하는 장소임을 파악하여 개선을 통한 수용자의 인권존중의 문제에 신경을 써야 할 것이다. 경찰서 유치장 시설(특히 대용감방)은 노후 정도에 따라 시설의 차이가 있지만 전반적으로 시설이 낙후된 곳이 많아, 근본적으로 환경개선에 어려움이 많다. 아울러 유치시설 문제 중의 하나로서 열악한 화장실 사정-간혹 화장실이 훤하게 노출돼 있는데다 칸막이가 낮아 사용이 매우 불편하다. 혹은 여자 화장실이 따로 없는 경우도 있다 등-과 다른 내부시설도 '유치장 관리'에 명시된 수색과 구금의 원칙만을 중시하기 때문에 피의자 인권보호 의식은 희박하다 할 수 있다.

최근에는 칸막이가 낮아 밖에서 들여다볼 수 있도록 되어 있는 경찰서 유치장 화장실이 위에서 언급한 '인격권'을 침해한 '위헌'이라는 헌법재판소 결정이 나온 바도 있다. 이에 따라 경찰청은 아직도 재래식으로 남아 있는 유치장의 화장실을 2004년까지 수세식으로 바꾸고, 모든 경찰서 유치장 화장실의 칸막이를 높이는 등 시설을 개선하겠다고 밝혔다. 이는 옷을 벗고 용변을 보는 모습이 다른 유치인들과 위층에 있는 사람들한테 다 보이고, 감시 카메라에 녹화되는 현행의 유치장 시설과 제도는 헌법이 보장하는 인간으로서의 존엄과

---

22) http://members.tripod.lycos.co.kr/bobesum/3-04.html.

가치, 사생활의 비밀과 자유를 침해하고 있음이 분명하다는 결정에 의해서이다.

그리고 2002년 9월 20일 전북 전주에서 발생한 경찰관 살해 및 총기탈취사건은 현재 전국 파출소에 설치된 구형 아날로그 방식의 CCTV의 문제점을 극명하게 보여 주고 있는 것이라 할 수 있다. 선명도가 낮고 테이프의 잦은 교체로 인한 효율저하의 우려가 실제로 나타난 것이다.[23]

또한 대용구치시설의 협소한 면적은 과밀수용과 유치인 소지물품 보관의 어려움, 변호인 접견실 부족으로 나타나고 있다. 그리고 이로 인해 공범자 분리 및 남녀 수용자의 분리수용은 말할 것도 없고 성년과 소년범의 분리수용이 곤란하며 후생 및 의료시설, 채광, 조명, 냉난방 시설 등이 제대로 갖추어지지 못하는 등 인권침해의 소지가 많음이 분명하다 할 수 있다.

이와 같은 이유 등으로 국가인권위원회는 '교도소인권모임'에 의뢰해 2002년 10월부터 4개월간 유치장 시설환경 인권실태조사를 벌이기도 하였다.[24]

'2002년도 인권상황실태조사연구용역 사업보고서'라는 이 문서에서는 2001년 한 해 동안 전국 231개 경찰서 유치장 수용인원이 1,332,056명으로 하루 평균 3,600여 명에 달하는데 그동안 유치장은 사회적 감시와 논의의 대상에서 제외됐고 유치장 실태와 관련된 체계적인 조사연구도 거의 없었다고 발표했다(국가인권위원회 2003).

그리고 유치장 시설상의 문제로 인력부분, 즉 전문 간수인력의 부족도 들 수 있다. 특히 일선 경찰서의 유치장은 수감자 수요에 맞는 근무

---

23) http://cp1.khan.co.kr/board.cgi?mode=read&num=77855&db=netizen
24) 이번 조사는 유치장 피구금자(2002년 기준 기 피구금자 80명, 조사 당시 피구금자 20명), 유치인 보호관(10명), 유치주무자(10명) 등을 상대로 한 면접조사와 서울·경기·인천지역 경찰서 10곳에 대한 시설방문 조사로 나누어 진행되었다.

인력 진단이 절대적으로 필요함을 다음의 예를 통해 살펴볼 수 있다.

 2002년 9월 27일 전라북도 도내 15개 일선 경찰서에 따르면 전주 중부·북부서, 군산서, 익산서 등 1급서의 경우 유치장에는 4명의 근무자가 격일제로 근무하고 있으며, 의경 6명이 배치되어 있다. 하루 평균 유치장 수감자는 6~8명 선이며, 많게는 15명에 달하고 있는 것으로 나타났다.
 그러나 이들 1급서와 달리 2급서와 3급서의 경우 수감자 수요에 맞지 않는 획일적인 근무인력 배치로 경찰인력 운용에 효율성이 떨어지고 있다는 것이다.
 예를 들어 경찰관 2명과 의경 4명이 유치장을 관리하고 있는 김제서와 완주서는 근무인력은 같지만 유치장 내 하루 평균 수감자 수는 차이가 있다. 김제서의 경우 하루 평균 3~4명 선인 반면 완주서는 1명에 못 미치고 있다. 더욱이 지리적인 여건상 치안수요의 상당수를 전주에 의존하고 있는 완주서의 경우 유치장에는 하루에 많아야 1명이 수감되고 있는 실정이다. 경찰관 2명과 의경 2명이 근무하고 있는 진안, 부안, 고창, 임실, 순창서도 사정은 거의 마찬가지이다 (전북일보 02 / 09 / 28).

 이와 관련하여 살펴보면 유치장이 비는 날이 더 많다는 결론이 나온다. 그리고 유치장 근무자의 경우, 별도의 경력과 교육 없이 근무하는 경우가 많으며, 경찰관의 부족으로 서울청을 제외하고는 전·의경과 합동 근무하는 경찰서가 대부분이다. 특히 대용감방 근무자의 경우 유치의 목적과 더불어 교화의 기능도 수행해야 함을 생각할 때, 그들을 보호하고 관리해야 하는 근무자들의 책임과 사명감은 실로 중요하다 할 수 있다.
 또한 현재 인력 부족으로 상당 지역 유치장의 경우 근무자가 전경

·의경인 경우가 많아 전문적인 관리가 이루어지지 못하고 피의자에 대한 가혹행위가 발생할 가능성 역시 존재한다는 점도 간과할 수 없으며, 유치장 근무 의경이 유치인의 통장을 훔쳐 수백만 원을 빼낸 혐의(절도 등)로 구속된 사건 등을 보면 교육의 부재와 인력 운용의 어려움이 어느 정도인가 짐작할 수 있다(세계일보 01 / 02 / 02).

그리고 덧붙여서 열악한 유치인 보호관의 근무조건, 유치장 근무 인력 배치 및 교육 등도 국가인권위원회의 인권상황실태조사연구용역 사업보고서에서 언급된 바 있다.

마지막으로 예산의 부족도 빠뜨릴 수 없다. 유치인과 관련한 의료비와 급식비의 부족으로 유치인의 건강관리에 어려움이 많다. 특히 환자인 경우는 턱없이 부족한 의료비의 책정과, 환자의 질환에 따른 독방의 사용문제 등이 거론되고 있다.

한 일간지에 따르면 실제로 경찰서 유치장에 수감된 유치인들의 한 끼 식사비는 초등학생 급식비의 절반에도 미치지 못하는 천 원 이하의 식사가 수십 년째 이어지고 있다는 것이다. 결국 관식을 외면하고 사식을 넣어주는 게 일반화되었다는 것이다. 특히 재판에 의해 유죄가 확정된 기결수도 아닌 이들에게 단지 유치장에 있다는 이유로 이처럼 허술한 음식을 제공하는 것은 인권침해라는 지적까지 나오고 있다(경향신문 02 / 11 / 05).

2) 파출소

다음은 유치장 외의 경찰시설의 하나로서 파출소에 대해 세부적으로 논의해 보기로 하는데 여러 가지 문제점들 가운데 파출소 기능의 복잡성과 역할의 미흡부분을 대표적으로 이야기할 수 있다.

파출소 제도는 이후 '지역경찰대'로의 운영이 새롭게 이루어졌고 현재는 파출소와 지구대가 공존하면서 운영되고 있기 때문에 지금의 양자에 대한 장단점을 파악하기에는 무리가 있다고 판단되어 예전의 파출소를 언급하고자 한다.25)

먼저 파출소 기능의 복잡성이다. 베이리(David H. Bayley)와 같은 학자는 일본 시스템을 도입한 싱가포르의 경찰개혁을 지역사회 경찰활동의 모델로 평가하고 있다. 일본 및 싱가포르과 비슷한 제도를 운영하고 있는 우리나라 파출소 제도는 그 우수성이 오히려 서구에서 인정되고 있다. 그러나 우리나라 경찰은 파출소를 통하여 지역사회에 밀착된 치안활동을 할 수 있는 체제를 갖추고 있었음에도 불구하고 지역사회 경찰활동에 충실하지 못하고 특성화되지 않은 다양한 기능만을 수행하고 있었다.

일본과 싱가포르 경찰의 파출소 기능은 대체로 주민협력치안의 거점으로서의 역할에 치중하는 경향이 있으나 우리나라 경찰의 파출소는 여러 가지 방만한 기능을 수행함으로써 그중 하나의 기능도 제대로 수행하지 못하는 처지가 되었었다.

1991년 대단위파출소 시범운영의 경우 2~3개의 파출소가 통합되는 관계로 주민과의 협력치안이 어려워지고, 인구밀집도가 높은 대도시의 경우 관할 인구가 많아서 지역사회를 정확하게 파악할 수 없는 단점이 있었으며, 또한 대단위파출소를 신설할 경우 소요되는 비용관계, 기존 파출소의 처리문제 등의 문제점이 있었다.

또한 1999년에는 파출소를 치안서비스센터로 전환하려는 시범운영을 실시하였는데, 이것은 파출소의 기능을 주민과의 접촉과 봉사업무에 한정하여 담당하게 하고, 파출소 인력을 축소하여 순찰, 방범단속

---

25) 파출소 인원 부족에 따라 기존 파출소 3~4개를 하나로 통합하여 이곳에 인력과 장비를 집중시켜 범죄발생 때 많은 인력이 신속히 출동, 현장대처 능력을 강화하자는 취지에서 마련된 것이지 역경찰대로서의 '지구대'의 개념이라 할 수 있다.

업무 등을 경찰서에서 담당하게 하려는 것이었다(노호래 2000[b] 164). 그러다가 최근에는 지역경찰대 단위인 지구대로 전환하게 된 것이다.

과거 우리나라 파출소 경찰의 근무실태에서 보면, 2001년 말 현재 파출소의 수는 2,928개소(경찰서당 평균 12.7개소)이며 전체 경찰관의 약 43.1%를 차지하는 39,148명(파출소당 평균 13.4명)이 파출소에서 근무하고 있었다(경찰청 2002). 또한 대부분의 파출소 경찰은 2교대제 근무를 하고 있었으며 서울의 110개 파출소 즉 전체의 3.2%만이 3교대제 근무를 하고 있었다(경찰청 1997, 25~27). 3교대 근무자는 1일 8시간의 주 56시간, 2교대 근무자는 1일 12시간의 주 48시간, 그리고 전일제 근무자는 1일 14시간의 주 98시간을 근무하고 있었다. 이러한 근무시간은 다른 선진국과는 비교를 할 수 없을 정도로 열악한 수준이다. 물론 현재도 지구대라고 명칭만 변경되었지 열악한 환경은 변화된 것이 없다.

이러한 근무시간은 경찰관의 사기를 저하시키고 적절한 치안서비스를 제공하지 못하게 하는 요인이 된다. 현장에 있는 지역경찰관들은 지역사회 문제를 인식할 가장 좋은 위치에 있으나 지역사회 문제를 분석하고 해결책을 제시할 시간적 여유가 없고, 제도적으로 문제지향 경찰활동을 하도록 되어 있지 않기 때문에 그러한 일을 적극적으로 하지 않는다.

만약 순찰경찰관의 문제지향 경찰활동으로 근본적 문제를 해결한다면 사건이 줄어들어 업무량을 줄일 수 있고, 업무량의 감소와 함께 전문부서의 경찰관들은 다른 업무 및 부서에 지원해 줄 수도 있는 것이다.

그 다음으로는 파출소 역할의 미흡에 관한 내용이다. 종래 파출소는 특별한 전문지식이 필요 없고 나이가 많다거나 경찰대학 졸업의 신참이 처음으로 업무를 배우는 곳으로 운용하였고, 근무자들도 그나마 길어야 6개월 내지 1년이면 타 부서로 전출하여 버리는 경우가 많았다. 따라서 이런 파출소장과 경찰관들이 지역의 얼굴이 될 수 없다는 것은 당연한 것이었다(전대양 1998, 17).

대민접촉점으로서 핵심적인 역할을 하는 파출소는 중앙집권적 순찰제도를 통한 자동차순찰, 대단위파출소 및 이동파출소 지향, 50분 순찰 10분 휴식이라는 공식화된 점선순찰, 경찰서로부터 하명업무 및 위탁업무로 인한 업무과중 등으로 인하여 지역사회 지향적 사회봉사기능과 지역사회 관계 개선활동을 외면하였다고 볼 수 있다. 이에 따라 지역주민과 불화를 겪고 있었던 것도 사실이라 할 수 있다. 그리고 사실조회, 소재수사, 신원조회 등 타 부처 협조업무는 물론 상급기관인 경찰서의 하명업무도 증가하여 파출소 경찰의 주요 업무인 순찰 및 지역사회봉사업무가 크게 위축되었을 뿐만 아니라 효율적인 파출소 경찰관의 운영이 불가능하게 되었었다(김용환 1998, 133~135).

그리고 파출소 경찰관들의 지역안전과 주민의 인권을 확보하기 위한 지역주민들과의 직접접촉 노력도 부족하였다고 할 수 있다.

3) 프로그램

경찰 관련 프로그램을 운영할 시에는 지역사회에 대한 부적절한 운영이 이루어지지는 않는지, 이에 대한 분석이 적절한 수준인지, 다루는 방법의 효과에 관한 정의 즉, 분명하고 구체적으로 지역사회 경찰활동을 구성하는 것이 어떤 활동이며 어떤 요소인가에 대해 세심한 주의를 기울여야 한다. 아울러 주민들의 안전과 인권을 보호하기 위해 많은 주의를 기울여야 한다. 이것은 경찰활동에 대한 모든 면에서 나타나는 문제이기 때문이다.(이황우 1996, 128~129).

이러한 프로그램 중의 하나로서 '치안행정 모니터제'는 경찰운영에 있어 국민의 다양한 목소리를 수렴·반영하기 위해 지난 1994년부터 도입하여 시행하고 있는 제도이다. 모니터 요원은 전국의 만 20세 이상 성인 남녀 중성별·지역별·직업별·학력별·연령별 특성을 고려하여 선정되었다. 경찰에서는 모니터 요원에 대한 설문조사 및 제시된 치안시책에 대한 의견을 피력하는 지정과제, 그리고 경찰관계 사건에 대한 임의의견 등을 통해 다양한 여론을 파악·반영해 나가고 있다(경찰청 1998, 350～351). 하지만 모니터 요원들의 의식 부족과 주민 여론을 다시 검증할 수 있는 방법의 부재, 소수의견에 대한 처리 등이 문제점으로 지적되고 있다.

다음은 활동 프로그램의 부족 및 부재를 들 수 있다. 청소년 대상 범죄예방교실, 청소년 고민상담실, 청소년경찰교실 등과 같이 경찰이 지역사회에 참여하거나 지역사회를 경찰활동에 참여시켜서 경찰과 함께 지역사회의 문제를 해결하기 위한 경찰활동 프로그램이 부족한 상황이다.

그리고 매년 방학에는 자치단체의 지원을 받아 대학생들이 파출소와 교통경찰부서 등에서 경찰을 피부로 체험하고 몸소 실천하는 기회를 갖도록 하고 있지만 여기에 대한 문제점들도 서서히 부각되고 있다. 또한 경찰간부 후보생이나 신임순경의 교육훈련 과정을 보면 법집행 및 질서확보 위주로 행해지고 있어서, 주민이 원하는 서비스 역할 쪽으로 교육훈련이 이루어지고 있지 않다. 직장훈련의 일종인 현장훈련(OJT)을 보더라도 미흡한 것은 마찬가지이다.

지역사회 경찰활동에는 경찰관 한 사람 한 사람의 의식개혁과 발상의 전환이 필요하다. 결국 일선의 경찰관이 지역사회의 실태를 정확히 파악하고 문제해결을 할 때 주민의 신뢰는 형성되는 것이다. 현재 몇몇 분야 등은 전문교육을 하고 있으나 지역사회 경찰활동에 관한 전문 교육기관은 없다. 우리나라의 실정에 맞는 지역사회 경찰활동 프로그램의 개발로 교육단계에서부터 철저한 연습이 필요하다(임창호 1999, 204).

4) 장 비

첫째, 시설과 장비 등의 부족이다. 우리나라는 경찰장비에 대한 투자의 미흡으로 효과적인 민생치안 확보에 많은 지장을 초래하고 있다. 경찰장비 예산의 경우 그간의 개선 노력에도 불구하고 아직 절대적으로 부족한 실정이며, 통신장비의 성능저하 및 노화로 효과적인 업무연락 체제가 미흡한 것으로 나타나고 있다.

우리나라 경찰은 과거 10여 년 전만 하더라도 장기적 안목에서 투자소홀 및 조직발전에 대한 관심미흡으로 경찰력의 합리적 증강에 실패하였고 치안기능 수행에 절대 부족한 예산, 인력, 장비, 관서 등으로 낙후성을 면치 못하고 있었다. 운영적 측면에서도 주어진 자원의 효율적 분배에 미숙함을 보여 범죄예방과 진압에 역부족한 면이 발견되고 있는 것이 사실이다. 하지만 세월이 흐른 요즘에도 여러 분야에서 낙후성을 탈피했다고는 객관적으로 보기 어렵다.

현대수사는 증거에 의한 수사로서 객관적이고 과학적인 방법으로 자료를 수집하고 조사하는 과정이다. 짧은 수사기간에 다량의 사건을 처리하는 과정에서의 장비와 인력 부족은 피의자나 신고자의 만족을 얻기 어렵게 한다.

아울러 경찰서비스의 신속성, 편리성, 공정성, 과학성은 경찰장비와 인력에 의존한다고 할 수 있다. 신고전화를 받고 즉시 출동할 수 있는 대기자가 24시간 필요한 장비를 갖추고 대기하여야 서비스는 신속하게 이루어질 수 있다. 그러나 경찰예산은 다른 국가예산과 경쟁관계에 있고 통치자의 범죄피해에 대한 인식 및 범죄통제 의지에 의존한다. 지역경찰관서는 인력이 부족하고 차량이나 장비가 노후한 것이 많다. 이것으로 범죄에 효과적으로 대응할 수 없다는 것은 누구나 아는 사실이다(홍성삼 1999, 35).

둘째, 정보체계의 문제이다. 경찰청이 범죄의 과학화와 광역화에 대처하는 치안능력의 향상, 대국민 치안서비스의 질적 향상을 위해 장기적인 관점에서 추진해 오고 있는 것이 '경찰종합정보체제의 구축방안'이다. 이 방안은 다음의 몇 가지 핵심사항으로 요약될 수 있다.[26]

각 단위 시스템별로 구축되어 각각 운영되고 있던 데이터베이스를 하나로 통합하여 통합 데이터베이스 구축을 목표로 한다는 것과-이는 급속히 증가하는 정보의 체계적 관리와 사용자가 원하는 형태의 정보를 제공함으로써 경찰업무의 효율향상을 목표로 한다-수작업으로 처리되던 각종 업무를 자동화하고 정보와 기기의 효율적인 결합관계의 실현을 가능케 하는 행정업무의 자동화라는 것이 그것이다. 또한 이것은 전국을 경찰서 단위의 LAN으로 연결하여 종합적 네트워크 체제로 발전시키며, 동시에 문서관리 시스템의 구축, 정보 시스템의 유통, 그리고 영상회의 시스템의 도입을 목표로 하고 있는데 늘어나는 정보량과 업무량에 대한 대응의 의미를 갖는다.

그 다음은 위의 두 가지에 민생치안 활동 및 대국민 서비스까지 연결시키는 유·무선 통신망의 구축을 말하는 것이다.

이러한 장기적인 목표를 두고 시작한 종합 전산화 시스템이 단계적으로 진행되고 있으나 실적이 예상처럼 진행되고 있지 않으며, 그동안 정보기술과 사회환경이 변화함에 따라 구축계획의 현실성과 실적들에 대한 평가와 비판이 이루어지고 있다는 점도 문제라고 할 수 있다(최운도 1999, 53~63).

셋째, 장비의 노후문제이다. 우리나라 경찰은 하드웨어 구축에는 어느 정도 성과가 있었으나, 해당정보 인프라를 실제로 업무향상에 적용할 수 있도록 하는 업무의 표준화와 그 다음 단계로서의 업무과정의 개선에는 기대치에 미치지 못했다.

그리고 기본 인프라(PC, LAN 등) 미비 및 노후, 의사결정자의 의

---

26) '경찰종합정보체제방안'은 경찰청이 정보통신 기술의 응용과 종합정보관리체제 구축을 목표로 1994년에 확정하고 1995년 이후 추진해 오고 있다.

지 부족, 업무규정 불변 등으로 활동성이 저하되어 있다.

아울러 이러한 장비의 노후는 곧바로 지역주민의 안전과 권리문제로 직결될 수 있는데 이 장비의 노후는 경찰지도부에서부터 정보화에 대한 정확한 지식이나 의지가 부족하다는 것을 드러내고 있는 것이라 할 수 있다. 또한 이는 반대로 장비의 노후를 부추기는 문제이기도 하다.

4. 인권과 경찰교육

인권과 관련한 교육에서의 문제점에 대해서는 경찰관들을 대상으로 하는 교육과 지역주민을 대상으로 하는 교육으로 나누어 언급하려고 한다. 전자에서는 인권관련 수시교육과 징계교육, 후자에서는 성인교육과 학생교육으로 분류하여 전반적인 교육의 실태와 이에 따른 문제점들을 살펴보고자 한다.

1) 경찰관교육

경찰관들을 대상으로 하는 인권교육은 중·장기적 계획에 의해서든지 아니면 즉흥적 필요성에 의해서든지 예전과는 다르게 이루어지고 있다는 것이 사실이다. 이것은 인권관련 각종 침해 여부를 다루는 문제가 증가하고 있기 때문이고 이로 인해 경찰이 좋지 못한 이미지를 가지게 됨을 우려하기 때문이기도 하다.

앞에서 잠시 언급하였듯이 인권교육은 '학습자의 인권이 존중되는 과정을 통해 인권에 대한 지식을 획득하고 인권을 존중하는 태도를 형성하며 인권을 옹호하고 방어할 수 있는 행동능력을 길러 냄으로 써, 인간의 잠재된 능력을 개발하고 현실에 존재하는 다양한 억압으로부터 스스로를 해방시킬 수 있는 힘을 길러 내기 위해 의도적으로 설계된 교수-학습의 과정'으로 정의될 수 있다.[27]

1993년 유엔세계인권대회에서 채택된 비엔나 선언 및 행동계획은 각국 정부가 인권교육을 주도하고 이를 뒷받침하는 책임을 다할 것을 요청하면서, 아울러 유엔으로 하여금 각국의 인권교육 활동을 촉진하고 장려하는 데 힘을 다하도록 인권교육 10개년 계획 추진을 권고했다.

이에 1994년 유엔총회는 1995년 1월부터 2004년에 이르는 유엔 인권교육 10개년 계획(UN Decades for Human Rights Education)을 선언하고 국가인권교육위원회(National Committee for Human Rights Education) 설립을 포함한 실천방안을 마련했다.[28]

이에 따라 우리나라 경찰청 치안연구소에서도 치안정책 세미나를 통해 인권과 관련된 내용을 언급하였다.[29] 이날 세미나에서 경찰의 의식과 태도의 민주화는 곧 경찰관 개개인의 인권의식이 체질화되는 것을 의미하며 경찰관의 의식을 제고하기 위한 인권교육이 정기적으로 실시되어 업무수행이 매너리즘에 빠지지 않도록 해야 한다는 강연과 의견을 발표한 바 있다(대한매일 95 / 10 / 18).

그 후로 1999년, 과거 군사정권 아래서 공안당국의 주요 감시대상 단체였던 '국제사면위원회'가 경찰을 대상으로 첫 인권교육을 하기도 하였는데 이 특강은 '유엔의 인권보호 제도와 법집행 공무원의 역할'이란 주제 아래 공안기관의 인권침해 유형을 설명하고 경찰의

---

27) http://www.sarangbang.or.kr/kr/main/kr-frame.html.
28) http://www.amnesty.or.kr/journal/ai5~6/committee.htm.
29) 경찰청은 1995년 10월 21일의 경찰창설 50주년을 앞두고 10월 17일 세종문화회관 대회의실에서 「경찰창설 50주년과 경찰의 좌표」라는 주제로 치안정책 세미나를 가졌다.

수사과정에서 국제인권기준을 지켜줄 것을 경찰관들에게 당부하는 내용의 강연이었다(한겨레신문 99 / 04 / 05).[30]

그리고 동년 말 전북지방경찰청에는 인권침해 사례 등 각종 인권문제를 전담하는 인권연구소가 발족되어 매달 한 차례씩 연구위원회에서 시기별로 발생하는 각종 경찰의 인권침해 사례를 연구하여 재발방지 대책을 마련하고 피의자의 인권침해 방지책을 연구하기도 하였다(대한매일 99 / 11 / 16).

전문가들과 '유엔 인권교육 10개년 행동계획'(1994)에서는 이러한 인권의식도 어려서부터 교육을 받아야만 한다는 것과 특히 경찰관, 판·검사, 교도관 등 인신을 다루는 법집행 공무원에 대해 인권교육을 우선적으로 실시할 것을 강조하고 있지만 현재 우리나라 인권교육은 이들에 있어서조차 미흡하다는 것을 부인할 수 없다.

그러나 최근 경찰관들에 대한 인권교육과 이에 따른 다양한 프로그램이 시행되고 있어 경찰관의 인권의식 함양에 크게 기여하게 될 것이라는 것과 경찰의 업무수행 시 인권침해 사례를 줄이는 계기가 될 것이라는 기대를 가지게 만든다. 그중 하나가 '인권학교의 개설'이다. 성공회대 인권평화센터와 서울 구로경찰서는 '민주인권경찰상'을 구현하기 위해 구로경찰서 경찰들을 대상으로 2개월 과정의 인권학교를 개설하였는데, 이는 2000년 10월 구로경찰서와 성공회대 간의 교류협력 체결 당시부터 부정기적으로 시행해 온 인권교육을 정례화한 것이다. 강의 일정에는 인권에 대한 기본교육뿐만 아니라 여성, 해외노동자의 인권 등에 대한 내용이 포함되어 있으며 향후 경찰-인권단체 간의 교환근무 프로그램도 개발할 계획이라고 한다(세계일보 01 / 03 / 02).

---

30) 국제사면위 한국지부 오완호 사무국장은 1999년 4월 6일 대구 남부경찰서의 초청으로 오전 9시부터 1시간 동안 남부서 4층 강당에서 경찰관 200여 명을 대상으로 특강을 하였다.

또한 경찰청은 국민인권보호강화 종합대책의 일환으로 전국의 15만 경찰관과 전·의경의 인권의식 함양을 위하여 '제2의 도약-인권경찰' 제목의 교육 비디오를 제작, 2002년 6월 각급 경찰관서에 배부하였다. 이 비디오는 2001년 국정지표인 '민주적 인권국가의 구현'을 보다 구체적으로 실천하고 인권을 최우선 과제로 여기는 개혁된 인권경찰 육성을 위한 교육용으로 활용하고자 6개월간에 걸쳐 제작되었다.31) 이 인권교육 비디오는 경찰이 국민인권보호를 위한 법령정비 등 제도개선 노력과 더불어 경찰교육기관의 각 교육과정에서 지속적인 교육훈련과 일선 경찰관들에 대한 강도 높은 교육을 실시함으로써 최일선에서 법을 집행하는 일선 경찰관들이 인권보호 의지를 새롭게 다지고 우리 경찰이 인권경찰로 한 걸음 더 나아가는 데 이바지 할 것으로 기대되고 있다. 그리고 경찰개혁을 위한 경찰청의 정신교육 프로그램에서도 NGO 초빙 인권교육 및 침해사례 교육 등을 통해 국가시책 교육 강화의 노력 의지를 찾아볼 수가 있다.

하지만 이에 대한 문제점이 없는 것은 아니다. 이러한 경찰인권교육은 단지 외부강사를 통해 인권에 관한 지식을 전달하는 방식이기 때문에 교육 실시 이후 어떤 점이 개선됐는지 구체적으로 평가할 수가 없다. 따라서 경찰인권교육의 실효성을 의심하게도 하며 이에 따라 범죄자, 수형자, 노동자 등에 대한 경찰들의 근본적인 시각교정이 이루어지고 있는지는 미지수라는 것이다.32) 따라서 국가적인 정책수

---

31) http://www.helproad.co.kr/news/news2001a6.htm.
　　이 인권교육 비디오의 주요 내용은 전반부에서 인권의 개념, 역사, 발전과정, 시대적 배경, 1948년 선포된 '세계인권선언'의 내용과 의미, 그리고 '선언' 현실화를 위한 국제사회의 노력 등 인권의 세계적 흐름과 우리 정부가 가입한 국제인권조약, 우리의 인권의식의 형성과정과 현주소 등을 점검하고 후반부에서는 국민의 인권보호를 최상의 가치로 생각하는 인권경찰로 나아가기 위해 수사, 방범, 경비, 교통 등 경찰업무 각 분야의 인권관련 사안들을 집중 점검하고 그 구체적 실천방안을 제시하는 등 소극적 인권보호 차원을 넘어 적극적인 인권수호의 첨병으로서 경찰의 모습을 제시하고 있다.

립과 이를 위한 법적 틀, 예산, 정부부처의 지원체계가 선행되어야 하는 문제점이 도출되고 있다.

앞에서 설명한 것들이 경찰의 인권관련 일반적 교육이라고 할 수 있는 반면 특별한 교육의 하나로 징계교육을 들 수 있다. 이는 말 그대로 경찰관이 인권침해와 관련하여 경고나 고발조치 등의 처분을 받았을 시 자체적 혹은 다른 기관에서 인권교육을 받는 것을 의미한다.

물론 이 같은 경찰기관 자체에서 실시하는 정기교육은 일반적인 교육이 될 수도 있고 징계와 관련된 교육이 될 수도 있다. 하지만 중요한 것은 이러한 인권교육이 현재로서는 활성화가 되어 있지 않다는 것이다. 징벌로서의 인권교육은 다른 징계와 병행하여 실시할 수 있다. 따라서 다양한 교육 프로그램의 시도와 정착이 요구된다고 볼 수 있다.

그리고 국가인권위원회에서는 개별 진정사건에 대하여 인권침해가 확실하게 이루어졌다는 판결이 내려졌을 경우 "인권교육을 수강하라"는 권고를 내리기도 하는데, 이 또한 피수강생들의 성의 없는 태도와 교육 자체에 대한 인식의 미흡 등으로 실효성이 떨어지고 있다.

참고로 국가인권위원회의 2003년도 직원인권교육 기본계획(안)은 교육내용을 기본교육과정과 인권전문(공통)교육과정으로 나누고 있다. 전자는 인권에 관한 기초지식습득을 위한 교육과정이고, 후자는 인권에 관한 전문적 교육을 통해 이에 대한 폭넓은 지식의 습득과 인권 마인드를 함양시킬 수 있는 교육과정이라고 할 수 있다.

물론 이는 전 직원을 대상으로 기간별 주 1~2회 가량을 시행하고 있으며 그 세부적 내용으로는 인간의 존엄과 가치, 행복추구권, 평등권과 인권, 기본권의 침해와 구제절차 등 다양하다 할 수 있다.

따라서 경찰조직도 이와 같은 체계적인 인권관련 교육이 필요하다

---

32) http://www.socialwork.ne.kr/rights/content.asp?idx=112.

할 수 있는데 그 이유는 인권에 대한 기본적인 지식과 의식의 정립이 필요하기 때문이며 징계로서의 교육이 실효를 거두어야 하기 때문이다.

최근까지만 해도 경찰관들의 징계관련 인권교육은 영장 없는 지명수배나 잠을 재우지 않는 가혹수사, 가혹행위 등이 원인이었고 이에 따른 문제점들이 많이 도출되었었다. 그러나 경찰청은 2003년 6월 24일 민간 치안정책 제안기구인 '경찰혁신위원회'가 발표한 '수사경찰자질개선 및 인권보호 강화방안'을 적극 수용, 즉시 시행한다고 발표하였다.

새 방안에 따라 경찰은 앞으로 긴급체포 형식으로 지명 수배자를 검거하지 않는 대신 사전에 법원으로부터 체포영장을 발부받아 지명 수배 및 검거에 나서게 되고 밤샘조사를 엄격히 제한하거나 통제해 피조사자의 인권침해 소지를 줄이기로 했다. 또한 야간조사를 할 때는 일차적으로 피조사자에게 거부권을 주되 상황실장이나 주무과장의 사전승인을 받도록 하고, 밤샘조사가 필요한 때는 피의자 신문조서에 연행일시나 취침, 휴게시간 등을 명시토록 하였다(한국일보 03 / 06 / 25).

그리고 서울경찰청은 2003년 4월 16일 경찰관들의 인권의식을 높이기 위해 인권학교를 개설, 매달 한 차례 직원들에게 인권교육을 하기로 하였다(세계일보 03 / 04 / 17). 이는 물론 좋은 의도에서 계획된 것임에야 틀림없겠지만 지극히 형식적으로 흐를 가능성도 있다. 한편으로 이것은 증가하고 있는 경찰관들의 인권침해 관련 징계·경고와도 무관하지 않다는 판단이다.

2) 주민교육

경찰관을 대상으로 하는 교육뿐만이 아니라 지역주민의 인권교육도 중요하다. 이는 어느 한쪽만의 노력으로는 인권향상이 어렵다는 말이다. 따라서 여기에서는 부득이하게 경찰관교육에서 문제점뿐만 아니라 주민교육의 부분도 언급하려 한다.

이제까지의 국내외적 상황에 비추어 볼 때, 인권교육은 단지 당위적으로 요청되는 것이 아니라, 진정한 민주화나 국제화, 그리고 복지사회의 진입을 위해서 반드시 필요한 것이다. 결국 인권교육은 우리 사회의 유지와 개인들의 자아실현적 차원에서 피할 수 없는 과제로 등장했지만 현실은 이에 잘 부합되지 않는 것 같다. 따라서 지역주민들을 위한 효과적인 인권교육의 방안을 강구하는 것이 필요하다.

그리고 보다 효과적인 인권교육이 진행되기 위해서는 형식 즉 교육방법과 설비가 개선되어야 하는데 이제까지는 그렇지 못했던 것도 하나의 문제점으로 지적할 수 있다.

인권은 어린이와 성인 모두에게 필요하며 다양한 문화적 배경을 가진 모든 부문의 사람들에게 적용되는 것이기 때문에 이런 이유에서 강연, 연수, 세미나 등과 같은 전통적인 교육, 훈련방법으로는 모든 교육 욕구를 충족시킬 수 없다는 문제점도 있다.

다음에서는 성인교육뿐만이 아니라 학생(교)교육에서도 인권교육이 중요하며 이제까지는 기대에 미치지 못하였다는 것에 대하여 언급하려 한다.

토니(Torney)는 인권교육의 목적을 다음과 같이 말하고 있다(Torney, 1980).

인권교육은 첫째, 인간의 기본적 권리로서 인권에 대한 보편적인 열망을 학생들에게 인식시키고 둘째, 인권을 보호하는 국제기구에 대한 기본적 지식을 부여하며 셋째, 인권이 부정되는 곳에서 이와 관련된 쟁점 혹은 쟁점이 적용되는 사례에 대해 비판적으로 사고할 수 있도록 하며 넷째, 권리가 짓밟혀진 경험이 있는 사람들에 대한 관심을 갖고 그들의 입장을 내 입장에서 되돌아 생각해 보게 하기 위한 것이다.

이렇게 볼 때 학교에서의 인권교육 범주는 내용과 태도 그리고 기법, 이 세 차원에서 실천적으로 설정된다(강순원 1997, 54~73).

첫째는 인권교육의 내용적 범주로서 다루어야 할 항목과 어떤 교과에서 가르칠 것인가 하는 문제이다.[33]

둘째는 인권교육은 관련 주제에 대한 단순한 지식 습득의 차원을 넘어서서 사람의 가치와 태도를 모두를 향한 사회로 향할 수 있도록 변화시킬 수 있어야 한다는 것이다.

셋째는 인권교육을 제대로 현장에 착근시키기 위해서는 기존의 교과 운영방식이나 학교활동 운영방식으로는 불가능하다는 것이다.

여기에서 학교 및 청소년 관련 인권교육의 문제점을 찾아볼 수 있는데, 따라서 청소년 인권교육의 필요성이 시급하게 제기되고 있는 것이기도 하다.

또한 현재 학교에서 실시되고 있는 인권교육은 인권을 강조하고 있다기보다는 오히려 기존 법질서의 준수와 공공의 이익을 위한 권리의 규제에 강조점을 두고 있다(김 각 1995, 35~39). 물론 인권은 그에 수반하는 의무와 함께 교육되어야 하지만, 학교교육에서 실질적인 인권교육은 제대로 시행되지 않고 있다. 학교에서의 인권교육의 부재는 인권교육 자체가 인권이라는 의미에서 볼 때 청소년 인권이 경시되고 있다고 판단하게 만든다.

우리의 국내외적 상황, 특히 청소년이 처한 사회, 학교, 가정환경은 청소년 인권교육의 필요성을 여실히 보여 주고 있으며 그들에게 책임 있는 개인과 시민의 가치들과 그 행위 유형에 대해 가르쳐야 한다.

---

33) 유네스코 한국위원회는 1997년 현장교사를 중심으로 인권교육 작업팀을 구성해서 '우리나라 학교교육현실에서 인권교육을 어떻게 할 것인가'라는 단행본을 출간한 바 있다. 이것은 학생의 인권신장을 위한 교사들의 노력의 결과라는 점에서 매우 주목할 만하다.

　최근 국가인권위원회는 교육인적자원부의 협조를 받아 어린이 및 청소년의 인권의식을 고취하고 초·중등학교의 인권교육을 활성화하기 위해, 초등학교 교사를 대상으로 하는 '인권교육 모범사례'와 학생 및 일반인을 대상으로 하는 '인권문예작품(글, 그림, 플래시)'을 공모한 적이 있다(인권위 보도자료 03 / 09 / 08). 국가인권위원회의 이러한 공모행사는 이것을 통해 우리 사회의 중요한 인권문제임에도 많은 사람들이 미처 인식하지 못하고 있는 아동과 노인 등의 인권상황을 되짚어 보고 그럼으로써 미약하지만 실질적인 인권교육에 한 발자국 다가서지 않을까 하는 기대에서 비롯된 것이기도 하다.

5. 인권과 경찰자질

1) 리더십

　경찰관의 자질 중에서도 리더십은 윤리, 경험 등과 더불어 중요한 위치를 차지한다고 할 수 있다. 하지만 우리나라 경찰은 아직도 권위적인 리더십이 몸에 배어 있는 것 같다. 하지만 점점 높은 학력과 민주적 사고방식을 지닌 경찰관들이 입직하고 있는 상황이므로 권위적 리더십을 갖고서 이들을 통솔하는 것은 어려울 것이다. 지역주민들도 권위적 리더십을 갖고 있는 경찰관들보다는 지역주민과 함께 지역치안을 논의하고 해결책을 강구하며, 지역의 어려운 사람들을 돌봐 줄 수 있는 경찰관을 원하고 있다(임창호 1999, 184~185).
　따라서 이러한 권위주의적인 리더십이 지역주민의 인권을 보호하고 향상하는 데 걸림돌이 될 것이라는 것은 확실하다고 할 수 있다.

민주적 리더십의 부재는 경찰의 자질 중에서도 큰 비중을 차지하는 문제점이라 할 수 있다.

지역사회 경찰활동이 성공적으로 수행되기 위해서는 지역치안을 책임지고 있는 경찰서장을 비롯한 경찰간부가 권위적이거나 독선적이 아닌 민주적 리더십을 가져야 한다. 그래야만 모든 경찰관들이 창의적으로 경찰활동을 수행할 수 있다. 그러나 현재의 실태를 보면 대부분의 경찰간부들은 민주적 리더십을 발휘하기보다는 권위적, 독선적 리더십을 발휘하고 있다. 정책을 해결하는 데 있어서도 부하 경찰관들과 함께 방안을 모색하기보다는 일방적인 의사결정의 경우가 많다고 할 수 있다. 그렇게 됨으로써 부하 경찰관들은 자신들의 의지와는 관계없이 형식적으로 직무를 수행할 수밖에 없게 된다.

지역사회 경찰활동의 성공은 지역주민과 일선 경찰관들의 활동에 달려 있다. 따라서 경찰간부들은 일선 경찰관들의 의견을 수렴하고 일선 경찰관들과 함께 문제해결을 해야 할 것이다. 지역사회의 범죄 및 무질서 문제해결은 때에 따라서는 매우 복잡하고 여러 부서의 협력을 필요로 하므로 타 부서와도 밀접한 관계를 유지할 수 있는 리더십을 지니고 있어야 한다.

아울러 현 상황에서 지역주민의 지원과 협력을 이끌어 내기 위해서는 주민이 무엇을 원하는지를 빨리 파악해야 한다. 그런데 이를 받아들일 자세가 아직 덜 갖추어져 있다는 것도 문제이며 이것은 책임감의 문제와도 직결된다 할 수 있다.

따라서 이웃감시의 활성화나 주민에 대한 이해는 기존 경찰의 한 방향 의사소통만을 고집한다면 제대로 이루어질 수 없을 것이다. 경찰이 자신들의 운영에 대한 공공의 피드백을 가장 최소한의 수준으로도 수용하지 못한다면 지역사회 경찰활동은 '공공관계' 정도로 인식될 것이며, 경찰과 주민 간의 관계는 다시 소원해질 것이다(스콜닉, 베일리 2001, 38~39).

2) 윤 리

많은 경찰윤리에 관한 문제점들 중에서 가장 일반적인 것이라고 한다면 '부정행위'라고 할 수 있다. 여기에는 상당히 포괄적인 내용들이 포함된다.

경찰관들의 업무수행에 있어서 대부분의 경찰관서들은 일반적으로 공정하고 치우침이 없는 태도로 일을 하고 또 이러한 경찰관들을 고용하지만 몇몇 경찰관들은 경찰 부정행위에 연루된다. 그러나 경찰 부정행위가 받는 평판에도 불구하고 경찰부서들은 부정행위에 관한 기록을 거의 유지하지 않는다. 경찰관서들이 경찰관과 부서가 소문을 회피할 수 있게 하기 위해 부정행위에 연루된 경찰관들을 해고하거나 기소하기보다는 그들의 자리에서 사퇴하는 것을 허락하는 것은 흔한 일이다.

경찰이 부정행위에 연루되거나 지역사회가 경찰이 부정행위를 저질렀다고 믿었을 때 지역주민들은 경찰에 대한 신뢰감을 상실한다. 이것이 더욱더 큰 문제인데 지역사회의 후원을 얻고 유지하기 위해서 경찰은 잘못된 행동을 삼가야 한다.

그리고 근무 중 취침, 근무 중의 음주, 경찰의 잔혹성도 대부분이 상황에 따라 경찰의 부정행위가 될 수 있다. 경찰의 잔혹성은 누가 그 용어를 사용하느냐에 따라 각각 다른 의미들을 지녔던 모호한 용어이다. 몇몇 사람들은 언어적인 학대도 이에 포함시킨다. 모독적이고 학대적인 말, 움직이거나 집으로 가라는 명령, 불심검문과 조사, 위협, 야경봉으로 찌르거나 권총을 가지고 접근하는 것 그리고 물리적인 힘의 행사와 같은 것을 포함하는 많은 경찰행동들이 경찰의 잔혹성이라고 불릴 수 있다(Barker 1986).

경찰의 부패도 부정행위 중의 하나라고 할 수 있는데, 경찰부패는 개인적인 이득을 얻기 위한 경찰권한의 남용이다. 그러한 이득은 금전적일 수도 있고 비금전적일 수도 있다. 부패행동을 함에 있어 경찰관들은 자신들이 수행하도록 요구받는 서비스를 행하지 않음으로써 또는 경찰관들이 주어서는 안 될 서비스를 제공함으로써 금전적으로 이득을 얻는다.(팔미오토 2001, 117~125).

참고로 우리나라의 법조계와 경찰에 대한 국민들의 불신은 매우 높은 수준인 것으로 나오고 있다. 동아일보사가 여론조사 전문기관인 리서치 앤 리서치(R&R)에 의뢰해 실시한 '한국사회의 부패 및 청렴도 관련 국민의식조사'에서 25개 직업 중 고위공직자, 대기업사장, 경찰관, 세무관리와 판검사, 변호사 등이 직업별 부패순위에서 10위권에 포함됐다[34](동아일보 99 / 06 / 07).

또한 같은 조사에서 교통사고, 세무, 인사, 선거, 교육, 인허가 등 12개 분야에서 금품이나 향응을 제공하면 혜택을 볼 수 있는가를 묻는 질문에 '매우 그렇다' 또는 '그런 편이다'라고 응답한 사람들이 74.9%에 이르고 있다. 형사사건이나 교통단속 및 교통사고와 관련하여 75%가량의 사람들이 '경찰에 금품이나 향응을 제공하면 혜택을 볼 수 있다'고 응답했다. 물론 경찰만이 그러한 부패에 관련된 것은 아니라지만 위의 통계는 상당히 높은 정도로 주민들이 경찰부패를 인식하고 있는 것으로 볼 수 있다[35](홍성삼 1999, 36~37).

다음은 경찰재량상의 문제이다. 경찰재량, 즉 행동을 취하거나 또는 행동을 취하지 않거나, 체포하거나 체포하지 않는 권한은 경찰권의 중요한 구성 요소 중 하나이고 이는 우리 사회 속에서 경찰관들을 극단적으로 강력한 관리로 만들어 준다. '경찰관들이 자신들에게 허용된 재량권을 어떻게 사용하느냐'가 '정의가 실현되었는가' 그리

---

34) 1999. 5. 초순과 중순에 전국의 20세 이상 남녀 1천 명을 직접 면접한 것이다.
35) 이병기, 한국의 대표적 부패직업, 동아일보 1999. 6. 7. 1면과 A3면. 이 조사에서 뇌물의 범위를 묻는 질문에 대해 80% 이상이 10만 원에 해당하는 현금이나 술대접 등을 뇌물로 보고 있다.

고 '법이 공정하게 적용되었는가'를 결정한다.

경찰재량권은 '경찰들이 특정한 법집행에 얼마나 많은 노력을 할 것인가' 그리고 '어떠한 법들을 경찰들이 집행하지 않을 것인가'를 결정하는 경찰의 권한이다. 예를 들어 '개인을 체포할 것인가 말 것인가' 그리고 '무력을 사용할 것인가 말 것인가'에 대한 재량권은 경찰관을 우리 사회의 아주 중요한 위치에 놓아 두고 있다.

하지만 이제까지 경찰재량은 많이 남용되고 있었다. 남용의 한 가지 공통적인 형태는 거리에서의 정의수호에 대한 일반화이다. 거리에서의 정의수호는 경찰이 누군가가 저지른 것 또는 저지르려고 하는 것에 대해 그가 처벌받아야만 한다는 것을 알 때 발생한다. 일반적으로 경찰은 자신들의 권위에 도전하고 무례한 사람에 대해서 거리에서의 정의수호를 하는 것에 대한 주저함을 갖지 않는다. 경찰들은 만일 자신들이 효과적으로 활동해야 한다면 반드시 통제해야만 한다는 것을 알고 있다.

여기에서의 딜레마는 경찰이 치안을 유지하고 지역사회의 도덕적인 규칙을 지키기 위해 경찰관들에 의해 수행되는 거리에서의 정의수호인데 거리에서의 정의수호는 막상 정의를 제외시킨다는 것에 있다.

경찰재량권에서 공정성 문제, 자유재량의 권한에 대한 경찰권의 남용과 많은 경찰 관행의 공식적인 비공개에 대한 관심 때문에 많은 위원회들과 기구들은 경찰관서들이 경찰재량권을 인도하기 위한 규칙과 규정을 마련해야 한다고 하며 이에 대해 꾸준히 문제제기를 하고 있다.(팔미오토 2001, 103~116). 이 또한 주민들의 인권향상을 위해서이다.

세 번째로는 경찰관으로서의 자질상의 문제이다. 정책수단의 집행자로서 경찰관의 자질 및 사기문제는 치안행정의 승패를 좌우하는 원천적인 문제로서 그 중요성은 아무리 강조해도 지나치지 않은 핵심적 요소이다. 특히 국민의 생명과 재산보호를 위탁받은 처지에서 경찰관에 대한 국민적 신뢰 상실은 궁극적으로 치안의 전반이 손상을 받고, 그로 인한 사회 불안요인의 가중은 국정 전반에 부정적 영향을 미치기 때문에 채용단계에서 우수한 자격을 갖춘 적격자의 유치 확보는 재론의 여지없이 중요한 과제이다(한국일보 90 / 01 / 13).

지금은 많이 달라졌지만 최근까지의 경찰의 열악한 근무여건 및 사회적 평가도 저하 등으로 적극적인 우수인력 확보는 일정한 한계가 있음을 인정치 않을 수 없다.[36]

참고로 경찰공무원 징계에 대한 통계를 살펴보면, 1993년에는 2,398명의 경찰공무원이 금품수수, 직무태만, 직권남용, 규율문란, 위신실추, 자체사고 등으로 징계되었으며, 1994년에는 약간 감소하긴 했으나 2,322명이 징계되었다. 또한 총무처 발표에 따르면 1995년에 징계를 받은 전체 공무원 중 지방공무원 59%인 3,281명으로 지방세 비리의 여파를 반영했으며, 단일 직종으로는 대민업무가 많은 경찰공무원이 1,486명(26%)으로 가장 많이 징계를 받은 것으로 나타났다.

이와 같이 증가하고 있는 일부 경찰공무원의 윤리부재와 그릇된 행태는 결국 경찰조직 자체의 약화와 국가공권력에 대한 악화를 가져올 수밖에 없다고 볼 수 있다. 경찰윤리의 정립이야말로 전체 경찰조직의 발전은 물론 국민으로부터 신뢰를 확보하는 기반이 되어 결국 경찰공무원 개개인이 자부심을 가지고 활동할 수 있는 원동력이 될 것이다(이종복 1996, 353).

따라서 이에 근간이 되는 것은 경찰관들의 의식이다. 이들의 의식전환 없이는 아무리 좋은 제도와 시설이 갖춰져 있더라도 부정부패가 없어지지 않을 것이며 주민들의 인권향상도 기대할 수 없다.

마지막으로 직업의식 및 전문지식의 부재를 들 수 있다. 경찰공무원의 직업의식은 일반주민들이 지켜야 할 도덕규범이나 일반공무원

---

[36] 경찰직 직업선호도 — 경찰직 5.5%, 일반공무원 10%(자료: 중앙일보 1990. 1. 1) 공무원 시험 경쟁률 비교 — 경찰직은 8 : 1, 일반공무원은 50 : 1(자료: 총무처 연보 1986~1989).

의 공직윤리 외에도 경찰 직무활동에 필요한 의식이 부가적으로 더 요청된다 할 수 있다. 그리하여 경찰공무원은 헌법, 경찰공무원법 외에도 경찰법, 경찰공무원법, 경찰공무원집무규정 등과 개별 법령에 의한 의무와 책임이 수반된다고 할 수 있다(이종복 1996, 351).

대다수 경찰관들이 책임의식과 봉사정신으로 맡은 임무를 성실하게 수행하고 있음에도 불구하고 일부 경찰관들의 불법행위로 인해 국민들은 경찰에 대한 부정적 이미지를 갖게 되고, 전체 경찰의 사기가 저하되는 경우가 많다. 이는 경찰관으로서 직업윤리가 제대로 형성되어 있지 않아서 발생한다고 볼 수 있다. 이러한 상황에서 인권옹호와 지역주민을 위한 봉사에의 의지는 미처 일을 시작하기도 전부터 불신을 받을 수 있는 것이다.

아울러 현대사회의 특징이라 할 수 있는 지식과 기술을 사회에 적용하기 위해서는 경찰관들도 새로운 지식과 기술을 습득해야만 한다. 그래야만이 자기의 주어진 직무를 효율적으로 수행할 수 있게 된다. 또한 경찰은 범죄예방과 대책, 교통사고에 대한 예방, 봉사와 지역주민의 권리에 대해 전문적인 지식을 갖고 있어야 한다. 즉 친절하게 상담해 주고 봉사해 주는 경찰, 인권에 대한 의식이 있는 경찰을 지역주민은 원한다고 할 수 있다.

경찰관은 건전한 상식과 전문지식이 풍부하여야 경찰업무의 특성인 돌발성, 긴급성에 충분히 대처할 수 있을 것이므로 경찰에 대한 교육훈련도 이 점에 중점을 두어서 이루어져야 하는데 지금의 우리 현실은 그렇지 못한 것 같다.

3) 경　험

경찰관의 경험과 관련된 여러 가지 문제들 중에서 먼저 노하우와 관련된 사항이다. 경찰의 업무를 처리함에 있어서 많은 어려운 문제들이 쌓일 때 이것을 제때 무리 없이 풀어 나가려면 축적된 경험과 나름대로의 노하우만이 힘이 된다. 어떤 경찰학 교과서에도 그 해결책에 대해서는 한 줄도 쓰여 있지 않다. 이론적 지식이란 그 분야에 대한 기본적 지식과 법적·행정적 지식 또는 기술을 반복하지만, 경찰관은 모름지기 자기가 맡은 일에 최고의 전문가가 되어야 한다. 스스로 맡은 일에 몸을 던져야 한다는 말이다. 그러면 그 일은 반드시 성취될 것이고 보람 또한 남다를 것이다(정영섭 2002, 66~67).

따라서 이제까지 많은 경찰관들에게 정립되지 않았던 노하우의 활용이 요구된다 할 수 있다.

그리고 연령 또는 경험이 중요한 부분을 차지할 수도 있다. 지역사회 경찰활동은 다소 나이가 많은 연장자 경찰에게서 나타날 수 있는 '감정적 성숙'(emotional maturity)을 요구하기도 한다. 연장자 경찰은 육체적 능력을 앞세워 업무를 수행하지 않고 지역사회 경찰활동에서 부모와 같은 역할을 가지고 문제에 접근하기 때문에 문제해결을 보다 편안하게 할 수가 있다. 하지만 젊은 경찰 신규 채용자들은 지역사회 경찰활동에 의해서 다루어지는, 보다 폭넓은 역할들을 담당하는 것에 싫증을 느끼게 될지도 모른다(스콜닉, 베일리 2001, 109). 따라서 이와 같은 젊은 경찰이 갖추지 못한 것에서 나타나는 문제점의 극복과 대안이 필요하다.

제 6 장
사례연구

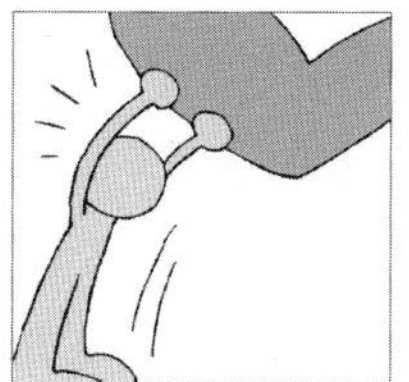

앞에서 언급한 주요 이슈와 지표들에 따라 국가인권위원회에 진정 접수된 사건들을 예로 하여 이것을 분류하여 보기로 한다. 앞으로 언급하게 될 진정사건의 예가 부문별, 세부적인 내용별로 정확하게 일치한다고 볼 수는 없지만 경찰과 관련된 진정내용을 통하여 지역 주민들의 애로와 이에 대한 불만, 경찰의 부당하고 불법적인 행위에 대해 짐작할 수 있으리라고 본다.

그리고 이를 통한 경찰과 지역주민과의 인권에 관한 관계를 더욱 명확하게 알 수 있으리라 생각된다.

진정사건은 크게 인권침해, 차별행위 및 기타 사건으로 분류하였다. 2003년 기준으로 진정 접수된 3,815건 중 인권침해에 해당하는 사건은 3,041건으로 전체의 79.7%를, 차별행위에 해당하는 사건은 358건으로 9.4%를 차지함으로써 차별행위에 비해 인권침해에 대한 진정건수가 월등히 많은 것으로 나타났다. 기타 사건은 416건으로 전체의 10.9%를 차지하였다.[37]

이 중에서 인권침해사건은 국가기관, 지방자치단체, 또는 구금·보호시설의 업무수행과 관련하여 헌법 제10조 내지 제22조에 보장된 인권을 침해받은 사건으로 유형에 따라 검찰, 경찰, 국가정보원, 특별사법경찰관리, 지방자치단체, 사법기관, 입법기관, 기타 국가기관,

---

37) 그러던 것이 2006년 11월 말 기준으로는 총 진정 접수가 11,121건, 이 중 인권침해에 해당하는 내용이 17,674건으로 늘어났다(www.humanrights.go.kr − 인권정보 − 인권통계자료).

구금시설, 보호시설, 군 검찰, 군 헌병, 국군기무사령부, 군 교도소·군 구치소 등 군 구금시설, 기타 군 관련 기관에 의한 인권침해로 다시 분류하였다.[38]

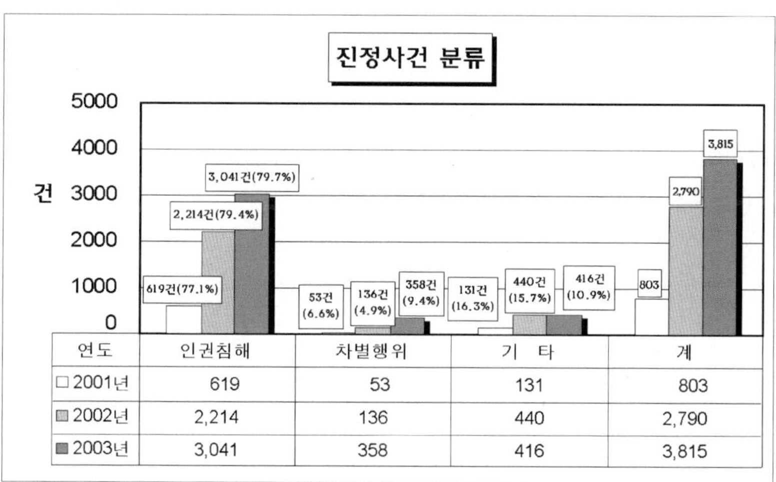

연 도	인권침해	차별행위	기 타	계
□ 2001년	619	53	131	803
▨ 2002년	2,214	136	440	2,790
■ 2003년	3,041	358	416	3,815

출처: 국가인권위원회. 2004. 『국가인권위원회연간보고서』. 88.

[그림 3] 진정사건의 유형

인권침해사건의 경우 2003년을 기준으로 총 3,041건 중에서 1,686건이 교도소 등 구금시설을 상대로 한 진정으로 진정건수의 55.4%를 차지함으로써 가장 높은 비율을 보였다. 그 다음으로는 경찰과 검찰을 상대로 한 진정으로 이들은 각각 702건, 173건으로 인권침해사건 중 23.1%, 5.7%를 차지하였다.

이로써 구금시설과 경찰·검찰 등 수사를 담당하는 국가기관에 의한 인권침해사건이 다수를 차지하고 있음을 알 수 있다.

---

38) 경찰과 관련된 것은 차별행위보다는 인권침해에 관련된 사항이 대부분인 관계로 여기에서는 인권침해에 관한 내용만을 다루기로 한다.

[표 8] 진정사건 유형별 분류

계(%)	인권침해		차별행위		기타	
	2002년	2003년	2002년	2003년	2002년	2003년
	2,214 (100)	3,041 (100)	136 (100)	358 (100)	440 (100)	416 (100)
경 찰	705(31.9)	702(23.1)	평등권 침해와 관련된 것으로 주로 장애, 병력 등과 관련한 차별행위		사인 간 침해문제와 관련된 것으로 주로 회사, 기타 단체 등과 관련한 분쟁	
검 찰	195(8.8)	173(5.7)				
국가정보원	15(0.7)	5(0.2)				
특별사법경찰관리	31(1.4)	26(0.9)				
지방자치단체	26(1.2)	81(2.7)				
사법기관	16(0.7)	35(1.2)				
입법기관		2(0.1)				
기타국가기관	124(5.6)	201(6.6)				
구금시설	1,025(46.3)	1,686(55.4)				
보호시설	25(1.1)	57(1.8)				
군 검찰	1(0.0)	1(0.0)				
군헌병	6(0.3)	4(0.1)				
국군기무사령부	3(0.1)	3(0.1)				
군 구금시설	3(0.1)	6(0.2)				
기타 군 관련 기관	39(1.8)	59(1.9)				

출처: 국가인권위원회. 2004. 『국가인권위원회연간보고서』. 90.재구성.

다음은 인권침해에 관련된 상담이다. 진정사건 접수의 경우에는 구금시설과 관련한 것이 많은 것에 비해(55.4%) 상담의 경우에는 경찰의 인권침해에 관한 것이 38.3%로 가장 높은 비율을 보였으며, 그 다음이 검찰로 15.2%를 차지했다. 실제 접수된 진정사건에 비해 상담사례의 경우 구금시설과 관련된 것이 적은 이유는 시설 수용자들은 전화나 위원회 방문을 통한 대면상담이 불가능하기 때문에 면전진정을 통해서만 상담 할 수 있다는 특수성에서 기인하는 것으로 보인다.

[표 9] 인권침해 관련 부문별 상담

기관 연도(건수)	2002년	2003년
계	922 (100.0)	1,766 (100.0)
경 찰	442 (47.9)	676 (38.3)
검 찰	148 (16.1)	269 (15.2)
국가정보원	9 (1.0)	18 (1.1)
특별사법경찰관리	2 (0.2)	7 (0.4)
지방자치단체	35 (3.8)	129 (7.3)
사법기관	17 (1.8)	39 (2.2)
기타 국가기관	93 (10.1)	313 (17.7)
구금시설	84 (9.1)	104 (5.9)
보호시설	1 (0.1)	3 (0.2)
다수인 보호시설	42 (4.6)	117 (6.6)
군 검찰	3 (0.3)	9 (0.5)
군 헌병	2 (0.2)	6 (0.3)
국군기무사령부	2 (0.2)	–
군 구금시설	–	1 (0.1)
기타 군 관련 기관	42 (4.6)	75 (4.2)

출처: 국가인권위원회. 2004. 『국가인권위원회연간보고서』. 97.재구성.

그리고 인권침해에 대한 상담내용을 기관별로 분류해 보면 검찰, 경찰, 국가정보원과 관련해서는 ① 편파수사, 사건조작·은폐 ② 폭행, 협박, 가혹행위 등 신체의 자유침해 ③ 욕설, 면박, 모욕, 불친절 등 인격권 침해 순으로 부당함을 호소하는 경우가 많았다.

[표 10] 인권침해 상담의 내용

유 형		2002년	2003년
계(%)		922(100)	1,766(100)
경찰, 검찰, 국가정보원	소계	608(65.9)	985(55.8)
	불심검문, 부당압수·수색·검열·도감청, 과잉진압	32	55
	폭행, 가혹행위, 과도한 총기, 장구 사용	117	197
	과도한 신체검사 등 인격권 침해	72	98
	편파, 불공정 수사	252	369
	불법체포, 임의동행, 부당감금	44	59
	함정수사, 부당·강압 증거확보	24	29
	피의자 권리 미고지, 가족에 미통지	2	11
	접견·교통권 제한	2	3
	알 권리 침해	5	16
	공소권 남용	14	32
	전과기록 미삭제	2	9
	부당한 사건분류	4	15
	피의사실 유포	2	7
	의료권 방해·제한	2	12
	사회적 약자, 피해자 보호조치 미흡	9	11
	기타	25	62
기타국가기관, 지방자치단체, 법원, 국회, 구금시설, 보호시설, 군사기관		314(34.1)	781(44.2)

출처: 국가인권위원회. 2004. 『국가인권위원회연간보고서』. 98~99.재구성.

참고로 위 표에서 기술하고 있는 내용 외에 2003년도 상담종결 사례 수는 2,377건으로 총 상담사례 4,578건 중 51.9%, 타 기관 안내는 612건으로 13.4%를 차지하였다. 2002년도의 상담처리 결과와 비교하면 상담종결은 48.1%를 차지하던 것이 2003년에는 51.9%로 증가한 것이다.[39)]

　검찰 및 경찰 관련 주요 진정내용은 체포 및 수사과정에서의 폭행·가혹행위, 미란다 원칙 고지의무 위반, 불리한 진술 강요, 불법 도·감청, 접견·교통권 방해, 밤샘조사, 부당한 불기소 처분 등이며, 이는 궁극적으로 전부 인권과 연관이 있다고 볼 수 있는 내용들이다.

　이러한 진정에 대한 주요 처리결과와 진정사례를 위의 모형과 관련된 경찰의 제도와 시설, 교육, 대민관계, 자질과 연관 지어 살펴보기로 한다.[40]

1. 대민관계: 직무유기 등

1) 사례 1: 종로경찰서 집회의 자유 침해사건[41]

　SOFA개정국민행동 대표 문정현 신부는 서울시 종로구 세종로 소재 광화문 시민열린마당 내의 장소 중 주변 외교공관들로부터 100m 이상 떨어진 곳에서 집회를 개최하겠다는 내용으로 집회신고서를 제출했으나, 종로경찰서가 2000년 2월부터 집회및시위에관한법률 제11조를 근거로 집회금지를 통고해 오자 국가인권위원회에 2002년 6월 진정을 제기하였다.

　국가인권위 조사결과 △광화문 시민열린마당 내의 장소 중에는 주변 외교공관들(미국대사관, 일본대사관, 일본대사관 영사부)로부터 모두 100m 이상 떨어진 곳이 존재하고 △그 장소에서는 상당한 규

---

39) ‘상담종결’이란 진정사건의 접수를 위한 사전 상담과정에서 해결이 되거나 조사대상에 포함되지 아니하는 등의 이유로 사건이 접수되지 않고 종결되는 것을 말한다.

40) 진정사례에 대한 각주표기는 국가인권위원회 의결일자, 피진정인의 순으로 하며, 일부 내용에 대해서는 피진정인 등을 밝히지 않기로 한다.

41) 2003. 7. 피진정인: 서울 종로경찰서장.

모의 집회가 가능하며 △진정인은 주변 외교공관으로부터 100m 이상 떨어진 장소를 특정하여 집회신고서를 제출하였지만 종로경찰서는 "시민열린마당 장소가 미대사관으로부터 100m 이내, 일본영사부로부터 35m 이내, 일본대사관으로부터 90m 이내에 해당한다"며 집시법 제11조를 근거로 집회금지를 통고한 것이다.

이에 대해 국가인권위는 시민열린마당의 일부 장소가 집회금지 장소라는 이유로, 전체를 집회금지 장소로 보는 것은 지나친 확대해석이라고 판단하였고 이에 따라 종로경찰서의 집회금지 통고가 △집시법의 목적(적법시위의 최대한 보장) △헌법 제21조(언론·출판·집회·결사의 자유) △국제인권규약 제21조(집회의 자유) 등에 비춰 볼 때 집회의 자유를 침해한 것으로 보고, 종로경찰서장에게 향후 동일한 장소가 명시된 집회신고서에 대해 집회를 허용하도록 권고한 것이다.

물론 경찰의 업무와 관련하여 대민관계와 관련이 없는 것은 없겠지만 특히 이와 같은 주민들의 집회 및 시위와 관련된 것은 특히 경찰의 집단적 대민관계와 직접적인 연관이 있다 할 수 있으며 이에 따른 인권문제도 논의되어야 할 문제라고 판단된다.

2) 사례 2: 유치장 내 의료권 등 침해[42]

피해자 ○○○는 2002년 3월 30일 서울○○○○에서의 장애인권리보장 집회 참가 중 진압과정에서 전경에 의하여 폭행을 당하여 허리를 다쳤는데, 피해자는 ○○경찰서로 연행된 다음 날인 31일 피진정인들에게 병원에서 허리를 치료받을 수 있도록 조치를 취해 줄 것을 요구하였으나 피진정인들은 피해자에 대하여 적절한 조치를 취하지 않았다는 내용이다. 또한 진정인 ○○○는 위 경찰서 유치장 내에서 피해자 ○○○와 함께 유치되어 있던 중 같은 해 4월 1일 피

---

42) 2003. 4. 피진정인: 서울 ○○경찰서 담당경찰관.

해자가 허리통증 때문에 유치장 내 변기통에 앉지를 못하자 피진정인 ○○○ 등에게 피해자가 장애인용 화장실을 이용할 수 있도록 해 줄 것을 요구하였으나 피진정인들이 이를 무시하였다는 주장이다. 비록 이 사건은 진정인이 진정을 취하하였지만 경찰의 대민관계에 있어서 소홀하기 쉬운 장애인, 노약자 등 사회적 약자들에 대한 인권문제에 경종을 울려 주는 내용이라 할 수 있다.

3) 사례 3: 위법수사에 의한 인권침해[43]

진정인은 2002년 3월 6일 01:00경 음주운전 중 수원시 ○○구 ○○동 소재 앞길에서 음주단속에 걸려서 음주운전을 한 사실을 인정하며 피진정인을 포함한 음주단속 경찰관들의 요구에 순순히 응하였는데 피진정인이 무조건 수갑을 채우려고 해서 항의를 하였다는 주장이다. 그런데 피진정인은 진정인이 음주운전 적발을 우려해서 도망가려고 했고 연행되지 않으려고 했다며 특수공무집행방해죄를 적용하였다. 진정인은 검찰에서 조사를 받을 때 그 당시의 사진과 목격자의 증언을 공증받아 제출했는데 그것이 받아들여지지 않았다고 주장하며 진정인은 피진정인의 공무집행을 방해한 적이 없기에 그 부분에 대해서 재조사를 원하는 진정을 제기하였다.

이 또한 경찰과 주민들과의 관계에서 마찰의 많은 비중을 차지하고 있는 음주단속과 관련된 진정내용이다. 음주운전이라는 위법행위에 대해 책임을 질 수 있도록 법을 적용하는 경찰관들의 입장이 이해가 되지 않는 것은 아니지만 이와 관련하여 많은 민원이 제기되고 있는 중요한 사안임은 분명하다. 따라서 이에 따르는 인권문제도 간과할 수는 없을 것이다.

이 사건은 진정인의 특수공무집행방해와 관련된 것으로 검찰청에

---

43) 2003. 4. 피진정인: 수원○○ 파출소 경장○○○.

서 이미 '혐의 없음'으로 불기소 처분되었으므로 별도의 조사나 구
제조치가 필요하지 않는 경우에 해당하여 기각 처리되었다.

2. 제도: 적법절차 위반, 수사권 남용 등

1) 사례 1: 성동경찰서 인격침해사건[44]

국가인권위원회는 2002년 3월 1일 서울 성동경찰서 유치장 입감
과정에서 안경을 회수당한 진 모 씨(27살)가 유치인 보호관들을 상
대로 낸 진정사건에 대해, 경찰청장과 성동경찰서장에게 "자해 또는
타인에게 위해를 가할 현저한 위험이 있다고 인정되지 않는 한 언제
나 안경을 착용할 수 있도록 개선안을 마련해 시행하고, 당시 유치
인 보호관이었던 2명의 경찰관에게 인권교육을 실시할 것"을 권고하
였다.

이 사건은 진정인 진 모 씨가 폭력행위등처벌에관한법률 위반 및
집회및시위에관한법률 위반 혐의로 성동경찰서 유치장에 입감될 당
시, 성동경찰서 소속 이 모 경사와 한 모 순경이 "자해의 우려가 있
다"며 일방적으로 진 모 씨의 안경을 회수했고, 성동경찰서 측이 안
경을 돌려달라는 진 모 씨의 요구를 거절하자, 진 모 씨가 3월 5일
국가인권위에 진정을 내면서 비롯되었다.

국가인권위 조사결과 이 모 경사와 한 모 순경은 유치인 보호관
근무수칙에 대한 교육 시 피의자 유치 및 호송규칙(경찰청 훈령) 제
9조 제1항 제1호에 따라, 수용자가 유치장 내에서 안경을 착용하지
못하도록 교육받았으며, 성동경찰서에서는 이러한 관행에 따라 그동

---

44) 2003. 2. 피진정인: 성동경찰서 유치장 담당경찰관.

안 유치장 수용자들의 안경을 모두 회수해 보관해 왔었다. 또한 이 모 경사와 한 모 순경은 "진정인의 범죄전력과 당시 상황을 종합해 볼 때 자해의 우려가 충분했다"고 주장하였다.

하지만 국가인권위는 △경찰관들이 자해의 우려가 있다고 자의적으로 판단해 진정인의 신체의 일부인 안경을 회수하고 △진정인이 고통을 호소했음에도 안경을 돌려주지 않은 행위는 헌법 제10조(인간의 존엄과 가치·행복추구권) 및 제12조(신체의 자유)를 침해한 것이라고 판단하였다.

2) 사례 2: 경주경찰서 인격권침해사건[45]

국가인권위원회는 "경찰서의 과도한 수갑사용으로 인격권을 침해당했다"며 이 모 씨(43)가 2002년 5월 경주경찰서장 등 5명을 상대로 낸 진정사건에 대해, 경주경찰서 유치장 관계자들이 합리적 이유 없이 수갑을 채운 채 면회를 하도록 함으로써 진정인의 인격권 및 신체의 자유를 침해한 사실과 경주경찰서 측이 면회를 하는 유치인에게 관행적으로 수갑을 사용했을 개연성이 높다는 사실을 밝혀내고, △경주경찰서장에게 유치인 면회 시 피의자유치및호송규칙 등을 엄격히 준수하여 최소 범위 내에서만 수갑을 사용하도록 권고하고 △경북지방경찰청장에게는 피진정인을 비롯한 경주경찰서 유치장업무 담당자들을 상대로 인권교육을 실시하도록 권고하였다.

피진정인들이 진정인에게 수갑을 사용한 것은 관련 법규와 면회 당시의 상황 및 진정인의 신분 등을 합리적으로 고려하지 않은 과잉조치라고 판단하였다.

이는 유죄가 확정되지 않은 미결수 유치인들이 면회 시 수갑을 찬 모습을 지인들에게 보일 경우 수치심을 느낄 수밖에 없고, 수갑으로

---

45) 2003. 3. 피진정인: 경주경찰서 유치장 담당경찰관.

인해 심리적으로 위축되고 압박감을 가질 수 있기 때문에, 유치장 내 수갑사용은 최소 범위 내에 그쳐야 한다는 것이다. 하지만 경주경찰서 측은 진정인을 포함한 유치인들이 면회 시 관행적으로 수갑을 채움으로써 경찰관직무집행법 및 피의자유치및호송규칙 등을 위반하고, 헌법 제10조(인간의 존엄) 및 제12조(신체의 자유)를 침해한 것으로 국가인권위원회는 판단하였다.

3) 사례 3: 형사피의자 체포 시 구타사건[46]

"긴급체포 시 경찰관에게 구타를 당했다"며 주 모 씨(39세)가 2003년 3월 인천서부경찰서 오 모 순경 등 3명을 상대로 진정한 사건에 대해, 국가인권위원회는 피진정인들의 인권침해 사실 및 적법절차 위반내용 등을 확인하고 인천서부경찰서장에게 징계를 권고하였다.

이 사건은 위 경찰서 오 모 순경 등 3명이 2003년 3월 19일 새벽 1시 40분경 인천광역시 연수구 소재 PC방에서 특수절도 혐의로 지명 수배를 받아 오던 진정인 주 모 씨를 긴급 체포하는 과정에서 발생하였는데 주 모 씨는 "당시 오 모 순경 등이 아무런 말도 없이 뒤에서 경찰봉·주먹·구둣발 등으로 얼굴·허리·엉덩이 등을 30~40회 구타하는 바람에 코피가 나는 등 전신에 타박상을 입었다"며 위 경찰서 유치장에서 국가인권위에 서면으로 진정을 제기한 것이다.

국가인권위는 목격자와 진정인, 피진정인 등의 의견을 종합적으로 검토한 뒤 △당시 사복을 입은 형사들이 자신의 신분을 밝히지 않은 채, 진정인을 뒤로 넘어뜨려 경찰봉·주먹·발 등으로 구타했고 △진정인이 무기를 가지고 있거나 도주하려고 하지도 않았다는 사실을 확인하였다. 또한 국가인권위는 조사과정에서 피진정인들이 진정인을 10여 분간 구타한 뒤 수갑을 채우고 나서야 미란다 원칙을 고지

---

46) 2003. 6. 피진정인: 인천서부경찰서 강력계 소속 경찰관들.

한 사실을 밝혀냈으며, 진정인의 얼굴·허리·다리 등에 상처가 있었다는 것을 유치장 및 구치소 수용기록에서 찾아내어 이 같은 사실에 근거하여 인천서부경찰서장에게 관련자들의 징계를 권고하였다.

3. 시설: 신체의 자유, 경찰시설 관련 등

1) 사례 1: 경찰의 가혹행위 및 의료행위 관련[47)

2001년 6월 20일 피진정인들은 살인사건 피의자였던 진정인을 체포하면서 진정인에게 수갑을 채운 상태로 다리, 몸 등을 걸어차고 짓밟는 등의 폭행을 하였으며 진정인을 ○○경찰서 강력반실에 인치한 후 피진정인들은 진정인의 머리에 헬멧을 씌우고 발로 차는 등의 폭행을 하였고, 조사 중 욕설을 하고 잠을 거의 재우지 않는 등의 가혹행위를 하였다는 내용이다. 그리고 진정인이 피진정인들의 폭행으로 갈비뼈 등에 상해를 당하였음에도 불구하고 아무런 치료가 없었고 ○○구치소에 입소할 당시 엑스레이 촬영을 요청했으나 기계가 고장 났다는 이유로 들어 주지 않아 상해를 입었다는 증거를 남길 수가 없었다는 것이다.

이 사건의 경우는 진정인이 진정을 취하하여 각하로 사건이 종결되었지만 경찰서 조사실의 문제 및 유치장 및 구치소 시설과도 연관되어 있는 내용이었다.

---

47) 2003. 3. 피진정인: 서울 ○○경찰서 강력계 소속 경찰관들.

2) 사례 2: 편파수사에 의한 인권침해[48]

진정인은 심장협심증, 용혈성빈혈을 지닌 환자로서 1997년 6월 9일 진정 외 최○○이 피진정인이 속한 경기 ○○경찰서에 사기죄로 고소한 사건에 관하여 같은 해 10월 22일 15:30경 위 경찰서에 피고소인 자격으로 자진 출두한 사실이 있는바, 신속하게 조사받기를 원했으나 6~7시간 동안 대기실에서 대기하다가 23:00경 피진정인에 의해 유치장에 수감되었다고 주장하며, 유치장에 수감된 후 약을 먹는 등의 환자보호 요청을 하였으나 유치장 간수 및 피진정인은 이에 응하지 않았다는 진정내용이다.

이 사건은 진정인이 주장하는 인권침해가 발생한 날로부터 5년이 지나 진정이 제기되었고, 피진정인에 대한 공소시효는 완성되어 진정인의 권리구제를 위한 조치가 불가능하므로 각하 처리되었지만 역시 경찰서 조사실의 시설 및 환자관리와 관련된 시설 등에도 문제가 있었던 사건이었다.

3) 사례 3: 시설과 관련한 인권침해[49]

진정인은 2003년 3월 울산○○경찰서 여자 유치장의 화장실에 관해 문제점을 지적하였다. 이 여자 화장실은 문이 있다고는 하나, 여자들이 사용하기에 불편하고 심리적으로 불안하다고 주장하여 진정을 제기하였다.

이 사건은 진정인이 진정을 취하하여 각하 처리되었지만 경찰서 유치장의 시설과 관련된 내용으로 많은 보완과 정비가 요구되는 사항이라 볼 수 있다.

---

48) 2003. 4. 피진정인: 경기도 ○○경찰서 담당경찰관.
49) 2003. 4. 피진정인: 울산 ○○경찰서 담당경찰관.

4. 교육: 위법수사 등

1) 사례 1: 성남중부경찰서 인격권침해사건[50]

국가인권위원회는 박 모 씨(여, 39세)가 성남중부경찰서 유치장에서 입감신체검사를 받는 과정에서 경찰관 최 모 씨(여, 경사)로부터 인격권 및 신체의 자유를 침해당했다며 2002년 3월 진정한 사건에 대해, 최 모 씨가 '피의자유치및호송규칙' 등을 위반한 사실을 확인하고 최 모 씨에게 국가인권위에서 실시하는 특별인권교육을 받을 것을 권고하였다.

박 모 씨에 따르면 당시 최 모 씨는 △잠바를 벗게 하고 브래지어를 풀고 가슴이 완전히 노출되도록 티셔츠를 올리게 하고 △바지를 내리게 한 후 팬티를 뒤에서 만지는 등 과도한 방법으로 신체검사를 실시한 것이다.

이와 관련하여 '피의자유치및호송규칙'(경찰청훈령 제62호, 2003년 1월 25일 개정되기 전 훈령) 제8조(흉기 등의 검사) 및 경기지방경찰청 등이 제출한 자료에 따르면, 간이신체검사 대상자는 △정밀신체검사에 해당하지 않는 피의자의 경우와 △유치인 주무 또는 당직간부의 판단에 의한 경우이다. 또한 경기지방경찰청 등 관계기관이 제출한 자료는 간이신체검사 방법에 대해 △가운을 입힌 채 시행하는 외관상 검사와 △속옷을 착용한 상태에서 금속탐지기 등을 사용하는 검사로 규정하고, 신체검사에 만전을 기할 것을 요구하면서, 담당자가 자의적·편의적으로 판단하지 말 것을 명시하고 있다.

이와 같은 사례는 경찰의 전반적인 교육훈련과 관련한 것으로 분류할 수 있는데, 여러 가지 경찰규정의 미숙지와 이에 대한 무관심,

---

50) 2003. 4. 피진정인: 성남 중부경찰서 유치장 담당경찰관.

대민관계에서의 미숙함이 이러한 과도한 신체검사로 나타난 것이라
볼 수 있다.

2) 사례 2: 구로경찰서 알몸신체검사[51]

국가인권위원회는 2002년 4월 서울 구로경찰서 측이 유치장 입감
과정에서 알몸신체검사를 실시한 사건에 대해, 구로경찰서 관련자들
은 국가인권위가 주최하는 특별인권교육을 수강하고, 경찰청장은 '유
치장 입감 시 정밀신체검사 요건 강화' 등이 포함된 제도개선안을
마련하라고 권고하였다.

한편 국가인권위는 구로경찰서의 감독기관인 경찰청장에 대해 유
사한 사건의 재발방지를 요구하는 차원에서 정밀신체검사제도개선안
마련을 권고하였다.

이번 사건은 2002년 4월 2일 집회참석 도중 체포된 한국시그네틱
스 노조원 7명이 구로경찰서에 연행된 뒤, 가운도 입지 않은 채 바
지와 팬티를 내리고 알몸신체검사(과잉입감신체검사)를 당했다며, 당
시 신체검사를 담당했거나 지휘계통에 있었던 5명의 경찰을 상대로
4월 11일 진정을 내면서 비롯된 것이다.

위원회 조사결과 피진정인 박 모 경장은 상황실장이 입감지휘서를
통해 간이신체검사를 실시하라고 지시했음에도, 진정인들이 잠바 끈
제거를 거부하자 자해위험이 있다고 판단하여 자의적으로 정밀신체
검사를 실시했으며, 특히 생리 중인 여성 노조원까지 같은 방법을
동원하였다.

하지만 박 모 경장은 2002년 2월 구로경찰서로 전보된 뒤 정밀신
체검사와 관련한 교육을 한 차례도 받은 적이 없어 정밀신체검사 시
에는 가운을 입혀야 한다는 규정을 지키지 않았으며, 이로 인해 진

---

51) 2002. 10. 피진정인: 서울 구로경찰서 담당경찰관, 경찰청장.

정인들의 인권을 침해한 것이다. 이런 까닭에 국가인권위원회는 알몸신체검사를 실시한 박 모 경장뿐만 아니라 구로경찰서장 등 관련자들에게도 교육 및 지휘·감독 소홀의 책임을 묻게 된 것이다.

3) 사례 3: 경찰관의 범죄경력 부당취득사건[52]

"경찰관이 전과기록을 위법하게 조회한 뒤 이를 사실혼 관계인 여성 K 씨에게 알려 주는 바람에 자신과 여성의 관계가 악화되는 등 명예를 훼손당했다"며 이 모 씨(40세)가 2002년 8월 충북 ○○경찰서 이 모 경찰관(경위)을 상대로 진정한 사건에 대해, 국가인권위원회는 피진정인의 인권침해 사실 및 법 위반내용 등을 확인하고 충북지방경찰청장에 해당 경찰관의 징계를 권고하였다.

국가인권위원회 조사결과 이 모 경찰관은 △과거에 결혼을 전제로 사귄 적이 있던 K 씨(진정인 이 모 씨와 사실혼 관계)로부터 "동거남(진정인 이 모 씨)의 교통사고 처리경과를 확인해 달라"는 개인적 부탁을 받고 △부하 직원에게 진정인의 범죄경력 조회를 지시해 범죄경력 자료를 부당 취득하고 △K 씨에게 전과사실의 일부를 알려 준 것이다.

이와 같은 사건도 관련 교육만 제대로 하였더라도 발생하지 않았을 내용이다. 타인의 정보에 관하여 가볍게 여기고 또한 이를 공개하기까지 이른 이번 사건은 현대의 개인정보와 관련하여 이에 대한 중요성을 다시 한번 부각시켜 주었다고 할 수 있다.

---

52) 2003. 7. 피진정인: 충북지방경찰청 ○○경찰서 ○○파출소 담당경찰관.

5. 자질: 가혹행위 등

1) 사례 1: 인천남동경찰서 인격권침해사건[53]

국가인권위원회는 성폭행 피해자 김 모 씨(여, 37세)가 인천남동경찰서에서 조사를 받던 중 경찰관 이 모 씨로부터 인격권을 침해당했다며 2002년 12월 진정한 사건에 대해, 이 모 씨가 '성범죄수사시피해자보호에관한지침'을 위반한 사실을 확인하고 이 모 씨에게 국가인권위에서 실시하는 특별인권교육을 받을 것을 권고하였다.

이 사건은 피해자 김 모 씨가 2002년 12월 자신을 폭행 및 성폭행했던 남성을 신고한 후, 인천남동경찰서 소속 경찰관 이 모 씨에게서 신고인 조사를 받는 과정에서 경찰관 이 모 씨가 △비하발언을 하고 △가해 남성을 동석시킨 상태에서 대질 조사하는 등 비인격적으로 대우하자, 국가인권위에 진정을 제기하면서 비롯된 것이다.

이와 관련하여 경찰청의 '성범죄수사시피해자보호에관한지침'과 제34회 UN총회가 채택한 '법집행관 행동강령' 등은 "성폭행 피해자는 수사과정에서 경찰관의 적극적인 보호와 배려가 없을 때 성적 수치심 등 제2의 고통을 당할 수 있으므로 성범죄수사 담당자는 특히 진지하고 정중하며 엄정 중립의 자세로 수사에 임하여 신고 여성이 모멸감이나 수치심을 느끼지 않도록 해야 함은 물론이고 당사자로부터 공정성에 대한 의혹을 받지 않도록 최선을 다해야 한다"고 명시하고 있다.

그러나 이와 같은 경찰관의 행위는 피해자에 대한 배려가 전혀 없이 이루어진, 경찰관의 자질과 관계된 것으로 인권과 관련해서는 어느 누구에게도 객관적 사실에만 근거하여 공정하게 조사해야 함을 인식시켜 주고 있다.

---

53) 2003. 4. 피진정인: 인천 남동경찰서 담당경찰관.

2) 사례 2: 송파경찰서 가혹행위사건[54]

국가인권위원회는 서울 송파경찰서 수사관의 폭언 및 가혹행위, 밤샘조사를 받는 과정에서 허위로 범죄내용을 자백했다며 김 모 씨(남, 35세)가 2002년 7월 12일 담당 형사 2명(박 모 경사, 김 모 경위)을 상대로 낸 진정사건에 대해, 피진정인을 포함한 송파경찰서 수사과 직원들에게 인권교육 실시를 권고하였다.

이 사건은 2001년 12월 19일 새벽 5시 50분까지 김 모 씨(남, 35세)가 절도 및 강간미수 혐의로 체포돼 송파경찰서에서 밤샘조사를 받는 동안 박 모 경사로부터 두 손을 수갑으로 꽉 조인 상태에서 경찰서 형사과 사무실 내의 밀폐된 조사실로 끌려가 △폭언을 듣고 △구둣발 등으로 채이고 밟히는 등의 가혹행위를 당하고 △밤샘조사를 받고 △허위로 절도 혐의를 자백했다며 국가인권위에 진정을 제기하면서 비롯된 것이다.

국가인권위는 밤샘조사의 불가피성을 감안하더라도, 피진정인들의 행위가 헌법 제10조에 보장된 인간의 존엄과 가치 및 행복추구권(수면권, 휴식권 등)을 침해한 것이라고 판단, 인권교육 내용에 밤샘조사 금지 부분을 포함시킬 것을 권고한 것이다.

경찰 관련 진정내용으로 가혹행위와 관련된 것은 가장 많이 접수되는 내용 중의 하나로서 이는 근본적으로 경찰의 자질을 의심하게 만드는 원인을 제공하고 있다. 이전까지의 관행과 주위의 상황, 환경 때문에 불가피함을 주장할 수도 있지만, 이에 대한 근본적인 대책 없이는 지역주민의 인권이 향상된다는 것에 대한 기대를 하기 어려울 것이다.

---

54) 2003. 3. 피진정인: 서울송파경찰서 담당경찰관.

3) 사례 3: 울산중부경찰서 가혹행위사건[55]

국가인권위원회는 울산중부경찰서 수사관의 가혹행위에 의해 허위로 범죄내용을 자백했다며 임 모 씨(남, 37세)가 2002년 9월 담당 형사 2명(이 모 경사, 이 모 순경)을 상대로 낸 진정사건에 대해, 당시 수사를 담당했던 형사들을 검찰총장에 수사를 의뢰하기로 결정하였다.

이 사건은 2002년 8월 23일 17시 30분경 임 모 씨(남, 37세)가 강도강간 혐의로 체포돼 울산중부경찰서에서 밤샘조사를 받는 동안 이 모 순경으로부터 손바닥과 주먹 등으로 후두부를 20여 회 구타당하고 강도 혐의를 허위로 자백했다며 국가인권위에 진정을 제기하면서 비롯되었다.

이 사건에 대하여 국가인권위는 임 모 씨가 울산중부경찰서 유치장에 수용돼 있던 기간(2002년 8월 23~30일) 동안 접촉했던 면회자·유치장 근무 직원·동료 수용자 등 참고인에 대한 조사내용, 동 경찰서의 수사기록, 울산구치소의 수용기록 등을 종합적으로 검토한 결과, △피진정인이 자백을 강요할 목적으로 수사과정에서 구타 등 가혹행위를 한 사실이 인정되며 △이 모 순경과 이 모 경사의 행위가 형법 제125조(독직폭행)를 위반한 범죄행위에 해당된다고 믿을 만할 상당한 이유가 있고 △사건의 진상규명을 위해서는 보다 많은 증거의 확보가 필요하다고 판단해 국가인권위원회법 제34조에 따라 검찰총장에 수사를 의뢰하기로 결정하였다.

---

55) 2003. 3. 피진정인: 울산중부경찰서 담당경찰관.

제7장
경찰활동과 인권향상

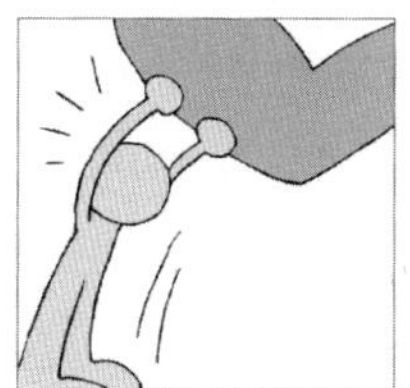

1. 주민과의 협력 및 유대 강화

1) 경찰과 지역주민과의 관계 정립

■ 신뢰관계 회복

경찰활동의 많은 부분은 주민에게 의존하고 있다. 범죄의 예방과 후속조치도 모두 주민의 신고와 협조가 필요하며 주민에 의한 정보 제공이 없다면 범죄의 인지조차 불가능한 경우가 많다. 그리고 처벌을 강화하는 법을 제정하고, 경찰관을 증원하며 장비를 개선해도 주민의 협조가 없다면 실효성이 떨어진다. 주민들의 신뢰와 협조를 얻기 위해서는 경찰관 자신들이 인식하고 있듯이 과잉단속, 권위주의적 행동, 부정부패, 불친절 등을 해소하는 노력이 우선되어야 한다. 나아가 민원이나 사건사고를 좀 더 공정하게 처리하여야 한다.

따라서 먼저 지역주민들에게 친절하게 대해야 할 것인데 이는 지역주민들과의 신뢰관계를 의미하는 것이기도 하다. 이를 위해 대민부서 경찰관들의 친절도를 주기적으로 평가해야 한다. 이때 상급자가 하급 경찰관을 평가하기보다는 지역주민에게 설문지를 돌려서 지역주민들이 평가토록 하는 것도 바람직할 것이다.

또한 대민부서 경찰관들에게 친절봉사에 대해 특별교육을 실시하고 이때 가능한 한 전문적인 외부인사를 초빙하는 것도 바람직할 것이다. 경찰업무가 주민의 자유와 권리를 제한하고 권력적 수단을 이용하는 경우가 많으므로 상대적으로 주민의 협조를 얻기 어렵다 하여도 업무처리의 투명성과 객관성을 높여서 주민에게 신뢰를 얻을 수 있다. 다른 행정서비스보다는 친절하게 할 수 없는 경우도 많다. 그러나 과학적인 수사나 주민의 편의를 도모하는 방안, 주민의 인권을 보호하는 방안을 계속적으로 발굴할 필요가 있다.

그리고 주민들에게서 지금보다 더 많은 협력을 얻기 위해서 주민들이 친근감을 느끼도록 경찰이 변신해야 한다. 지역의 범죄에 대한 정보, 범죄예방에 관한 정보, 해외의 범죄에 대한 정보 등을 주민들에게 알리고 상담해 주어야 한다. 신고가 들어오면 친절히 접수하고, 신속히 출동하며, 보복위협으로부터 적극 보호하여야 한다. 경찰서비스를 공동으로 생산하는 주민은 경찰이 반드시 보호한다는 신뢰를 쌓아야 한다.

주민이 경찰서에 방문해서 불편을 겪은 것을 주기적으로 조사하거나 설문을 비치하여 불편을 신고하게 하는 것도 한 방법이 될 수 있다(홍성삼 1999, 43~44). 경찰은 그 존재의의를 생각해 볼 때 친절·봉사·공정의 자세로 지역주민을 대해야 하며, 이 같은 직무자세가 경찰관 개인의 의식과 실행 속에서 체질화되고 주민들이 피부로 느낄 수 있도록 부단히 노력해야 한다.

또한 경찰과 지역사회 간의 관계를 개선하기 위해서는 주민들이 도움을 요청해 올 때까지 기다리는 자세에서 벗어나 스스로 문제를 지적해 내서 주민들이 불안해하거나 불편하게 여기는 요소들을 사전에 제거해야 한다.

그리고 경찰에서는 보다 적극적인 자세로 국민이 필요로 하는 정보를 공개하고, 경우에 따라 공개할 수 없는 사안에 대해서는 이해를 촉구하는 노력을 전개해야 한다. 현재 경찰청은 컴퓨터 통신망을 통하여 각종 치안정보를 제공하고, 질의 및 상담업무를 처리함으로써 주민들의 좋은 반응을 얻고 있다. 아울러 지역주민의 의견을 반영하는 경찰활동을 위해서는 지역주민을 대상으로 경찰활동에 대한 주민의 의견을 정확히 조사해야 할 것이다.

이 조사결과를 바탕으로 올바른 계획과 정책도 마련해야 할 것이다. 또한 과거의 피해자에게도 경찰활동에 대한 설문조사 등을 실시하여 문제점을 규명, 해결하도록 노력해야 한다.

지역사회 경찰활동은 경찰관들이 이웃의 문제들을 파악할 수 있는 새로운 채널들을 개발하도록 요구한다. 이러한 채널들은 성격상 협력적일 필요가 있는데, 이웃의 문제에 관한 정보를 획득하기 위하여, 주민과의 의사소통 채널을 열기 위해서 적극적인 방범심방을 시도하는 것도 바람직할 것이다(임창호 2000, 237~240).

또한 범죄예방과 억제를 위해서는 주민들도 교육, 윤리, 문화, 정치, 경제 등 모든 면에서 협력적인 사고를 가지고 있어야 한다. 경찰의 힘은 주민의 신뢰와 협조를 잃게 되면 무력한 것이다. 주민이 경찰을 불신하는 상황에서는 법과 정의를 위해 강제력을 행사할 수 없고 범죄예방과 억제 효과는 제약될 수밖에 없게 된다. 아울러 범죄예방과 억제를 위해서는 경찰뿐만 아니라 검찰, 법원, 교도소와 같은 사법기관의 힘만으로 하겠다는 생각을 버려야 한다.

■ 동반자 관계 정립

도시로 갈수록 치안환경에 대한 불만족이 커지는 것은 근본적으로 비인간화와 개인주의에 토대를 둔 성장논리와 그로 인한 개인 간·계층 간·지역 간의 경쟁과 갈등을 조장해 온 결과라고 말할 수 있다. 따라서 이런 상황일수록 더욱이 지역안전에 대한 기존의 개념을 재정립해야 할 필요가 있다(오창근 1998, 333~334). 그리고 그 내용 중에서 중요한 것이 경찰과 주민의 동반자 관계 정립이다.

범죄예방 및 문제해결에 있어서 상호 동반자 관계가 되도록 해야 한다. 경찰이 범죄예방에 대하여 전적인 책임과 권한을 가져서는 안 되며, 지역사회의 집단이나 기관이 범죄예방에 함께 참여하도록 해야 한다.

이러한 견지에서 볼 때 지역사회 경찰활동에 있어서 주민과 경찰의 관계는 인간적인 요소와 경찰작용상의 요소를 모두 지니고 있는 것으로서, 경찰이 지역사회 속에서 주민과 직접 접촉함으로써 친밀한 관계를 유지하고, 지역사회의 문제를 해결하고, 범죄로 인한 두려움을 해소하여 주고, 인권을 보호해 주며, 주민은 이러한 과정에서 경찰에 대한 호의를 갖게 되어 범죄정보를 제공하고……, 이러한 호의로서 기타 경찰작용을 위한 사회간접자본의 역할을 하게 되는 것이다(임창호 2000, 237~240).

그리고 이러한 동반자 관계를 유지하기 위해서는 우선적으로 주민과의 관계를 개선하는 프로그램을 적극적으로 전개해야 한다. 지역사회 관계 개선을 위한 프로그램으로 '경찰청장과 주민단체와의 간담회 개최', '경찰관서 현장 체험', '포돌이 공부방', '지역대학과의 경·학교 교류 협정' 등을 이미 실시하고 있고, 제도적으로는 청문관사관제도 등을 시행하고 있지만 현 경찰의 이미지에 비교하면 부족한 편이다. 이러한 대국민 이미지 개선을 위한 프로그램을 해당 부서에서는 적극적으로 발굴하여 시행해야 할 것이다.

■ 주민 중심의 행정

행정시스템의 산출은 행정서비스로서 행정환경에서 발생하는 잠재적 수요를 개발·처리하는 것이다. 표준산업분류(Standard Industry Classification: SIC)에 의하면 행정은 서비스산업이다. 경찰행정개혁의 방향도 이전의 관리·지도 중심의 행정에서 서비스 중심의 행정으로 전환되어 이른바 고객 중심의 서비스 행정에 강조를 두고 있다. 다시 말해 행정개혁의 목적은 비용이 적게 들고 성과는 많이 산출하는, 작지만 효율적인 정부의 창출이다. 소요 경비를 최소화하고 주민에게 제공되는 서비스 수준과 품질을 높이는 것이 민주행정의 이념에 부합하는 것이지만 지금까지는 경찰행정 실천과정에 있어서 제대로 구현되지 못한 부분(부패 등)들이 많았다.

이렇게 행정의 패러다임이 지도·규제·간섭행정에서 주민만족·주민인권 우선의 서비스 행정으로 전환하는 데 결정적 기여를 하는 도구적 수단도 잘 활용해야 한다. 그중의 하나가 정보통신 분야의 활용인데 경찰행정의 주요 핵심업무를 정보화하고 자동화하여 문서량을 감축하고, 네트워크화하여 부서 간 정보를 공유하고 전자결재 등 실시간 정보처리를 가능하게 하는 등, 행정업무를 단순히 전산화하는 차원에서 머무는 것이 아니라 행정조직의 업무구조를 새롭게 리엔지니어링 하는 것이다.

그리고 이를 통하여 비용을 줄이고 주민서비스를 향상시키는 생산성과 부가가치가 높은 저비용·고효율의 행정서비스가 되는 것이다. 또한 궁극적으로는 이것이 주민인권을 향상시키는 길이기 때문에 지역주민들은 경찰서비스를 공평하게 이용할 수 있어야 한다.

아울러 지역사회 경찰활동이 가장 헌신해야 할 부분은 모든 주민에 대한 존경이어야 한다. 경찰의 지역주민, 피해자들, 또는 범죄자들의 헌법상 권리에 대한 주의 깊은 관심은 경찰과 지역사회의 신뢰관계가 형성되게 할 수 있다. 부랑자, 빈곤한 자, 그리고 정신적, 신체적으로 장애가 있는 사람들에 대한 고정관념을 버려야 하며, 차별을 하지 말고, 가능한 한 강압보다는 이성과 설득으로 대해야 한다. 왜냐 하면 부당하고 거친 대우는 지역사회 안에서 좌절, 적의, 그리고 심지어는 폭력으로까지 야기될 수 있기 때문이다(팔미오토 2001, 394~395). 그런 비윤리적인 행동은 지역사회 경찰활동에 필요한 신뢰를 파괴할 위험요소이며 인권향상에 걸림돌이 된다.

그리고 지역사회 경찰활동이 각 지역사회의 요구에 경찰서비스를 맞추는 형태의 제도이기 때문에, 서비스는 가난한 사람들과 소수 지역사회 사이에서 공평하게 배분되어야 한다. 그러나 사실 그렇게 되기 위해서는 많은 주의가 필요하다. 지역사회 사이의 자원을 공평하게 분배하기 위해서, 각 지역사회는 그들의 요구를 명확하게 말해야 하고 경찰서비스에 대한 그들의 몫을 확실히 하기 위해서 경찰과 협력해야 한다. 각 지역사회 경찰들은 지역사회 구성원들의 목소리를 들어야 하고, 그들의 요구를 충족시키기 위해서 지역사회 구성원들과 일해야 한다(Meese 1991, 50~51). 이러한 행정적 지원 또한 지속적으로 개발되어야 한다.

이와 같이 주민에 대한 행정서비스의 질과 생산성을 향상시키기 위해서는 행정의 관점에서가 아니라 주민의 관점과 시각에 보는 문제의식이 필요하며 지역주민들의 관점에서 선 개혁으로 기존의 행정서비스의 틀과 사고방식을 전환시키는 것이 중요하다(서순복 2002, 17~18).

2) 지역주민의 협조 및 참여

■ 지역주민의 참여 유도와 보장

지역사회 경찰활동은 각 나라마다 독창적으로 등장했는데, 그 이유는 각 나라마다 독특한 사회적·문화적·경제적 그리고 법적 필요성이 다르기 때문이다. 이러한 차이점에도 불구하고 몇 가지 공통적인 요소가 있다면, 지역사회 경찰활동 과정에 주민들이 참여해야 한다는 필요성의 인식이다.

지역주민들의 자발적인 참여는 경찰업무에 대한 경찰관의 태도를 긍정적으로 변화시킬 수 있으며, 경찰기관으로 하여금 범죄율을 감소시키는 프로그램을 계속적으로 개발하도록 자극을 가할 수 있다.

준군사적이며 관료적인 성격을 갖고 있는 경찰에서 개혁을 하는 것은 특히 어렵다. 이러한 도전에도 불구하고 경찰활동에 지역사회가 자발적으로 참여하는 것은 미래의 경찰형태라고 볼 수 있다. 범죄와 무질서에 더욱 직접적으로 주민을 참여시키는 지역사회 경찰활동은 경찰과 주민의 협력활동을 증가시킨다.

예를 들면 적극적인 범죄신고로의 유도가 그중의 하나이다. 범죄정보를 가지고 있는 주민이 신고할 수 있도록 동기를 부여해 주는 범죄정보대상 프로그램을 마련하여야 한다. 우리나라에서는 보상수단 등의 방식으로 현상금을 주는 데 그치고 있으나, 이런 보상수단 외에도 범죄에 대한 정보를 제공하는 주민에게도 그 정보의 중요성에 따라 보상금을 지급하여 범죄신고를 증진할 수 있도록 할 필요성이 있다.

아울러 신고의식을 제고하기 위하여 범죄로부터 보호되어야 할 당사자인 주민들 스스로가 범죄를 예방하고 범죄자를 검거하는 활동에 참여하도록 장려할 필요가 있다. 범죄피해를 당하고 신고를 하지 않는 것은 미래에 더 큰 범죄를 낳을 수 있고, 이로 인한 피해는 주민들에게 돌아가게 되기 때문이다(임창호 2000, 241~243).

그리고 경찰행정에 대한 주민의 의사가 적극 반영되도록 필요한 부분에 대해서 이를 적극 도입한다면 경찰의 효율성 보장은 물론 보다 개선된 서비스를 제공할 수 있을 것이다(문재우 2000, 336~337).

■ 협력치안의 인식

개념적으로 지역사회 경찰활동과 가장 가까운 우리나라 경찰의 용어는 '협력치안'이라고 할 수 있다. 협력치안은 지역주민들의 자발적인 방범활동 참여를 통해서 급증하는 치안수요에 비해 부족한 경찰 인력을 보완하여 지역치안 역량을 강화하는 것을 의미한다.

앞의 지역주민의 참여부분에서도 언급되었듯이, 경찰의 업무 자체가 주민의 신고에 의해서 시작되며, 수사과정에서도 증인, 참고인 등의 형태로 참여함을 고려했을 때 주민참여에 따른 협력치안의 중요성은 아무리 강조해도 지나침이 없다. 이렇듯 협력치안 분야는 중요시되어야 하고, 이 체제를 강화할 수 있는 조직구조를 만들어야 하며, 협력치안에 대한 경찰관들의 의식뿐만 아니라 주민들의 의식도 바뀌어야 한다.

따라서 경찰은 주민들의 협력을 유도할 수 있도록 전담부서 혹은 전담직원을 배치하여 주민협력적인 조직구조를 설계하고, 협력치안의 개념을 자율방범대와 각종의 협력단체 구성, 민간경비 등으로 확장하여 주민단체, 공공기관, 민간기업 등 전 지역사회의 자원을 활용하는 형태로 바뀌도록 하여야 한다(노호래 2000[b], 166). 이 또한 지역주민의 인권향상에 많은 기여를 할 것이다.

■ 청소년 환경 변화

청소년 유해업소를 정화하기 위해서는 주민·경찰·관계공무원 및 업소경영자와 종업원의 협력이 필요하다. 특히 이는 많은 주민들이 관심을 갖고 참여하여 범주민적인 운동이 일어날 때 가능한 것이므로 다음과 같은 대책이 있어야 할 것이다.

첫째, 유해업소의 유해행위 유형화와 이에 대한 TV, 라디오, 신문 등 언론매체 홍보를 통하여 주민의식을 일깨우고 주민의 참여를 적극 유도하여 잠재적인 유해업소의 행위 동기를 억제한다.

둘째, 청소년의 출입을 철저히 막고 건전영업을 하고 있는 이들

업소들이나 업소경영자에게 이익을 주어 자율정화의 의지를 높이는 것도 중요하다. 예컨대 모범업소로 지정하거나 세제상의 혜택 등 특별우대정책을 실시하고 관계기관과 협력하여 유해업소와 차별화 전략을 강구함으로써 유해업소들이 자진하여 정화하도록 유도할 필요가 있다(김형청 1996, 67).

셋째, 유해업소 밀집지역과 우범지역에 대하여 특별관리지역으로 지정하여 집중적으로 단속하고 계속적인 감시와 순찰활동으로 경찰이나 행정공무원의 활동을 널리 알리고 가시화할 필요성이 있다.

마지막으로, 고질적인 범법업소에 대해서는 허가관청으로 하여금 강력한 행정처분을 하도록 통보하고 관리책임 경찰관을 지정하여 재범을 방지하며 관계기관과의 합동으로 반복적인 단속을 병행함으로써 영업활동에 지장을 초래하도록 해야 할 것이다(전대양 1997, 65~66). 이것 또한 청소년과 지역주민의 인권을 보호하는 길이다.

3) 각 단체와의 유대 강화

■ 자치단체와의 협력

현재의 국가경찰제를 지방자치에 접목시켜 자치경찰제로 운영할 경우에 다음과 같은 기대효과를 예상할 수 있다.

첫째, 주민의 생활과 직결되는 경찰서비스를 민선단체장의 궁극적인 책임하에 둠으로써 민생치안 수요에 대한 대응성 제고로 주민의 삶의 질과 인권의 향상에 기여하게 된다.

둘째, 자치경찰기구 구성과 인사에 있어서 단체장의 의회 참여가 이루어짐에 따라 자치단체와 긴밀한 공조를 통한 수요자위주의 경찰서비스 구현을 도모할 수 있게 된다.

셋째, 일반행정과 경찰행정의 중복제거로 행정비용 절감과 행정효율화가 이루어져 지역수준에서 치안경쟁력이 현행의 국가경찰제에 비해 보다 강화된다.

넷째, 주민적 통제를 강화하고 정책결정 환경을 지방자치 구도와 연계시킴으로써 경찰행정의 민주화에 기여하게 된다.

그러면 이후 이러한 기대효과를 도모할 수 있는 자치경찰과 자치단체 간의 협력의 기본방향이 설정되어야 하는바, 자치경찰과 자치단체는 지역경찰권 주도를 위해 서로에게 일방적 지원만을 요구하거나 일방적 협조만을 요구해서는 안 된다. 그 이유는 양자 간 갈등에 따른 피해가 결국 경찰서비스의 질 저하, 주민만족도 저하로 귀결되기 때문이다. 따라서 양자는 주민경찰서비스 극대화라는 고객지향적 목적하에서 호혜적 협조체제를 구축해야 한다.

양자 간의 호혜협력관계가 구축되기 위해서는 기본적으로 경찰사무, 경찰위원회 구성, 경찰청장을 비롯한 인사권, 경찰재정, 경찰운영 등이 자치단체와 협력 속에서 이뤄지도록 제도화되어야 하며 이러한 협력관계의 지속적인 유지는 결국 지역주민의 인권을 향상시킨다.

■ NGO와의 협력

NGO등 지역주민단체와 협력체를 구성한 후 상호 관심사항을 긴밀하게 협의하여 치안시책에 반영하고, 주민과 함께 하는 치안활동을 전개함으로써 지역발전을 선도하는 새로운 경찰상을 정립하는 것도 궁극적으로 지역주민의 인권향상을 위해 중요하다. 경찰이 지향하는 지역주민의 인권향상의 목표를 위해서는 여러 지역단체, 학회 등 주민의 목소리에 항상 귀를 기울여 정책에 반영하는 등 진정한 의미의 민·경 협력치안체제 및 경·학 협동체제를 모색해야 한다. 또한 지역단체와 공동으로 여러 방안을 강구해야 하며 다양한 캠페인 등을 주도하여, 경찰이 지역사회를 변화시키는 견인차로서의 역할을 수행해 나가야 할 것이다(전용찬 2000, 403).

2002년 12월 초 당시 노무현 민주당 후보는 NGO인 '지방분권국민운동'과 지방분권에 대한 협약을 맺은 바 있다. 또한 2003년 1월 21일 '지방분권추진국민운동본부' 대표자들은 인수위 지방분권 팀과 정책협의를 위한 간담회를 개최하여 앞으로 지방분권 운동을 NGO들과 더욱 긴밀한 협의를 통해 추진하기로 하였으므로 조속한 지방분권을 실현하기 위한 NGO들의 역할이 더욱 증대될 것이다(김영래 2003, 33). 그리고 이에 따라 경찰과 NGO와의 관계 및 역할의 중요성도 크게 제고될 것이다.

■ 학교·종교단체와의 협력

지역사회 안전과 지역주민의 권익향상을 위해서는 경찰과 주민의 친밀한 관계와 상호협조뿐만 아니라 종교단체, 대학과의 협조 여부도 중요함을 인식해야 한다.

지역사회에 있는 경찰단체의 지도자들이 지역사회에 미치는 영향은 적지 않다. 이들은 지역주민들의 관심을 받고 있으며 여러 사회활동에서도 많은 일을 하고 있다. 특히 종교단체 구성원들은 지역사회를 잘 알고 문제해결에 있어서 경찰에게 많은 도움을 줄 수 있을 것이다. 이들은 지역의 문제나 지역의 어려운 사람들에 대해서 평소에 많은 관심을 갖고 있기 때문에 경찰이 조금만 신경 쓴다면 이들로 하여금 경찰에 협력하도록 만들 수 있다.

따라서 경찰과 지역주민의 협력을 위해서는 각 지역사회에 조직되어 있는 기존의 종교단체를 활성화시켜야 하고 이러한 단체를 유기적이고 효과적으로 활용할 수 있는 연결망의 구축이 필요하다. 이렇게 하기 위해서는 경찰이 지역사회에 있는 종교단체의 현황을 충분히 파악하고 항상 유기적인 연계가 될 수 있도록 하여야 한다.

또한 경찰과 대학 간의 협력을 통하여 경찰활동에 관한 많은 연구가 이루어져야 한다. 경찰기관들은 대학 연구원들에게 현재 경찰기관들의 문제가 무엇인지 등을 파악할 수 있도록 여건을 마련해 주어야 한다. 예를 들자면 지역사회 경찰활동 및 지역주민의 인권 등에 관한 대학의 연구 및 비판을 겸허하게 받아들이고, 그 결과를 가능한 한 경찰활동에 반영하고자 해야 한다.

4) 적극적인 홍보활동

■ 활동의 적극성

지역경찰관서는 지역반상회나 상가연합회 등 지역모임에 적극 참가해서 홍보물을 배포하는 등 경찰활동에 대해서 적극적인 홍보활동을 전개해야 한다. 그리고 이런 것들을 통해 직접 주민과 접촉할 때 지역치안현황, 생활방범규칙, 범죄발생 시 대처요령 등을 알려주면 지역주민들은 자연스럽게 지역경찰관들을 알게 될 것이고 상호 간에 정보교환이 있게 될 것이다.

또한 경찰을 신뢰하고 주민들의 적극적 참여가 필요하다는 것을 홍보하는 TV 공익광고 및 캠페인을 시행하여 경찰의 정책을 주민에게 설명하는 한편 TV 뉴스에서 간혹 보도되는 경찰의 부정적 이미지를 경찰의 적극적 언론보도 개선전략을 통해 긍정적 이미지가 부각되도록 노력하는 것도 한 방법이 될 수 있다. 아무리 좋은 지역사회 경찰활동 프로그램이 마련된다 할지라도 이에 대한 홍보가 부족해서 지역주민들이 참여하지 않는다면 의미가 없다.

경찰은 주민들 스스로가 경찰활동에 참여할 것을 기다리지 말고 경찰업무 및 자율방범활동의 중요성을 주민들에게 알리고, 주민의 협조를 구해야 한다. 주민들이 자율방범활동에 참가하고 싶어도 참가방법을 알지 못해서 자율방범활동에 참여하지 못하는 경우도 있다. 따라서 지역사회 경찰관이 가정방문도 하면서 지역주민의 참여를 적극적으로 홍보해야 할 것이다. 그렇게 된다면 지역사회는 경찰을 더욱 이해하게 되어서, 경찰과 지역사회 관계는 자연히 좋아지게 될 것이며 그만큼 주민의 인권도 향상될 것이다(임창호 2000, 241).

■ 대중매체의 협조

앞에서 잠시 언급되었지만 대중매체를 경찰활동에 협조하도록 이끌어야 한다. 대중매체는 지역사회의 문제를 규명하고 해결하는 데 있어서 경찰 및 지역사회와 함께해야 한다. 대중매체는 매우 많은 사람들에게 영향을 줄 수 있으므로, 범죄에 대한 예방법이나 문제를 해결하는 방법에 대해 홍보를 해 준다면 지역사회에 대해서 많은 도움을 줄 수 있을 것이다.

하지만 대중매체는 경찰문제를 취급하는 데 있어서 신중해야 하며, 범죄문제가 경찰만의 책임이 아니고 지역사회와 경찰의 공동책임임을 인식하도록 유도해야 한다.

현시대에 있어서 대중매체의 힘은 엄청나다. 이러한 대중매체가 경찰과 지역사회의 협력을 강조하고, 경찰활동의 중요성을 널리 알리고, 지역사회로 하여금 경찰활동에 참여하도록 유도한다면 지역사회 경찰활동을 활성화하는 데 많은 도움이 될 것이다(임창호 2000, 245~246).

아울러 대중매체 캠페인의 여부는 범죄예방을 보도·유포시키는 매스미디어 기획자와 범죄예방 노력을 지지하는 지역경찰관들의 자발성에 달려 있다(팔미오토 2001, 181~182).

예를 들어 청소년 비행을 예방하고 통제하는 데 주민들이 앞장서고 있는 나라는 일본이다. 일본의 지역주민들은 경찰을 신뢰하고 있고, 경찰의 일을 적극적으로 돕는 것을 자랑스럽게 생각하고 있다. 또 이들은 중앙일간지와 NHK등 방송국은 물론이고 지역사회의 신문이나 CATV 및 지역경찰이 설치하고 있는 여러 매체 등을 활용하여 청소년 비행의 방지에 국민적인 지지를 보내며 동참한다. 특히 사소한 비행행위까지도 이런 행위들이 일상화되면 차후 성인범죄자로 전락할 위험성이 크기 때문에 지역사회가 하나가 되어 적극 노력하고 있다(전대양 1997, 63~64).

2. 제도 및 처우개선과 우수인력 채용

1) 전반적 제도의 개선

■ 경찰체제의 분권화

지역 중심의 경찰제는 지역의 전반적인 생활여건을 향상시키기 위해, 경찰과 지역주민이 많은 대화와 의견교환을 하도록 요구하고 있다. 또한 경찰관청 내부적으로도 가능한 많은 사람들이 참여하여 최선의 문제해결책을 찾아내도록 요구하고 있다. 이러한 요구가 현실적으로 받아들여지기 위해서는 경찰관청 전반이 개방적이어야 하고 민주적이 되어야 한다. 또한 문제해결에 초점이 맞춰지기 때문에 계급개념이 최소화되어야 한다.

분권화된 체제는 주민들의 참여를 조장하며 의사결정을 계층제의 하위에 위임하고, 지역사회 주민에게 선택의 여지도 부여한다. 분권화된 조직은 변동하는 상황과 치안수요에 능동적으로 대응할 수 있고, 일선의 경찰관들이 대부분의 지역사회 문제에 직면하며, 사건현장에 가장 가까이 있으므로 실제로 무엇이 일어나고 있는가를 알고 있다. 그래서 분권화된 의사결정이 집권화된 의사결정보다 업무처리에서 더 효과적이며, 실제로 업무를 수행하고 주민과 직접 접촉하는 경찰관들로부터 좋은 아이디어가 나오는 경우가 많다.

따라서 중앙집권화된 경찰권을 지방으로 이양하여 지역치안을 지역 실정에 맞게 자율적으로 수행하도록 함으로써 경찰운영체계의 효율성을 높이고 지역주민 위주의 봉사행정을 도모하며, 지역주민의 참여로 주민의사가 치안행정에 반영될 수 있도록 해야 한다.

경찰조직체계의 분권화 이외에도 현장의 경찰관에게 자율권을 부여함으로써도 분권화의 궁극적인 형태를 달성할 수도 있다. 상당수의 지역사회 문제들이 다른 도시나 시 전역에서 비슷한 유형으로 발생하는 경우도 있으나, 대부분의 경우 특정 지역이나 특정 순찰구역에 따라 문제의 성격이 다를 수 있다. 이러한 특정 문제를 다루기 위해서는 경찰관은 그 지역과 밀접해야 한다. 지역에 밀착되어 지역사회 문제를 정확하게 파악하기 위해서는 경찰관을 일정 지역에 장기적으로 배치하거나 최소한 몇 년 동안은 특정 지역에 배치함으로써 분권화의 궁극적인 형태를 충족시킬 수 있다. 이러한 고정배치는 지역사회 문제, 기존 시스템의 약점과 강점, 문제해결에 도움이 되는 다양한 자원을 알 수 있도록 하기 때문이다(노호래 2000[b], 168).

■ 조직관리의 혁신

조직관리란 조직의 목표와 조직구성원 개인의 목표를 통합하는 과정이다. 이때 조직은 공동목표를 달성하기 위한 집단적 활동으로 정의되기에 집단주의가 지배적인 동양문화권에서는 두 가지 목표 중에서 조직의 그것을 우선시하는 것이 지금까지의 조직관리 관행이었다. 경찰조직 목표의 내용도 지방경찰보다는 중앙경찰, 하위계급보다는 상위계급이 보다 잘 알 수 있다고 믿는 경향이 있게 된다. 권위주의적 의사결정 현상은 동양문화권에서는 보편적으로 나타나지만 그중에서도 특히 계급을 중시하는 경찰조직에서는 이러한 경향이 더욱 두드러진다. 그런데 최근 들어 나타나는 우리나라 조직의 변화 양태를 살펴보면 조직목표를 우선시하여 이를 조직상층부에서 주로 결정하는 권위주의적 관리방식이 더 이상 유지될 수 없음을 느끼게 한다.

우선 조직의 수평화, 기능별 조직으로부터 자율경영, 책임경영 등 교과서상에서만 존재하던 미국식 관리이론이 우리 기업에서도 활발히 나타나고 있다.

민간부문에서 시발된 조직관리 방식의 이러한 변화는 이미 일반 행정부처에도 일부 도입·확산되고 있지만, 경찰조직만은 조금 더딘 것이 사실이다. 또한 지나치게 조직 내부의 관점에 입각한 집단목표만을 강조하여 사회적 관점 즉 조직의 개방성 측면은 소홀히 다루는 경향도 있어 왔다.

경찰서비스 수준과 주민의 권익을 획기적으로 향상하기 위해서는, 상층부에서 결정한 조직목표를 구성원 개개인에게 일방적으로 강요하는 조직관리 방식을 혁신하도록 해야 한다(이유준 1995, 62~63).

■ 업무처리 절차의 개선

업무처리 절차와 구조개선은 담당경찰관의 전문성이 높아져야 완성된다. 따라서 업무에 정통하고 서비스 정신에 투철한 경찰관을 양성하기 위해서 단기적인 인사발령을 대폭 줄여 나가는 것도 하나의 방법이 될 수 있다. 6개월이나 1년 미만의 단기적인 인사발령은 자기 업무에 대한 장인정신이나 책임의식을 갖기 힘들게 한다. 언제 떠날지 모르는 자리에서 업무의 노하우를 축적하는 것은 기대하기 힘들다. 경찰의 업무지식 생산 및 보급체계가 작동하도록 하려면 경찰관의 자기 업무에 대한 안정, 노하우 축적, 지속적인 교육, 지식보급 체계의 정비 등이 요구된다.

또한 개혁으로의 노력과 이에 대한 평가업무도 개선되어야 한다. 개혁에 대한 평가는 이것을 누가 하는가에 따라 성공과 실패로 나타날 수 있다. 개혁을 추진하는 내부인사들의 평가는 평가의 객관성이 약하다. 경찰서비스 개혁의 효과는 고객인 주민의 서비스 향상에 대한 반응을 측정하여 알 수 있는 것이다. 즉, 개혁을 위해서는 주민과 일선 경찰관들의 참여가 필수적인 것이고 이들에 의한 공통된 평가부분이 도입되어야만 한다(홍성삼 1999, 44~45).

업무처리 절차에 대하여 한 가지 예를 들어 보면, 범죄신고 절차의 간소화 및 성의 있는 처리도 지역주민의 호응과 관련이 있다.

범죄신고 시 '경찰의 처리과정과 결과에 대한 만족도가 높을수록 신고에 적극적이다'는 것이 경험적 결과로 나타났다. 범죄발생 신고 절차가 불편한 경우 또는 신고에 너무 시간이 걸리는 경우 주민들은 신고를 꺼리게 된다. 그리고 범죄신고의 경우 대부분의 신고자는 자신의 이름이 밝혀져 사건에 개입되기를 원하지 않으므로 익명신고가 가능하도록 한다. 또한 범죄를 신고하지 않은 주민의 반수 이상이 "신고해도 소용이 없을 것 같아서 신고하지 않았다"고 응답했다. 따라서 범죄신고 절차를 간소화함과 동시에 신고된 범죄의 처리에 만전을 기하여야 한다. 그리고 신고된 사건의 처리과정을 수시로 신고자에게 통지해 줌으로써 성의 있는 처리자세를 보여 주는 것도 주민들의 만족도를 높일 수 있는 방법이며 아울러 주민의 인권을 향상시켜 주는 방법이다(정윤수 1994, 101).

2) 제도의 체계적 시행

■ 경찰서비스 체제의 정비

1998년 국민의 정부 출범 이후 정부에서는 행정의 고객인 국민에게 보다 수준 높은 서비스를 제공하기 위해 '정부기관별 행정서비스헌장제'를 도입하기로 하고 1998년 6월 26일 '행정서비스헌장제정지침'을 대통령 훈령 제70호로 제정·공포하였다.[56]

그리고 이에 따라 국민의 경찰에 대한 불만과 불신을 염려하던 경찰청은 행정서비스헌장 시범기관으로 지정되어 외국사례 등 관련 자료를 수집하고 각 실·국의 의견을 수렴하여 '경찰서비스헌장'을 작성한 후 학계, 법조계, 언론계 인사로 구성된 심의위원회의 심의를 거쳐 1998년 9월 25일 최종 확정·시행하고 있다.

이는 경찰이 이미 가지고 있던 '경찰헌장'이나 '경찰윤리헌장'보다 매우 구체적인 서비스 기준을 제시하고 있다. 경찰서비스헌장은 경찰이 국민에게 제공하는 서비스의 기준과 내용, 제공방법 및 절차, 잘못된 서비스에 대한 시정 및 보상조치 등을 구체적으로 정하여 공표하고 이의 실현을 국민들에게 약속하고 있는데 문제는 앞으로 이에 따른 적용과 실행에 적극적으로 임해야 한다는 것이다(홍성삼 1999, 39).

또한 경찰청의 주민참여 치안활동은 경찰관서별 지역방범 세미나,

---

56) 미국의 National Performance Review, 영국의 Citizen's Charter, 프랑스의 Public Service Charter 등 OECD 국가들이 90년대 초 정부개혁의 일환으로 행정서비스헌장제도를 추진한 결과 정부에 대한 국민의 신뢰와 만족도가 향상되고 공무원의 행태가 개선된 것으로 평가되었다(총무처 직무분석기획단 1997, XIV).

각 경찰관서의 민관합동단속반 편성 및 운용, 그리고 주민 건의사항을 치안시책에 반영하는 방범리콜제 시행 등을 통해 경찰서비스 향상을 위하여 노력하고 있는바, 지속적으로 독립적이고 창의적인 서비스가 추진되어야 할 것이다(문재우 2000, 335).

경찰서비스 기준은 주민의 소리로부터 출발되어야 하며, 서비스 기준은 경찰서비스의 공급자로서의 입장이 아니라 주민의 소리를 반영하는 수준으로 정하여야 한다. 주민의 소리를 듣기 위해서는 주민 접점(Moment of Truth)에서 고객의 요구를 들을 수 있는 제도적 장치가 필요하다. 따라서 서비스의 질·비용·종류 등을 명확히 측정할 수 있는 차원에서 '고객만족도조사'가 이루어져야 하며 이러한 체제의 확대가 필요하다.[57]

고객만족도조사는 주민에게 제공되는 경찰서비스에 대하여 사전기대와 사후만족도에 대한 측정으로써 그 결과를 경찰기관별, 개인별 성과에 반영하고, 또 이에 대한 각종 인센티브를 제공함으로써 성공을 보장할 수 있을 것이다.

보다 양질의 서비스 제공을 위하여 서비스 '품질'은 주민이 평가하고 서비스의 '상품'은 서비스 제공자인 경찰이 책임지며 잘못된 서비스에 대해서는 사후 보상하는 등의 기준표가 요구된다. 예컨대 치안행정서비스 실천을 위한 기준표를 다음의 두 가지 경우를 들어 예시한다(문재우 2000, 337~338).

---

57) 경찰서비스에 대한 고객만족도의 측정방법은 다양하게 검토될 수 있으나 일반적으로 사용하는 방법으로는 5점 척도를 측정하는 방법을 이용할 수 있다(매우 만족, 만족, 보통, 불만족, 매우 불만족).

[표 11] 시정조치에 대한 서비스 기준(예시)

구 분	세부 조치내용
사전적 활동	-각종 경찰활동 결과에 대한 확인기회 부여 -민원인의 진술 및 보충설명 기회 부여 -처리절차 및 관련 정보 공개 -지연사유 및 결과에 대한 해명
서비스에 대한 조치	-잘못된 업무처리의 시정과 조치 -민원업무 및 주민인권 관련 업무 우선 처리
인사적 조치	-해당 관련자에 대한 상벌조치 -공개사과 및 시정조치 사항 제시 -이에 상응한 정책적 조치 공개

[표 12] 잘못된 서비스에 대한 보상 기준(예시)

구 분	세부 보상내용
실비보상	-교통비 지급 -식사비 지급 -기타 필요사항 보상
서비스 보상	-우선업무처리 - 수수료 면제
피해보상	-보상금품 지급 - 과태료 등 과다징수 시 이자지급 - 과다보상 시 회수에 대한 설명과 이해

■ 자율방범과 순찰제도의 활성화

지역사회의 경찰활동들은 지역주민들과 동반자 관계를 정립하여 지역사회의 문제해결에 공동으로 노력해야 한다. 이렇게 하기 위해서는 자율방범활동에 참여하는 자원봉사자에 의존할 수밖에 없다. 그러나 자율방범활동을 육성하기 위해서는 첫째로, 협력치안 관련 예산이 확보되어야 한다. 이러한 협력치안의 범위에는 자율방범대의 활동, 경찰행정발전위원회의 운영, 방범공청회, 경찰관서마다 추진하는 협력치안활동 등이 포함되며 이에 따른 최소한의 운영경비를 경찰에서 부담해야 할 것이다.

둘째로, 자율방범활동이 체계적으로 운영되어야 한다. 이러한 민간방범활동은 주민들이 범죄예방 활동에 참여함으로써 범죄피해와 범죄에 대한 두려움을 줄이고 경찰과 바람직한 관계를 유지하고자 하는 지역사회 경찰활동의 궁극적인 목적이라고 할 수 있다(노호래 2000[b], 170).

그리고 덧붙여서, 자율방범대원들이 긍지를 가지고 활동할 수 있도록 적절한 동기부여가 이루어져야 하며, 자율방범활동 의사를 가진 사람들이 다 같이 참여할 수 있도록 적극적인 홍보와 함께 그들이 참여할 수 있는 융통성 있는 시간의 활용대책의 요망, 자율방범대원들에게 범죄예방 활동과 관련된 기본적 지식 및 경찰관과의 연락에 대한 체계적인 교육의 실시가 선행되어야 한다(정윤수 1994, 101～102).

또 하나는 순찰에 관한 내용이다. 과거 우리나라 경찰은 경찰의 3대 주요 업무인 범죄대응, 범죄예방, 대민봉사 중에서 근무여건상 사건발생 후의 범죄대응활동에 치중해 왔다. 하지만 이제는 수동적인 범죄의 사후 대응보다는 사전의 범죄예방 업무와 주민에게 적극적으로 찾아나서는 대민봉사에 더욱 비중을 두어야 하는 새로운 시점에 직면해 있다.

따라서 이제는 인식의 전환과 제도 및 운영체계의 개선을 통해 이러한 시대적 요청에 보다 능동적으로 대처하기 위하여 경찰의 방범기능을 강화하고 순찰제도를 활성화하는 것이 시급히 요청되고 있기도 하다(주희종 1998, 112～114).

이러한 맥락에서 또 한 가지 중요한 경찰의 정책변화는 차량에 의한 순찰에서 도보순찰로의 전환이다. 그동안 순찰경찰관은 먼 거리에서 관찰하기 때문에 주민과의 접촉이 그렇게 많지가 않았다. 빈번한 대면적 접촉이 지역사회 협조와 지원을 세우는 데 필요한 전제조건이라면 기동화된 순찰전략은 긍정적인 경찰－지역사회 관계를 만들어 낼 수 없을 것이다.

여기에는 여성경찰관에 의한 도보순찰도 고려해 볼 수 있다. 여성에 의한 도보순찰은 주민과 함께 임무를 수행하는 계기가 되어 경찰과 주민 간의 친밀감을 더 깊게 할 수 있을 것이다. 아직도 우리나라에서의 경찰직은 대부분의 사람들이 남성의 직업으로 간주하고 있다. 따라서 우리나라의 여성경찰관은 소수에 불과하다. 하지만 최근 우수한 인적자원이 여경에 지원하는 비율이 높아짐에 따라 여성을 경찰직에 대거 입직시켜서 경찰업무를 담당하게 한다면 새로운 성격으로 경찰문화를 바꿔 놓을 수 있어서 주민들에게는 친근감을 조성할 수 있을 것이다. 또한 여성경찰관의 순찰은 주민들의 반경찰적 태도를 우호적으로 바꾸어 놓을 수 있고, 경찰과 주민의 상호작용 측면을 개선할 수 있을 것이다(노호래 1998, 364~365).

■ 지역사회 담당경찰관제도 도입

지역사회 경찰활동을 수행하는 지역사회 담당경찰관제도의 도입도 고려해 볼 만하다. 여러 가지 어려움으로 인하여 한꺼번에 많은 지역사회 담당경찰관을 채용하는 것은 불가능하겠지만, 시범적으로 지역경찰관 중 일부를 지역사회 담당경찰관(Community Policing Officer: CPO)화하고, 이들이 업무를 집행하는 데 필요한 내용을 철저히 교육훈련시켜서 지역에 배치할 수도 있다. 이에 따라 이들은 최소한 5년 정도는 한 지역에서 근무하도록 하여, 근무지역에 대해서는 전문가가 되도록 하여야 한다.

이러한 지역사회 담당경찰관들은 지역주민이 찾아오기를 기다릴 것이 아니라 먼저 적극적으로 지역주민과 접촉하고 지역의 문제점을 파악하고 해결방안을 마련하는 지역사회 문제 해결자가 되어야 한다. 따라서 지역사회 경찰활동의 성공은 그 프로그램을 실행할 책임이 있는 지역사회 담당경찰관들에 달려 있으므로 그들의 태도, 인식, 그리고 행태가 충분히 변화해야만 한다(임창호 1999, 239~240).

한 예로 미국 캘리포니아주의 산호세 지역에서는 여러 개의 지역경찰센터(Community Policing Center)를 운영하고 있는바, 지역주민들로 이루어진 자원봉사자들이 상주하면서 지역의 문제에 대하여 법의 테두리를 넘어 조정하고 해결해 나가고 있다.

우리나라에서도 최근 양질의 치안서비스 위해 '파출소' 체제에서 지역경찰제인 '순찰지구대'로 바꾸어 운영하고 있는데, 차이는 있지만 이것도 지역사회 담당경찰관제도와 일부 관련된다고 볼 수 있다.[58]

그리고 이러한 지역담당경찰관제는 여러 가지 프로그램을 운영할 수 있는데, 예를 들자면 학교를 전담하는 경찰관 프로그램도 이에 포함할 수 있다. 외국은 학교담당경찰관이 따로 있지만 우리나라는 지역사회 담당경찰관이 학교담당경찰관을 당분간 겸해도 지장은 없을 것이다.

이러한 학교담당경찰관의 역할은 다양하다. 우선 가장 기본적으로 학교 내의 폭력행위에 대한 단속과 질서유지이다. 이와 함께 중요시되는 역할은 학생들의 비행(마약, 폭력, 성폭력, 알코올, 흡연 등)을 예방하는 데 있다. 즉 범죄행위를 자제하도록 교육, 상담 및 다양한 시도를 하고 있다.

또한 학생들로 하여금 폭력으로부터 자신을 보호할 수 있는 다양한 방법을 가르치고 있다. 이와 더불어 지역주민, 학부모, 시민단체를 대상으로 청소년문제에 대한 인식을 높이도록 촉진자 역할을 하고, 이들이 학교폭력문제에 관심을 갖도록 하는 역할을 수행한다(박세정 1998, 41~42).

---

58) 지구대와 관련해서는 뒤에서 다시 언급하기로 한다.

3) 경찰부패의 통제제도 강구

■ 법적 차원에서의 통제전략

경찰부패를 법적 차원에서 통제할 수 있는 전략으로 법규를 체계적으로 정비하는 것과 처벌규정을 강화하는 것, 내부고발자(whistleblower)를 보호하는 방안 등을 예로 들어 볼 수가 있다(최상일 외 2001, 82~83).

우리나라는 현재 경찰의 부정부패 행위를 통제하는 법률이 존재하고는 있지만 경찰부패 통제를 전담하는 종합적이고 체계적인 법이 존재하지 않으며 형법 등 다양한 법규에 분산되어 있는 실정이다.[59] 그리고 이러한 부정부패 관련 법규의 산만성과 비구체성으로 인하여 그 효율성이 저하되고 있어 이에 대한 대책이 요구된다 할 수 있다.

아울러 경찰부패를 통제하기 위한 법규들을 통해 처벌은 현실적으로 아주 미약하게 이루어지고 있는 실정이므로 이에 대한 강화된 규정 또한 필요하다.[60]

---

59) 우리나라는 현재 관료의 부정부패 행위를 통제하는 법률로서 국가공무원법(제7장의 복무 제56조~제67조의 규정 및 제10장의 제78조와 제83조), 공직자윤리법, 형법상의 일부조항(제7장 공무원의 직무에 관한 죄, 제122조~제135조의 규정), 특별형법으로서 특정범죄가중처벌등에관한법률(제2조~제5조의 규정), 지방공무원법, 공무원징계령, 공무원복무규정 등이 마련되어 있으며, 최근에 공무원범죄에 관한 몰수특례법과 공직선거 및 선거부정통제법이 제정되어 있는 실정이다.

60) 공직자가 부정행위로 구속되어 기소되는 기소율은 일반범죄의 60%대에 비해 상당히 낮은 약 40%대를 나타내고 있으며, 또한 현재 형법상의 뇌물죄 등이 규정되어 있지만 실제적으로 실형을 선고받은 사람은 드물고 대개 집행유예나 선고유예처분을 받고 나가고 있어 공무원범죄에 대한 법집행이 엄격히 이루어지지 못하고 있는 실정이다.
1998년 국정감사자료를 보면 뇌물수수 및 알선수재 혐의로 구속 기소된 공직자들의 1, 2심 평균 석방률이 96년 79.9%, 97년 79.0%, 98년 62.1%로 아주 높은 것으로 나타났으며, 1998년 1월부터 7월까지 구속 기소된 공무원들 중에서 항소심에서 풀려난 경우가 21명 중 20명으로 95%에 달했다.

또한 내부고발자의 보호도 중요하다 할 수 있는데, 무엇보다도 관료사회의 조직문화가 내부고발을 악덕으로 여기고 비논리적 의리를 미덕으로 생각하는 퇴행적인 사고에서 벗어나야만 할 것이고, 내부고발자 자신이 부패에 관련되어 있더라도 본인의 불이익을 최소화할 수 있는 방안들을 강구해야만 실질적인 효과를 거둘 수가 있을 것이다.[61]

■ 기구·제도적 차원에서의 통제전략

사정 관련 기구의 강화와 부패방지시스템의 구축, 각종 제도들의 개선 등을 통하여 경찰부패를 통제할 수도 있다.

예를 들어 고위 경찰관들의 권력형 비리에 대해 실질감사를 독립적으로 수행하는 데 있어서의 문제점 등 이러한 것들은 현행 사정기구의 한계 중의 하나라고 볼 수 있다. 따라서 이러한 것들에 대해 부정부패 전담사정기관이 효율적으로 운영될 수 있도록 철저하게 인사·예산상의 독립성 보장이 필요하며 또한 최고 통치권자의 정치적 이용자제와 적극적 지원이 필요하다(최상일 외 2001, 84~85).

그리고 수사, 교통, 방범 등과 같은 민원의 해결, 상담 및 감찰임무를 맡고 있으며 주민의 경찰에 대한 민원을 원스톱(one-stop)으로 종합적으로 처리할 수 있도록 도와주는 청문감사관과 같은 제도로서의 통제도 지속되어야 할 것이다.

또한 연공서열에 의한 것이 아닌 근무성적 평정제에 의한 능력위주의 공정한 인사제도로의 개선, 경찰단체의 활성화, 명망 있고 전문지식을 갖춘 주민들과 전문가들을 감사에 적극 활용하기 위해서 주

---

61) 미국의 경우에는 1989년 정부조직 내의 내부비리고발제도의 활성화를 위해 '내부고발자보호법(whistleblower protection act)'을 제정하였는데, 예를 들면 실질적으로 내부고발자를 보호하기 위해서는 내부비리를 알려준 공무원에 대해서는 그들의 범죄사실이 인정되더라도 처벌하지 않거나 완화하는 '플리바긴'(plea bargain) 같은 것이 있다.

민감사위원을 제도화하는 것도 하나의 제도로서 좋은 성과를 나타낼 수 있을 것이다(홍성삼 1999, 41).[62]

■ 행태적 차원에서의 통제전략

먼저 공직윤리 교육훈련의 체계화를 들 수 있는데, 이러한 경찰관 교육훈련 프로그램은 장기적인 관점에서는 개인의 도덕성을 제고하려는 노력으로 사회의 교육체계를 건전하게 확립할 수 있도록 하고, 단기적으로는 경찰관의 재교육 및 훈련과정에 행정철학 및 공직윤리 등 경찰공무원의 자질향상에 기여할 수 있도록 이를 적극 개발·활용해야 할 것이다.

두 번째로는 경찰관의 전문성이 제고되어야 한다. 예를 들자면 전문성이 요구되는 문제가 전문성이 결여된 경찰관들에게 맡겨졌을 때 무능한 경찰관들은 합리적 해결책 강구에 집착하는 것이 아니라 전문성이 결여되어 있기 때문에 자신의 직위를 이용한 사익추구에만 급급하게 된다. 따라서 경찰관들의 전문성을 강화할 수 있는 방안들을 강구할 필요가 있다.[63]

---

62) 공무원단체는 공무원의 복지증진과 사기제고, 행정능률의 향상 및 행정발전에 기여할 수도 있는 장치이며, 공무원과 관리층 간에 쉽게 접근할 수 있는 쌍방적인 의사전달 통로를 제공하므로 하의상달과 함께 행정의 개선과 행정서비스 질의 향상에 기여하며, 그리고 공무원들이 직업적인 행동규범으로부터 이탈되는 것을 막는 사회적 견제작용을 하고, 기업윤리 확립과 자질향상을 위한 교화활동을 전개할 수 있게 함으로 자율적인 통제장치에 의해 부정부패의 유인을 억제할 수 있는 순기능이 많이 있다.

63) 보건복지부의 경우 1990년부터 1997년 11월까지 연금보험국장의 평균 재직기간이 5.4개월, 보건산업담당관은 6개월에 지나지 않는다. 중앙정부뿐만 아니라 지방정부의 경우에도 비슷한 것으로 드러나, 1999년 3월까지 대구광역시 각 구·군청 문화공보실의 경우 문화공보실장은 10개월, 문화(관광·체육)담당이 8개월 정도가 평균 재직기간인 것으로 나타났다. 물론 재직기간이 짧을수록 직무 관련 비리나 부패가 줄어드는 것은 사실이나, 지나친 순환보직제로 인해 공무원들이 업무에 대한 전문성을 확보하기가 어렵다는 문제가 발생한다.

마지막으로는 고위 경찰관의 리더십 강화를 통한 통제이다. 이들이 먼저 부패로부터 자유로워야만 하위직원들을 통솔할 수 있을 것이며, 이들 역시 상관들이 부패에 자유로운 것을 인지한다면 부패의 유혹에서 벗어날 수 있을 것이다(최상일 외 2002, 33~34).

4) 경찰관의 처우개선 및 우수인력 채용

■ 사기진작과 질적 향상 도모

우리나라에서 부족한 인력과 장비문제는 경찰에 대한 투자가 제대로 이루어지지 않았기 때문이다. 경찰에 대한 투자는 국가사회 유지의 근간인 법질서에 대한 투자로 사회기반시설에 대한 투자라고 할 수 있다. 사회간접자본에 대한 투자의 일환으로 경찰에 대한 투자를 인식하여야 한다.

또한 경찰이 보수적이라는 말을 듣는 경우가 많다. 이는 학교폭력이나 정보화 사회의 출현에 따른 컴퓨터범죄 등 새로운 범죄에 대한 대응책을 장기적인 관점에서 마련하고 대처인력을 양성하여야 함에도 여기에 한발 늦는다는 것을 의미하기도 한다. 경찰이 대처할 준비가 되지 않은 범죄가 나타날 때 주민들은 불안해한다. 새로운 범죄형태에 신속히 대응할 수 있도록 능력과 자격을 갖추도록 제도화해 주는 것 또한 경찰관의 사기와 무관하다고는 볼 수 없다(홍성삼 1999, 45).

특히 경찰관의 질적 향상 도모를 위하여 교육훈련도 내부적 교육만으로 시도되기보다는 외부의 교육기관에도 위탁교육을 시도하여 전통적 경찰관교육의 틀을 벗어나야 한다. 전통적 교육이 합법성을 강조하는 교육이었다면 현대사회에서는 합리성 추구가 강조되기 때문에 합법성과 합리성을 병행하는 교육으로의 전환이 요구되는 시점에 와 있다. 이러한 교육이 실효를 거둘 때 고객만족 행정의 구현과 치안행정서비스의 향상을 보장할 수 있는 가치관과 의식함양이 가능할 것이다(문재우 2000, 340).

■ 처우개선

영국의 경찰사에 있어서 개혁의 과제 중의 하나는 '처우의 개선'이었다. 즉, 치안유지에 필요한 적정규모의 유능한 경찰관을 확보하고 경찰서비스의 질을 향상시키기 위하여 경찰관의 환경을 충분히 향상시켰다(임창호 1999, 237).

그리고 경찰에 대한 보상제도는 국민의 생명과 재산보호를 위한 위험상황 대처능력의 약화를 초래할 뿐만 아니라 사망·재해 시 유가족에 대한 생계지원이 미약할 정도의 적은 보수체계를 가지고 있다(이상안 2001, 92).

현행 기본급, 제 수당, 복리후생비, 기타 수당 등으로 구성되어 있는 경찰보수체계화에서는 현실적으로 생활에 어려움이 많은바, 공적부조 외에 별도의 사회적 위험보장에 대한 사전적 및 사후적 조치가 요구된다.

이에 따라 경찰의 단순한 급여액의 증액만이 아니라 치안행정서비스에 필요한 각종 활동비(사업비) 및 시설과 장비현대화에 대한 장비 및 교육비, 그리고 경찰의식 및 생활개선에 필요한 과감한 투자가 이루어져야 할 것이다.

이로 인하여 복무조건 및 근무환경의 개선, 사회적 신분보장으로 인한 사기앙양과 근무자세 확립 등이 보장될 때 명예심, 충성심, 희생심 등을 기초로 주민에게 보다 밀접하고 향상된 치안행정서비스를 기대할 수 있을 것이며 아울러 주민의 인권도 향상될 수 있는 것이다.

■ 우수인력 채용

경찰서비스 수준을 향상하기 위해서는 임용의 첫 단계인 채용과정에서 우수한 자질을 지닌 인력을 가능한 한 확보할 수 있어야 하며 이를 제도화하여야 한다.

일반적으로 우수인력 유치를 위한 채용활동은 수요자보다는 공급자 입장에 있어야 한다는 것이 적극적 인사행정 이래의 사고방식이다. 일정한 시기에 일정한 인원을, 공정하고 객관적인 시험에서 선발하여 가능한 한 빠른 시일 내에 정식 경찰관으로 임용할 때 그렇지 않은 경우보다 양질의 인력을 채용할 수 있다. 이러한 시험은 능력과 자격을 갖춘 임용후보자들이 쉽게 알 수 있도록 적극적인 홍보가 이루어져야 한다(오석홍 1993, 176). 이는 결국 모집활동을 적극화하고 정례화하자는 것이며 이를 통해 조직응집력도 높여야 한다.

그러나 현재의 시험은 필기에 지나치게 의존적이어서 우수인력을 채용함에 제약요인으로 작용하는 것이 사실이며 그렇기 때문에 직무적합성이 소홀시되는 것도 사실이다(이유준 1995, 63~64). 경찰로 진출할 수 있는 경로와 자격요건을 다양화시켜야 한다. 그리고 관련 분야의 전문가들을 영입할 수 있도록 경력자들에게 기회를 할당해 줄 수도 있다. 아울러 일반적인 채용원칙이 지켜지는 외에, 경찰직에 대한 사회경제적 평가가 높다면 사회 내의 우수인력은 민간부문보다는 경찰부문으로의 취업을 희망하게 될 것이다.

3. 프로그램 개발 및 시설·장비의 활용과 운용

1) 다양한 프로그램의 개발과 시행

이제까지 우리나라 경찰은 주민들의 신뢰를 받지 못했기 때문에 앞으로는 우선적으로 주민과의 관계개선 프로그램 개발에 치중하고, 그와 병행하여 지역적 특성에 맞고 주민들이 경찰활동에 적극적으로 참여할 수 있도록 하는 프로그램을 운영해야 한다.

예를 들면 자율방범대의 운영 프로그램—최근까지 파출소 단위로 구성되어 있던 자율방범대는 주민이 경찰활동에 직접 참여하는 형태이다—도 있고 청소년 관개개선 프로그램—청소년 운동경기 후원, 경찰시설 견학 등의 프로그램은 경찰의 이미지를 긍정적으로 개선하는 계기가 되고 장래의 경찰인력을 유치하는 데도 일조를 할 것이다—도 있다(노호래 2000, 227~231).

그리고 노년층을 대상으로 한 프로그램도 개발해야 하는 등 각 경찰서마다 지역특성에 맞는 지역사회 경찰활동 프로그램을 개발해야 한다.[64]

미국의 많은 도시들이 주민들의 다양한 문제에 대해 주민과 경찰의 접촉을 용이하게 하기 위해서 지역사회 내에 소규모 경찰관서를 설치하고 있으며 경찰관을 위한 '주택구입 대여금 프로그램'을 마련하여 낮은 이율과 담보로 대부해 주면서 범죄문제가 심각한 지역의 주택을 구입하도록 경찰관들에게 권장하고 있는 것은 다양한 프로그램의 좋은 예라 할 수 있다.(Mclanus 1992, 10~12).

---

[64] 주민들이 경찰의 업무를 이해하고 준법의식을 함양할 수 있도록 주민경찰학교 프로그램을 개발할 수도 있으며 경찰관의 우범지역 거주 프로그램, 주민을 위한 직업알선 프로그램 등도 운영할 수 있다.

　그러나 이러한 프로그램을 실행하기 위해서는 소요되는 예산이 가장 먼저 확보되어야 한다는 어려움도 따른다.

　다음에서는 미국 내에서 운영되고 있는 다양한 프로그램에 대한 소개이다(팔미오토 2001, 441~450). 우리 경찰도 이를 참고하여 지역주민의 안전과 인권향상을 위한 계획을 세우는 데 활용할 필요가 있다.[65]

■ 프로그램 1

　첫째, 가정폭력 방지 프로그램이다. 전통적 경찰활동은 가정폭력을 가족구성원들 혹은 사회봉사단체가 처리해야 할 문제로 여긴다. 그러나 주민들은 지역사회 경찰활동 경찰관들이 가정폭력을 줄일 중요한 역할을 한다고 인식하기 시작하였다.

　1996년의 뉴욕 서부에 위치한 치크토와가(Cheektowaga)경찰서는 가정폭력 문제에 대항할 지역사회 경찰활동에 참여하기 시작했고 그것은 미 법무부의 원조를 받았다. 가정폭력에 관해 경찰은 가정폭력 희생자들이 지역사회에서 제공되는 서비스들에 대한 정보를 받지 못했다는 것을 발견했다. 그래서 경찰당국은 가정폭력 피해자들에 대한 서비스 제공에 있어 무관심하고 비협조적인 경찰관들을 변화시키려 애썼고 가정폭력에 민감하게 반응할 조직문화, 즉 지역사회의 가정폭력에 관련하여 도움을 줄 수 있는 경찰활동의 변화를 추구하였다.

　가정폭력 훈련 프로그램은 가정폭력에 관한 신념의 고취, 상호 간의 기술향상, 편견 극복과 방해요소를 해결하는 정형화에 초점을 맞추었고 이러한 훈련은 모든 경찰관, 공공안전 요원, 주민, 지역사회

---

65) 프로그램 1, 2, 3과 그 하부 프로그램들의 분류는 특정 분야별로 구분한 것이 아니라 편의상 나누어 구분한 것이지만 프로그램 1은 가정과 관련한 것이고, 프로그램 2는 학교와 관련, 프로그램 3은 지역사회와 관련한 프로그램이라 할 수 있겠다.

요원들에게 개방되었다.

그리고 이에 따라 경찰청은 여성에 관한 폭력사건을 줄이기 위해 사용될 수 있는 다양한 전략들 중의 하나로 '지역사회 경찰교환'(Community Police Exchange) 프로그램을 설명하기도 하였다.[66]

둘째, 노숙자를 위한 프로그램이다. 이 또한 매우 복잡한 문제로서 건강관리의 소홀, 가정폭력, 정신질환, 약물의존 등의 요인이 노숙자 문제에 큰 영향을 미쳤는데, 어찌되었든지 간에 노숙자들은 그들 상황에 대해 비난받지 않아야 된다. 많은 지역사회에서 주민들도 이런 사회문제를 경찰들의 문제로 생각하고 있다. 그러나 경찰들도 전통적인 경찰활동으로는 이 문제를 다룰 수 없다. 지역사회 경찰활동이 노숙자문제를 다루는 데는 더욱 적합하다.

셋째, 노령자 보호 경찰프로그램이다. 미국에서는 60세 이상 주민들에게 봉사하는, 관습화된 노령자 보호 경찰프로그램을 실시한 적이 있다. 이 프로그램은 생필품을 공급하고, 문제점 등을 해결하고, 적당한 봉사를 하기 위해 노인들과 함께 행동한다.

이 프로그램의 장기적 목표는 노인들 사이의 범죄에 대한 두려움을 줄이고, 질 높은 경찰의 봉사활동을 노인들에게 제공하기 위한 것이다. 그리고 이러한 노령자 보호 프로그램은 퇴직 노인 시설에서 많은 관심을 유지하고 있는바, 이들과의 연계도 매우 중요한 것으로 나타났다.

■ 프로그램 2

첫째, 조직폭력 퇴치 교육훈련 프로그램이다. 이 프로그램은 청소

---

66) 이 프로그램의 내용은 지역사회 협의체를 구성하라, 가정폭력을 기록하라, 계속 교육하라, 가정폭력에 대한 명백한 지침을 제공하라, 법집행 기관에 인식되도록 보장하라, 현장에 도달하라, 교육훈련을 실시하라 등이다.

년의 범죄사고와 폭력배들의 활동이 늘어 가는 추세에서 이들의 폭력성을 줄이고 비폭력적인 방법으로 싸움을 해결할 수 있는 방법을 익힐 수 있도록 한다는 목적으로 설계되었다.

따라서 이 프로그램은 청소년들에게 자신의 목표를 달성하고, 주위의 압력으로부터 벗어나고, 폭력 없이 일을 해결할 수 있도록 가르친다. 또한 조직적인 연습과 배움에 상호 접근방법 등을 통해 폭력배들과 청소년 폭행이 얼마나 그들 삶에 영향을 미치는지 스스로 깨달을 수 있도록 해 준다.

둘째, 약물남용 및 마약퇴치 교육 프로그램이다. 이 프로그램의 강조점은 항상 학생들이 친구들에 의한 마약, 폭력의 유혹을 뿌리칠 수 있도록 하고, 술, 마리화나, 담배나 다른 마약들로부터 욕구를 억제할 수 있게 하는 것이다. 이 방법들은 자기만족, 발언능력, 인간관계 등의 의사소통 능력, 의사결정 능력, 마약사용과 폭력조직 사이에 대한 자각을 확립하는 데 초점을 맞추었다.

마약퇴치 교육 프로그램과 지역사회 경찰활동의 결합은 유익할 수 있다. 그것은 지역사회에 봉사할 수 있고 지역사회의 젊은이들과 함께 잠재적 동료애를 발휘할 수 있고, 마약 관련 예방과 젊은이들 사이의 다른 범죄예방을 도울 수도 있다. 또한 이 프로그램 각각의 교육계획안은 자신감, 교육 시 어려움 극복, 의사결정 능력과 동기들 사이의 압력을 이겨 내는 능력, 기본 실질 교육 등으로 구성된다. 경찰관들과 교사들은 이 프로그램을 같이 가르치며 약물의 남용과 이미 약물에 중독되었을 때의 대처방법 등에 대해 정보를 심도 있게 교환한다. 이 또한 지역사회에서의 범죄율 감소에 많은 기여를 하고 있다.

셋째, 학교경찰프로그램이다. 경찰이 학교 내와 주변에서 순찰을 도는 프로그램은 경찰당국, 학교와 지역사회 간의 연락처로서의 역할을 하고 교내 지도, 학생들의 조언자, 문제점 지적, 문제해결과 법집행 등의 기능을 맡고 있다. 그들은 학교, 학생 문제와 직접적으로 연관된 문제를 다룬다. 그것은 과외활동뿐 아니라 수업시간 동안에도 학생들에게 도움이 될 수 있다.

그러나 이러한 교내 순찰 프로그램은 엄격한 지침을 수반하지는 않는다. 왜냐 하면 학교·학생·경찰 모두 인격체이기 때문이다. 하지만 반면에 교내 순찰경찰관들은 각 특정 문제의 요구 상황에 특정한 방법을 적용할 권한이 주어지기도 한다.

따라서 만약 우리나라에서도 학교담당경찰관제를 시행한다면, 다음과 같은 역할을 중점적으로 수행해야 할 것이다(박세정 1998, 238~246).

○ 학생들로부터 피해사례 수집 및 상습 피해 장소에 관한 정보 파악
○ 가출학생 및 상습 결석 학생 등 문제유발 가능성이 있는 학생에 대한 상담 및 관리
○ 지역주민, 학부모, 시민단체를 대상으로 한 안전한 학교 만들기 지역 네트워크 결성의 촉진자 역할
○ 학생들과 친근해질 수 있는 각종 이벤트 사업 추진
○ 범죄예방 교육

넷째, 소년경찰프로그램이다. 소년경찰은 업무의 특성상 비행소년을 선도하고 조사하는 업무뿐만 아니라 비행예방을 위한 노력을 한다. 그래서 이는 어떤 분야보다도 전문성이 요구된다고 할 수 있고 소년경찰의 전문성을 제고하기 위해서는 소년경찰 전문화 과정을 신설할 필요가 있다.

이와 관련하여 미국에서 소년경찰관들을 대상으로 설문 조사한바, 교육방법은 경찰교육기관보다는 청소년단체가 운영하고 있는 청소년지도자 과정에 위탁하여 교육하여야 하고 교육기간은 3~4주로 하며 교육내용은 소년비행론, 교육학, 심리학, 사회병리학 등을 희망하고 있었다. 그리고 각종 승진 심사 시 특히 소년경찰의 경우 청소년지

도자 자격증 소지자에게 가산점을 부여하는 것도 이 프로그램의 활성화에 한 방편이 될 것이다(전대양 1997, 70).

이에 대한 한 예로 미국에서는 경찰의 청소년 운동경기 후원이 경찰－청소년 관계 프로그램의 핵심이 되어 왔다(Roberts 1989, 100～106). 이는 경찰이 후원하는 복싱대회, 야구와 축구대회, 농구대회, 여름캠프 등을 포함할 수 있다. 이러한 프로그램의 근본 목적은 청소년들에게 운동기술과 스포츠맨십을 가르치고, 경찰과 청소년 모두가 서로를 존중하도록 하기 위한 것이다. 또 다른 관계증진 프로그램으로서 경찰시설 견학 프로그램은 학생들에게 경찰관을 만나서 대화하고, 경찰의 장비들을 체험할 수 있는 등의 기회를 제공한다. 이것은 그동안의 경찰에 대한 부정적인 이미지를 개선하는 계기가 되고, 장래의 경찰인력의 유치에도 일조를 할 것이다.

■ 프로그램 3

첫째, 기업연계 프로그램이다. 기업연계의 목적은 삶과 근무환경 개선을 위한 지역사회의 노력을 통해 지역의 경제구조를 재건하는 데 있다. 즉 기업성장을 돕고 지역사회에 새로운 고용 창출을 가져오며 기업사회와 마을 주민 사이의 협력을 통해 직업교육훈련 기회를 증진시키기 위한 것이다. 이것이 성공적일 때 기업연계 프로그램은 경찰에게 이익일 수 있다. 왜냐하면, 실업률이 내려갈 때 범죄율도 내려가기 때문이다.

지역사회에 고용 기회가 줄어들면, 마약과 범죄를 지역사회에서 제거하는 일을 지속할 수 없을 것이다. 더구나 지역사회 경찰활동은 기업연계 프로그램을 할 역할을 가진다. 왜냐 하면 높은 범죄발생률과 무질서를 가진 지역사회는 기업을 유지하거나 끌어들일 수 없기 때문이다.

미국 법무부의 기업연계에 관한 발표에 따르면, 지역사회 경찰활동은 지역사회와 법집행 기관 그리고 기업이 연계되어 지역사회의 활성화를 위한 노력을 통해 기업체들을 지역사회로 유치하는 데 핵심이 된다(Bureau of Justice Assistance 1994, 2).

둘째, 주민순찰대 프로그램이다. 주민순찰대원은 순찰경찰관들과 협력관계에 있다. 각 순찰경찰관은 범죄 근원 지역이라 불리는 지역에서 특별 지역 마을에 배치되어 주민순찰대와 밀접하게 일한다.

여기에는 다양한 비전통적 방법이 동원될 수도 있는데, 순찰경찰관들이 범죄 데이터를 제공하고 주민순찰대원들에게 때와 장소를 지정해 그들의 마을을 순찰하도록 하는 방법 등이 이용되기도 하였다(팔미오토 2001, 440).

셋째, 자원봉사 프로그램이다. 이 프로그램은 거의 종합적인 경찰활동 프로그램이라고도 볼 수 있는데 자원자들이 자신의 자동차로 순찰하기도 하는 등의 활동을 하는 이웃감시 순찰, 형사들과 협조하여 자동차 절도범을 잡는 역할 등을 하는 이동순찰대 활동, 계속적으로 경찰과 연락하며 상인들과 손님들의 안전유지를 지켜주는 시내 도보순찰활동, 주차단속반 활동, 안전교육을 시키고 경찰서에 대한 주민과의 관계를 좋게 하는 교통감시 순찰대 활동, 경찰서 로비 근무 지원 활동 등이 이에 포함된다고도 볼 수 있다(팔미오토 2001, 454~456).

트로야노비치(Robert C. Trojanowicz)와 하덴(Hazel A. Harden)도 지역사회 경찰활동의 범주에 포함될 수 있는 프로그램을 다음과 같이 기술하고 있다. 이웃감시(Neighborhood Watch), 지역사회파출소(Mini- and Shoprront-Police Stations), 지역사회와의 연락(Liaison with Gay Communities), 여성과 아동에 대한 특별한 관심, 순찰경찰관의 가정방문, 경찰의 이미지 개선을 위한 언론 캠페인, 도보순찰, 마을경찰관, 아동들을 위한 안전한 가옥의 지정, 범죄의 공포축소 전략, 지정순찰, 경찰이 후원하는 디스코와 운동경기, 기마순찰, 주민들로 구성된 보조경찰의 창설 등이 그것이다(Trojanowicz et al. 1985, 8).

아울러 우리나라에서도 주민들이 경찰에 어떤 질문이나 요구사항을 가지고 쉽게 접근할 수 있도록, 지역사회 경찰활동 전담부서에서 여러 가지 프로그램을 개발하여야 한다. 그리고 개발만 할 것이 아니고 시행결과를 잘 분석하여 문제점을 파악하여 개선해야 할 것이다.[67](황석하 1997, 47)

앞에서 살펴본 외국의 지역사회 경찰활동에서 우리나라에 적용 가능한 프로그램들을 받아들일 필요가 있다. 현재 지역사회 경찰활동에서 앞서있는 국가들은 많은 시행착오를 거쳐서 현재의 프로그램들을 실시하고 있으므로 우리나라에 적합하도록 개선해서 받아들인다면 많은 도움이 될 것이다.

그리고 이러한 활동들은 주민들의 많은 지지와 함께 지역주민의 인권향상에 일조를 할 것이다.

2) 지구대의 효율적 운영

■ 협력치안 기능 강화

우리나라 지역사회 경찰관서의 개편은 다기능을 수행하는 작은 경찰서 역할에서 범죄예방과 협력치안을 중심으로 한 전문화된 기능을 수행하는 방향으로 바뀌어야 한다. 지구대에 근무하는 외근 경찰관은 지역사회에 밀착되어 있으므로 주민들과 자주 접촉할 수 있고,

---

67) 현재 우리나라에서 민간 주도로 시작되어서 범국민운동으로 발전하고 있는 '자녀 안심하고 학교 보내기 운동', '1일 명예 파출소장 제도', 파출소나 경찰서에 '사랑방 휴게소'를 만들어 지역주민들이 다목적으로 이용하게 할 수 있도록 한 시도 등은 많은 호응을 받고 있다.

지역사회의 실정을 정확히 알 수도 있다. 이러한 경찰관들의 역할은 협력치안활동을 전념하는 형태로 변화되어야 한다.

그리고 얼마 전에는 파출소가 운영되면서 나타나고 있는 문제점들을 극복하기 위하여 새로운 기구가 만들어진바, 이를 통해 실질적 기능위주로 활동할 수 있는 기반이 조성되어야 한다.[68]

■ 지구대 근무제도 및 여건의 개선

오늘날 경찰은 '지역사회의 주체가 지역주민이며 경찰은 지역사회의 안전과 평온을 도모하기 위해 주민의 관점에서 지역사회의 문제나 관심을 파악하고, 주민·자치단체와 협력하여 문제를 해결해 나가야 한다'는 인식을 갖고 있다. 따라서 경찰업무의 최종목표도 범죄자의 검거가 아니라 지역주민의 안전 확보에 있으며 지역주민의 안전 확보는 지역주민과의 양호한 관계구축에서 출발하는 것이다.

이를 위해 경찰은 지역사회가 무엇을 필요로 하는지에 대한 의견을 수렴하고, 구체적으로 지역사회의 관심사에 부응하며, 주민의 참여를 유도하고, 지역 내의 문제를 해결하려고 시도하는 등의 업무가 주요한 과제로 대두되고 있다. 이러한 인식과 상황의 변화에 부응할 수 있도록 하는 지구대 근무제도에 관해서는 몇 가지 개선방안이 제시될 수 있다.

농어촌 경찰관서의 주재화와 통합화, 일선에의 권한 이양 및 지원체

---

68) 경찰청은 2003년 8월 1일부터 전국의 모든 경찰서를 대상으로 파출소를 순찰지구대로 재편한 '지역경찰제'를 실시하였다. 지역경찰제는 치안서비스 수요자인 주민이 안전하고 편안한 삶을 영위토록, 주민과 가장 가까이 있는 파출소 운영체계를 효율화시키기 위한 경찰혁신방안의 하나로 경찰서 관할구역을 인구, 면적, 주민생활권, 교통망 등 지역 실정을 종합적으로 고려하여 권역 내 파출소 인력·장비를 집중, 순찰지구대를 운영하여 집단폭력, 대형교통사고 등에 효율적으로 대처하고 치안서비스를 전문화시키는 역할을 담당하고 있다.

제의 구축, 외근 경찰관 근무평가 방법의 개선, 방범심방의 충실화, 인프라 확충 및 안전성을 제고 등이 그것이다(주희종 1998, 115~118).

그리고 지역경찰관서 순찰방식의 개선을 위한 자율순찰과 지정된 순찰방식의 병용, 인력의 고효율화 방안의 강구, 지역적 특성에 맞는 지구대의 설치와 운영, 지구대 경찰관들에 대한 평가방법의 개선 등이 필요하며 경찰활동에 대한 새로운 패러다임이 요구된다 할 수 있다.

2000년 2월 1일부터 실시하고 있는 '방범리콜(Recall) 제도'(지역주민의 건의사항을 수렴하여 지역치안시책에 반영함)는 이러한 취지를 잘 살려주고 있으며 잘 정착되어야 한다.[69]

■ 구조개편

먼저 지속적인 구조조정이 필요한데 이러한 조직개편의 목적은 첫째로 조직구조를 직책과 권한 중심에서 업무 중심으로 전환시켜 관료적 행태를 탈피하고, 둘째로 업무수행 자세를 법집행에서 국민안전과 불편해소 쪽으로 변화시켜 주민의 만족도를 지속적으로 제고하며, 셋째로 개혁추진에 있어서 현재 경찰관 정원의 범위 내에서 통폐합 등을 통해 효율적인 구조조정을 실현하는 것에 있다(노호래 2000[c], 67).

아울러 보조경찰로서의 전투경찰과 의무경찰제도를 잘 운영해야 하며 예비군 제도에 대한 효율적 운영방안도 강구해 보아야 할 것이며 여경들에 대한 처우와 근무방식도 계속적으로 연구해 보아야 할 것이다.[70]

---

69) '방범리콜제'는 생활방범 요령의 홍보와 주민의 요망사항을 파악하기 위하여 포돌이·포순이 캐릭터가 도안된 그림엽서를 제작, 경찰관이 순찰 등 외근활동 시 지역주민 및 일반가정 등에 배포하여 친근한 경찰상을 심어 주고 자위 방범의식을 제고하며, 주민들이 이 엽서에 기재한 의견을 매 분기별로 분석·평가하여 지역치안시책에 반영하고 있다.

70) 전·의경 복무자는 복무 후 동원예비군훈련을 받는바 이 동원예비군훈련을

3) GIS의 활용

현재 경찰청은 범죄분석, 예측 시스템을 개발하여, 프로그램과 이용상의 문제점을 보완하는 작업과 함께 일부 이를 적용하고 있지만 일선 경찰의 실무를 위한 활용은 아직 드문 편이다.

GIS는 경찰실무를 지원하기 위한 도구이다. 따라서 범죄를 감소시키고 주민들의 안전을 도모하며 업무의 효율성을 높이기 위해서는 프로그램 내용이나 네트워크 확장과 같은 기술적인 개선만큼이나 범죄지도의 분석결과를 수사, 방범, 대책수립 등에 직접 적용하는 적극적인 시도가 필요하다.

■ 범죄예측 시스템 프로그램 활용

GIS는 범죄예측을 통하여 지역주민의 안전과 효율적인 경찰의 업무수행을 도와줄 수 있는바, 우리나라에서도 이러한 범죄예측 시스템에 대한 활용을 높일 수 있는 방안의 강구가 필요하다 할 수 있다.

첫째, 범죄예측 프로그램은 수사 및 방범활동의 효과를 높이는 데 활용할 수 있다. 지역정보와 지역의 특성을 습득하고 빨리 확보하는 것은 순찰경찰관이 관할지역의 범죄 상황에 대한 충분한 사전지식을 갖추도록 만들어 주며 관할지역 특성과 범죄 집중지역에 대한 정보로 효과적인 순찰전략을 세울 수 있다.

또한 이것은 수사와 교통문제 해결에 도움을 준다. 이 프로그램을 이용하여 범죄자를 추적하거나, 수사 범위를 좁힐 수 있다. 특히 연

면제하고 일정한 기간 동안 경찰활동을 보조하게 하는 방안도 있고, 돌발사태가 발생하여 치안수요를 감당할 수 없는 경우를 대비하여 경찰에서 동원할 수 있는 예비경찰력으로 활용하는 방안도 고려할 수 있을 것이다.

쇄범죄에 효과적인 수사도구로 활용된다. 우리나라 경찰도 범죄통계 분석을 통해 피의자의 범위를 좁히고, 범죄재발 가능성이 높은 장소를 찾아냄으로써, 수사의 과학화를 꾀할 수 있다.

둘째, 범죄예측 프로그램의 적용은 실시간 범죄통계와 범죄 다발지점에 대한 정보를 기초로 경찰서 단위의 범죄대책회의의 효과를 높일 뿐 아니라, 일선 경찰관서의 주민서비스 업무를 효과적으로 지원한다. 일선 경찰이 지역사회의 물리적, 사회 인구학적 특성, 범죄환경 등을 정확히 파악함으로써 범죄에 즉각적으로 대응하고, 그 밖의 주민생활안전을 위한 서비스 제공을 할 수 있다.

셋째, 외국의 지역사회 경찰활동이 성공을 거둔 것처럼 주민들과의 협조체계를 구축하는 데 활용할 수 있다. 이를 위해서는 경찰이 수집한 범죄 및 지역문제에 관한 정보가 폭넓게 제공되어야 한다. 이때 각 경찰서의 홈페이지를 활용한 정보공개의 방안도 고려할 만하다. 또한 지역주민들과의 정기적이며, 실질적인 범죄대책회의 방안이 모색되어야 할 것이다.

넷째, 뉴욕 경찰의 컴스텟은 전략 수립 및 경찰활동에 대한 평가의 중요성을 보여 주는 대표적인 예다. 우리 경찰도 범죄예측분석 시스템을 활용하여, 앞으로는 전략 및 활동 결과에 대한 정확한 사후분석을 실시해야 할 것이며, 이에 기초하여 전략수정 및 재수립의 과정을 거쳐야 할 것이다(이현희 2000, 313~316).

■ 범죄분석 및 통계정보의 활용

2000년 9월 우리나라 경찰은 범죄분석 시스템의 일부분으로 범죄지도 프로그램을 도입하였다. 범죄발생을 범죄자나 피해자의 특성뿐 아니라 지역의 특성과 관계 지어 파악한다는 점에서 이는 경찰행정의 발전이라 할 수 있다. 또한 범죄지도의 도입은 경찰업무가 통계자료를 바탕으로 한 과학적 분석 작업으로 전환되는 점에서 큰 의미를 갖는다.

범죄지도를 이용하면 범죄와 지역사회, 범죄와 주변환경의 관계를 심층적으로 분석하고, 그 결과를 경찰업무에 반영하는 체계적 작업을 할 수 있다. 그러나 이러한 발전이 경찰업무에 실질적으로 활용되는 데는 약간의 문제도 있다. 현재 사건 지점을 표시하는 범죄지도 중심의 범죄예측 시스템으로는 충분하지 않고 지속적인 보완이 필요하다는 말이다.

이러한 취지에서 여기서는 우리 경찰이 범죄분석 및 통계 시스템을 경찰업무에 효과적으로 활용하기 위해 갖추어야 할 여건들과 해결해야할 문제점들을 살펴볼 수 있는데, 첫째, 이것의 성공은 정확한 자료의 입력에 달려 있다는 것이고 둘째는 경찰조직의 변화가 수반되어야 한다는 것이다(Rich 1995). 이는 이러한 GIS의 시스템이 지역에 관한 자세한 정보를 제공하는 것이고 지역지도를 기초로 관할지역 중심의 치안정책을 수립하게 되므로, 자연히 경찰의 의사결정구조는 수직적인 것에서 수평적인 것으로 변화해야 한다는 것을 의미한다. 즉 중앙부처 중심의 피라미드형의 경찰조직보다는 지역단위의 경찰이 나름대로 그들 환경에 맞는 정책결정을 할 수 있도록 자율성을 부여해야 한다는 뜻이다. 세 번째는 기술적인 것으로 GIS프로그램의 범죄분석 기능 등의 강화 및 관련 데이터베이스의 주기적 보완, 일선 경찰에 대한 컴퓨터 활용, 통계의 중요성, 지역환경에 따른 차별적 범죄분석, GIS 사용 등에 대한 교육의 강화가 필요하다(이현희 2000, 317~318).

4) 장비의 운용

■ 장비의 효과적 활용

경찰이 지식정보 시대에 부응할 수 있도록 인력과 장비를 효율적으로 운용하고, 과학적 치안활동을 모색해야 할 것이다. 인터넷 치안서비스를 확충하고, 해킹 등 사이버 범죄 전반에 대한 광범위한 예방·검거체제를 구축해야 한다. 그리고 그동안 지역주민들이 실제로 느끼고 있는 것과 거리가 멀었던 '통계치안'의 문제점을 보완하기 위하여 치안지수 개념을 개발하여 모든 치안활동 평가에 적용하고, 지역별·계절별·요일별 범죄발생 추세 등을 분석하여 미리 알려주는 제도도 시행해야 할 것이다. 아울러 모든 치안활동 결과를 주민에게 공개함으로써 치안정책이 원만히 이루어지도록 해야 한다. 또한 전 경찰관이 다양한 치안수요에 탄력적이고도 의연하게 대처할 수 있도록 업무 전반을 메뉴얼화·시스템화하여야 할 것이다.

사람이 바뀔 때마다 지침이 변경되고 법령과 규칙보다 일방적·즉흥적인 지시가 먼저 통했던 것이 사실이다. 그리고 새로운 것에 대한 한 지시에 대해서 무관심으로 일관되었던 것도 부인할 수 없다. 하지만 이러한 시대착오적이고 새로운 지식 및 정보에 대해 시도도 하지 않으려는 태도는 고쳐져야 한다. 그리고 이러한 최신장비들에 대한 실무 중심 교육으로 업무처리 능력을 획기적으로 향상시켜야 할 것이다(전용찬 2000, 404). 그리고 이에 대한 숙달로서 장비의 효율적 활용이 가능해지면 자연히 지역주민의 안전이 확보될 것이며 인권향상에도 도움이 될 것이다.

■ 정보의 표준화

우리나라도 외국의 연방, 주 및 지방경찰기관들이 전국 각처에서 수집하는 정보와 통계를 취합 분석하여 표준화하는 것과 같이 광역 '자료은행'을 설치하고 활용해야 한다.

특히 이를 적용한 경찰기관들이 여러 면에서 성공적이었고 능률적으로 일을 하며 크게 유익하다는 점이 증명되기도 하였다. 그리고 이러한 프로그램을 통하여 지역주민의 소득수준, 특정 지역의 취업 종류, 가족의 규모 및 각종 범죄정보와 연관시킬 때 중요한 그 밖의 정보를 얻을 수 있으며 주민에게 보다 나은 서비스를 제공할 수 있는 것이다(하워드 얼 1997, 224).

4. 교육과 인간관계

1) 체계적인 교육훈련 및 평가

인권교육은 일회성 단기적 행사가 아니라 자유민주주의 법치국가의 기반을 닦는 장기적 과제다. 인간의 존엄성과 법치주의, 그리고 경제발전도 국민의 인권의식 위에서만 뿌리내릴 수 있기 때문이다. 다시 말하면, 인권교육을 정규 교육화하고, 특히 경찰공무원 정기교육에 인권교육을 반드시 포함시켜야 한다. 최근 인권위원회가 국가적인 차원에서 발족이 되어 활발한 활동을 하고는 있지만 인신을 다루는 경찰, 검찰, 교도당국에 지역의 명망인, 시민단체와 인권단체의 소속원들로 구성되는 인권위원회와 비슷한 성격의 기구를 설치하는 것도 좋은 방법이 될 것이다. 이곳에서 정기적으로 해당기관 활동의 인권정책에 대한 자문을 구하고, 그 기관의 소속원들에 대해 인권에 대한 경각심을 높이고 인권교육을 실시한다면, 이는 실재에 있어 발생할 수 있는 많은 인권침해를 예방할 수 있을 것이며 우리 인권운동에 새로운 지평을 여는 중요한 계기를 제공할 것이다.

아울러 학교에서의 인권교육은 적어도 학생들에게 인권문제를 올바로 바라보고 그것을 개선하기 위한 적극적 노력을 견인해 낼 수 있는 내적 조건을 갖추게 해 준다는 의미에서 무엇보다도 필요성을 강조할 수 있다.

그리고 인권교육이 학교교육 현장에서 제대로 이루어지게 하기 위해서는 비민주적 학교교육 풍토에 대한 제도적 개선이 요구되는데 특히 가장 침해받기 쉬운 위치에 놓인 학생의 인권이 제도적으로 보장될 수 있는 법적 장치가 필요하다.

그 다음으로는 인권존중의 문화를 공동으로 형성해야 하는데 이것은 다름 아닌 민주적 생활태도의 정착일 것이며 이 또한 교육을 배제하고는 논의할 수 없다.

마지막으로 인권교육을 학교교육 현장 혹은 사회교육의 장르에서 실시하기 위해서는 종합적인 인권교육론의 개발이 시급히 이루어져야 한다. 그리고 총체적으로는 학교에서의 인권교육은 사회적 환경의 조성에 달려 있다고 해도 과언이 아니다.

■ 지역사회 문제에 대한 정보수집 교육 강화

경찰은 지역사회에 귀 기울일 필요성이 있다. 지역사회의 문제가 표면적으로 나타나거나 지역주민들이 지적하여 뒤늦게 발견하는 것보다는 앞서서 지역사회의 문제를 인식할 수 있어야 한다. 경찰은 방대한 양의 범죄사건들을 다루고 있기 때문에 그 지역의 문제를 가장 잘 파악할 수 있는 입장에 있기도 하다. 그러나 사건만을 다루려는 지배적인 경향 때문에 장기간에 걸쳐 일어나는 문제를 취급하려는 전통은 거의 없으며, 경찰의 정보관리는 그동안 자료를 지속적으로 분석하는 체계성이 없었으므로 지역사회의 문제를 정확하게 파악할 수 없었다고 생각된다.

정보의 수집은 과거의 선입견에 구애받지 않고 폭넓게 수집되어야 하고, 적절한 정보의 수집은 건전한 호기심, 고도의 창의력과 상상력, 넓고 개방적인 태도를 갖고 수집기법에 대한 교육 등을 거쳤을 때만이 가능하다. 그리고 이렇게 수집된 정보는 오류에 빠지지 않고 타당성과 신뢰성을 확보할 수 있도록 분석되어야 하기 때문에 신중한 검토가 필요하다. 또한 수집된 정보는 정확해야 한다. 이러한 정확성은 부담이 될 수 있으나 경찰의 증거수집 원칙이 합리적인 의심을 넘어선 증거를 기준으로 삼기 때문에 사회과학에서 사용되는 기준보다 정확성에서 더 엄격하다. 그러나 이것은 경찰에게는 새로운 것들이 아니므로 정확성이라는 개념이 달성하기가 어려운 것은 아니다(노호래 1997, 354~355). 따라서 이러한 지역사회에 대한 정보수집 관련 교육을 강화하는 것은 지역주민의 활동과 생활에서 매우 중요하다.

■ 지역사회 경찰활동에 대한 교육훈련

경찰관뿐 아니라 지역사회에 대해서도 지역사회 경찰활동에 관하여 교육을 시켜야 한다. 지역사회 경찰활동은 경찰 혼자서 행하는 것이 아니고 지역사회와 함께 하는 것이기 때문이다. 따라서 지역사회 경찰활동을 지지하는 경찰관뿐만 아니라 지역사회 주민들, 개인 회사 간부들, 정부기관 구성원들, 사회봉사단체들의 구성원들, 정치인, 대중매체의 구성원들도 지역사회 경찰활동의 개념 및 프로그램에 대하여 교육을 받아야 한다.

지역사회를 교육시키기 위해서 '주민경찰학교'와 같은 프로그램을 도입할 필요가 있다. 이 프로그램은 범죄예방에 있어서 주민들과 경찰의 동반자 관계를 강화시킬 수 있는 기회를 제공해 주게 될 것이다. 경찰도 주민경찰학교를 개설하여 각종 활동을 할 계획이 세워지면 외국의 사례들을 잘 파악하여 발전적으로 도입할 필요가 있다(임창호 2000, 242).

이와 같은 주민경찰학교는 첫째, 지역사회의 자원봉사 활동으로서의 순찰을 위한 주민교육을 할 수 있고 둘째, 주민들의 범죄신고 및 수상한 자에 대한 감시와 신고를 하는 데 있어서 주민들 사이에 리더의 역할을 수행할 수 있는 주민훈련을 시행할 수 있다. 그리고 셋째, 오늘날 경찰관의 역할에 대해 더 많이 알고자 하는 사람들에게 훌륭한 교육의 기회와 경험을 제공할 수 있다(김인 1997, 188).

그리고 이러한 주민교육뿐만이 아니라 경찰관들에게도 주민들의 참여와 관련한 프로그램 등에 대한 교육이 필요하다.

예를 들자면 경찰과 지역주민들이 힘을 합하여 공동생산을 할 수 있다는 것에 대한 교육 등이 그것이라 할 수 있는데 이것이 성공적으로 달성되기 위해서는 공동생산에 대한 경찰관들의 인식전환이 우선되어야 한다.

경찰관들이 주민들의 참여에 대해 부정적인 반응을 보이며 환영하지 않는 경우 공동생산의 이익을 얻을 수 없다. 경찰교육을 통하여 주민들의 참여가 경찰업무에 가져다줄 수 있는 이익들을 잘 설명하여 치안서비스 공동생산을 긍정적으로 생각하도록 만들어야 한다. 주민들이 그들의 업무를 어렵게 만들기보다는 쉽게 만드는 데 도움이 된다는 것을—예를 들면, 산적한 경찰업무를 덜어주고 또한 치안서비스의 효과성을 높인다—경찰관들이 이해할 수만 있다면, 경찰관들은 치안서비스의 생산에 주민들을 동등한 파트너로서 기꺼이 받아들이게 될 것이다(정윤수 1994, 103).

이 외에도 새로운 제도에 대한 매우 체계적이고 심층적인 교육이 필요한데 여기에는 지역주민의 여론을 수렴하는 방법, 지역주민을 대하는 방법(인간관계 기술, 대화기법), 지역주민과 공동으로 문제를 해결하는 방법 등이 포함된다.

체계적인 교육 없이, 새로운 제도를 도입하게 되면, 많은 시행착오를 겪게 되며, 조직구성원들의 관심을 급속히 저하시키는 요인이 된다(박세정 1998, 225~226). 참고로 뉴욕시 경찰관의 지역사회 경찰활동 훈련에 대한 교육훈련 과정은 일선 경찰관들에게 중점을 두고 다음의 주제들로 구성되어 있다(Peak et al. 1996, 197~199).

○ 도입: 경찰관 및 교관들의 확인

○ 준비와 기대사항들: 참가자들은 그들 자신들과 그들의 배경과 현재의 책임들을 소개하고, 교육훈련에 대한 참가자들의 기대사항들을 기록하기 위해서 플립차트 종이를 사용한다.

○ 안건검토: 교육훈련의 목표 및 목적들과 특정하게 기획된 활동들을 다루고, 배포 인쇄물을 검토한다.

○ 가치들의 방향: 지역사회와 문제해결 경찰활동의 기본적 개념들을 다룬다. 그 경찰관의 임무들과 경찰관들과 지역들의 새로운 전략의 가치를 논의한다.

○ 지역사회조직의 소개: 사례모형들과 동기부여적 이야기들을 논의한다. 효과적인 지역사회조직의 잠재적 가치들에 대한 연구 및 대중매체 자료를 제시한다. 지역사회조직들의 유형과 목적들을 설명한다.

○ 순찰구역의 윤곽 파악: 객관적인 자료들과, 순찰구역의 자랑거리 및 문제에 관한 주민들의 인식, 양자를 수집할 필요성과 목적을 소개한다. 다른 유형의 자료의 근원과 가치를 검토한다.

일대일 조사기술의 가치를 보여준다.

○ 경찰-지역사회가 협력하여 문제를 해결한다: 협력적 문제해결을 증명하고 그 개념을 검토하고 연구할 문제에 착수하는 방법을 확인함으로써 현장윤곽 파악 활동을 협력적인 문제해결에 상호 연결시킨다. 문제해결 팀을 구성하는 방법을 설명한다.

○ 봉사 및 지역유지 기술들: 효과적인 지역사회조직의 특징들을 설명하고, 봉사기술들을 설명한다. 지역사회 모임에 있어서 경찰관들을 위한 공적 연설에 대하여 설명하고, 모임관리 기술들을 설명한다. 지역조직을 촉진시키는 역할들을 설명한다.

○ 요약 및 결말: 경찰과 지역사회를 위한 기대사항 및 바람직한 결실들을 검토한다. 상호작용적이고 문서화된 요약 및 과정의 환류를 포함한다.

■ 교육에 대한 측정과 평가

현재 일부 지역에서 시행되고 있는 치안서비스 공동생산 활동의 활성화를 위해서는 이러한 교육에 대한 체계적인 측정과 평가가 이루어져야 한다. 현재 진행되고 있는 공동생산 활동을 먼저 확인하고 이들의 효과를 분석한 후 미래의 바람직한 활성화 방안이 재시도되어야 한다. 또한 이는 단순히 현황에 대한 수치상의 통계가 아니라 이들 활동과 범죄예방과의 상관관계를 분석하고, 공동생산 활동에 참여하는 주민들의 인구학적 배경(연령, 직업, 교육, 재산 등)을 파악하여 이들이 활동의 효과성에 미치는 영향 등도 분석해야 하며 주기적으로 공동생산 활동을 측정하고, 이를 기초로 미래의 방향을 예측해 볼 수 있어야 한다. 아울러 이러한 치안서비스 공동생산이 주민의 인권향상, 범죄예방 및 범인검거에 긍정적 영향을 미친다고 평가된다면 이에 대한 연구결과 또한 주민들의 치안서비스 공동생산 활동을 활성화시키는 자료로 사용할 수 있다(정윤수 1994, 103).

2) 외국경찰활동의 사례 전파

■ 선진경찰활동의 개념 이해

경찰의 범죄예방은 범죄가 발생하기 전에 방지한다는 점에서 중요한 임무임에 틀림이 없다. 범죄를 사전에 예방한다면 범죄가 발생함으로써 비롯되는 신체와 재산상의 피해를 입지 않아도 되고, 경찰관과 형사사법기관의 노력과 비용이 들어가지 않아도 된다는 점에서 큰 장점이다. 이러한 예방 업무는 주로 지역경찰관서 경찰의 주요 업무이다. 이들은 현장 활동을 주로 하고 지역사회와 밀착되어 있는 관계로 지역사회 문제를 가장 잘 파악할 수 있는 입장에 있기도 하다.
이러한 경찰관들에게 문제지향 경찰활동 철학의 사고를 각인시켜야 한다. 문제지향 경찰활동은 사건의 근원적인 문제에 접근하려 한다는 점에서 범죄의 예방과도 가까운 개념인 것으로 생각된다. 근원적인 문제를 해결하면 다시 범죄는 재발하지 않기 때문이다. 그동안 우리 경찰은 사건을 일으키는 근본문제의 파악과 분석을 통하여 해결하려고 한다기보다는 사건에 능동적으로 대응하여 왔다. 결과적으로 사건을 다루는 데 있어서 상대적으로 빈약한 정보에 의존하고, 근본문제를 해결하는 데 이용할 수 있는 자원을 제한적으로 인식한다. 이러한 사건지향은 신고에 따라 경찰이 출동하는 형식으로서 수동적인 자세인 것이다(노호래 1997, 352~353). 따라서 이러한 선진경찰활동에 따른 사례의 발굴과 전파가 필요한 것이다.
미국 위스콘신주의 메디슨 경찰서의 경우는, 서장이 지역 중심 경찰모형을 구현하는 철학과 가정을 담은 선언서(mission statement)를 작성하여, 우리나라의 서장이나 지방경찰청장 지침과 같은 역할을 하게 하고 있다. 이 선언서는 경찰들의 행태를 가이드할 최고 수준의 준거 틀이 되는 것이다. 또한 가장 짧게 요약된 규정집 역할을 하는 것이다. 물론 이 선언서에 담긴 철학이 직원들 사이에 공감되도록, 기관장의 적극적인 뒷받침이 있어야 한다(박세정 1998, 224~225).

■ 새로운 경찰체제 준비

조직이 새로운 체제로서 변모한다는 것은 쉬운 일이 아니다. 특히 경찰조직과 같이 규율과 명령을 중요시하고 있는 조직이라면 더욱 힘이 들 것인데, 이러한 조직체계에 대한 점검과 변화도 궁극적으로는 지역주민을 위하여 필요하다.

모든 조직은 조직 내부 핵심세력인 1개의 조직에 의해 지배되고 또한 권한과 각종 인센티브가 집중될 때 방만해지거나 폐쇄적일 수밖에 없을 것이다. 예컨대 군대의 각 군 사관학교 출신자는 군 조직의 핵심세력이며 모든 혜택과 권한이 집중된 군 엘리트 요원으로 이해되고 있고 경찰에서의 핵심부서와 핵심세력도 분명히 존재하고 있다.

만약 이러한 1개의 집단이 조직을 장악하게 된다면 경쟁력이 감소될 뿐만 아니라 조직의 목표달성에 차질을 주게 된다는 것이 전문가들이 우려하는 것 중의 하나이다.

새로운 경찰체제에 관한 논의 중 일부 내용이라 할 수 있지만 이러한 문제를 해결하고 경쟁력 강화를 위한 방법으로 새로운 인력(다양한 경로를 통한 입직과 민간대학 출신자 및 전문가의 영입)을 투입하는 나라도 적지 않다. 그러한 외국 제도를 보완하여 이를 경찰체제 개혁의 시발점으로 삼아도 문제는 없을 것이다(문재우 2000, 341).

3) 인간관계훈련

■ 경찰관에 대한 인간관계훈련

미국의 경우 1960년대의 혼란 이래로 '인간관계훈련'(training in human relations)은 경찰관교육의 중요부분이 되었다. 어떤 주는 인간관계훈련이 법의 규정에 의해 강제되는 경우도 있다.

또한 인간관계훈련은 소집단 내에서 참여자들에게 자신에 대해서 잘 알도록 하고, 다른 사람에 대한 자신의 영향을 학습할 수 있도록 하며, 특히 대면적 접촉상황에서 더 효과적으로 대응하는 방법을 배울 기회를 훈련 참여자에게 제공하기도 하며, 소집단 내에서 상호작용할 때 발생하는 자신의 행위를 연구함에 인간관계의 여러 가지 면을 학습할 수 있게 한다(Copper et al. 1971).

이러한 종류의 초기 훈련 프로그램은 인종주의 문제와 경찰 – 하위계층의 만남을 유형화하는 데 초점을 두었다. 이 훈련에서 상호 이해는 서로의 친밀한 대면적 접촉에서 가장 잘 형성되며, 다른 사람의 역할을 대신 실행해 보는 것은 한층 서로를 잘 알 수 있도록 한다는 생각에서 이 프로그램에 포함된 것이다.

예를 들면 경찰관은 하위계층 집단의 일원이 되고, 이 집단은 경찰관이 된 것으로 가정한다. 그리고 이러한 연극이 끝난 후에 발생한 사건과 일어난 감정에 대한 토론이 진행된다고 한다(George 1991, 8~9).

우리나라의 경찰교육기관에는 그러한 프로그램의 강화가 활성화되어 있지 않다. 이러한 인간관계를 다루는 프로그램이 하루빨리 도입되어야 한다. 나라 안에도 다양한 문화가 존재하고, 문화 속에 하위문화도 있으며, 연령대에 따라 다양한 문화가 있다. 막노동을 하는 노동자들, 넥타이를 맨 화이트칼라, 거리의 노숙자들, 말씨가 다른 특정 지역 사람, 대학가 주변의 폭주족이 있는가 하면, 지정된 곳으로 모여드는 동성연애자들, 학원폭력에 의해 자살하는 청소년 등 다양한 유형의 사람들이 있는 것이다. 더구나 우리나라 경찰은 주민들로부터 받는 신뢰가 많지 않다. 주민들이 경찰을 호의적으로 보지 않는 상황에서의 경찰과 주민의 상호작용은 원활할 리가 없다. 주민들은 경찰관을 볼 때 편견을 가지고 보기 때문에 경찰관의 직무행위에 협조하지 않으려 할 것이다. 경찰관도 특정 주민에게는 적대적으로 법을 집행하거나 상대하기를 싫어하는 집단이 있고, 편견을 가지는 경우도 있을 수 있다.

경찰관은 편견 없이 임무를 수행해야 하는데, 만일 대상에 따라 편파적인 법집행을 한다면 그것은 법집행관으로서의 도리가 아니다. 모든 사람은 편견을 가질 헌법상의 권리가 있으나, 경찰관은 그러한 권리가 없다고 보아야 할 것이다. 이러한 편견을 극복할 수 있도록 인간관계훈련이 필요하고, 다양한 특성의 사람들과의 만남에서 효과적으로 대응할 수 있기 위해서도 인간관계기법을 익히는 것은 필수적이라고 할 수 있다(노호래 1998, 362~363).

■ 교육훈련 과정의 개발

지역사회 경찰활동에는 경찰관 한 사람 한 사람이 의식개혁과 발상의 전환이 필요하다. 이러한 의식개혁은 교육을 통한 방법이 가장 효과적이다. 교육을 통하여 새로운 의식을 가진 경찰관들이 지역사회의 실태를 정확히 파악하고 문제해결을 할 때 주민의 신뢰는 형성되는 것이다. 현재 우리나라 경찰의 교육은 수사, 교통, 통신 등의 전문교육을 하고 있으나 지역사회 경찰활동과 이에 따른 인간관계 전문교육 프로그램은 부족하다. 우리나라의 실정에 맞는 지역사회 경찰활동 교육 프로그램과 이러한 과정의 개발로 교육단계에서부터 인간관계와 관련된 철저한 연습이 필요하다 할 수 있다.

4) 서비스 정신의 함양

■ 서비스 정신 강화

엄격한 선발과정을 거쳐 채용한 우수인력에 대해서는 투철한 서비스 정신을 함양하도록 해야 한다. 이는 채용단계의 교육훈련과 실무에서의 현장훈련의 내실화 노력을 강화해야 한다는 의미가 된다. 우수한 자질과 훌륭한 업무수행 태도로 존경받는 사람을 교관으로 선발하여 충분한 교육기간을 통해 교육시키도록 해야 한다(이황우 1996, 172).

그리고 이러한 서비스 정신을 강화하기 위해서는 직무교육의 혁신이 필요하고 또 경찰관을 대상으로 한 직무교육 과정은 교육의 경제성, 집합교육의 필요성, 교육여건의 측면에서 근본적인 개혁이 요구되는데, 단 일상 업무를 수행하면서 교재를 통한 학습, 또는 감독자에 의한 경찰 내 훈련으로 동일한 효과를 거둘 수 있다고 판단될 때에는 교육기관에의 집합교육은 지양하도록 해야 한다(이유준 1995, 65~66).

또한 서비스 활동이 경찰의 고유 업무로 볼 수 있는 것이니만큼 단속과 처벌만이 능사가 아니며 따라서 항상 문제의식을 갖고 적극적인 자세로서 고객의 문제를 발견·해결해 주는 문제해결사로서의 역할을 다하고 주민의 편안한 삶의 질을 보장하기 위한 양질의 치안서비스를 제공하는 관리전략을 시급히 추진해야만 한다.

■ 비전의 제시

경찰에서는 윤리헌장이나 서비스헌장이 있지만 아직까지 공식적으로 경찰의 미래를 이끌어 갈 비전은 세워져 있지 않다. 비전은 장래에 추구해야 할 바람직한 행위자의 모습을 담은 것이다. 비전이 없는 사람이나 조직은 희망이 없고 자기 직무에 대한 책임감도 없다.

비전이 있어야 직무에 충실하고 자기개발 노력도 성실히 할 수 있는 것이다. 우리 경찰에 아직 뚜렷한 서비스 관련 비전이 없다는 것은 매우 아쉬운 일이다. 체계화된 비전이 있어야 경찰개혁도 장기적인 체계를 갖출 수 있을 것이다.

경찰의 서비스 비전은 경찰이 장기적으로 어떠한 역할을 사회에서 수행하는 것이 바람직한가에 대한 판단을 요구한다. 이 비전은 경찰의 단순한 희망과는 달리 가치판단을 요구하기도 한다. 주어진 임무를 성실히 수행한다는 의식만으로는 비전을 가지고 있다고 할 수 없다. 서비스 비전이 없는 조직은 상황논리에만 급급하게 된다. 범죄예방과 범죄억제를 위해 경찰이 존재하는 것이다. 즉 경찰의 비전은 사회생활의 안전과 주민의 인권을 보장하는 것이다(홍성삼 1999, 42). 또한 민주주의와 경제발전을 동시에 추구하고 있는 현재의 정치 상황에서는 각종 사고와 범죄를 예방하고 억제하는 역할을 민주적으로 수행하는 것이 경찰의 임무라고 할 수 있다.

5. 자질향상과 민주적 리더십 발휘

1) 가치관의 정립

■ 경찰윤리의 확립

지역사회 경찰활동을 활성화하기 위해서는 무엇보다도 경찰관의 윤리가 확립되어야 한다.

경찰관의 윤리를 제고하기 위해서는 경찰관 선발과정에서의 다양성이 요구되며, 나아가 의식교육, 생활보장, 공정성 등이 뒤따라 주어야 한다(조성호 1998, 438).

경찰윤리의 확립을 위해서는 또한 경찰 부정부패를 근절해야 할 것이다. 경찰관의 부정부패는 경우에 따라서는 주민의 생명과 재산에 커다란 영향을 미칠 수 있고 또한 경찰관을 유혹하기 쉬우므로 경찰관 각자가 투철한 직업윤리를 갖고서 경찰문제를 공정하게 다루어야 한다. 경찰관으로서의 직업윤리가 확립되어 있다면 경찰관이 각종 부정부패에 연루되는 일은 없을 것이다.

우선 의식의 전환이 필요하다. 우리나라의 경찰은 군 조직 다음의 거대한 관료주의적 기구로 그 폐해가 어느 부문보다 잘 나타나고 있는 조직이라고도 할 수 있다. 관료조직에서는 승진이 곧 능력이자 출세이다. 본청·본서 등 최고 실력자 지근거리에 근무하는 것이 능력을 인정받아 승진하는 지름길이고 지역·지방 등은 소외 내지 좌천이라는 의식이 폭넓게 자리 잡고 있다. 그간 중견간부들이 이러한 생각을 할 수 있는 요인이 많았다는 점은 부인하기 어렵다(임창호 1999, 230~231). 또한 경찰이 주민을 업신여기고 군림하려 하는 권위주의적인 사고와 태도가 남아 있었다.

따라서 이를 극복하고 치안유지라는 경찰의 소임을 다해야 하는데 이를 위해서는 주민의 이해와 지지가 필요하며 이들을 획득하기 위해서는 마음에서 우러나오는 언행과 태도로써 주민에게 봉사하여야 한다. 그리고 획일적·통일적 행정적 측면이 강한 경찰행정의 취약점을 보완하고 주민본위의 친절한 경찰서비스로서의 전환이 필요하다. 이제까지의 경찰관들 의식 속에 남아 있는 권위주의·관료주의적 병폐와 불친절한 자세를 일소하고 진정으로 주민을 위하겠다는 마음가짐을 가져야 한다.

그리고 기존의 의식구조를 전환시킬 필요가 있다. 먼저 일상생활에서부터 불친절한 요소를 일소하여야 한다. 그리하여 전체 경찰관이 일상적이고 기초적인 언어, 태도, 예절의 면에서 친절봉사 자세가 체질화되어야 할 것이다. 주민이 바라는 친절이란 크고 많은 것을 요하는 것이 아니며 작은 친절·작은 봉사야말로 주민의 심금을 울릴 수 있다는 생각을 가져야 한다. 경찰관이 실제로 주민을 대함에 있어 지켜야 할 자세 내지 태도 면에서의 원칙을 설정하여 그것을 전 경찰관으로 하여금 표본으로 삼게 하는 것도 좋은 방법이 될 수 있을 것이다(조성호 1998, 446).

■ 가치관의 확립

먼저 기존의 가족주의적 가치관을 타파하여야 한다. 그 이유는 경찰뿐만이 아니라, 관료가 가족주의적 가치관을 강조하면 배타적이고 귀속적인 행태를 띠게 되어 사람을 채용하거나 평가하는 데 있어 실적이나 능력보다도 연고관계를 중시하는 사례가 나타남으로써 부패를 유발하기 쉽다는 데에서 기인할 수 있다. 또한 강한 가족주의적 가치관을 지니는 관료는 공·사의 구별을 모호하게 하여 국가재산이나 재원을 제멋대로 사유시하는 경향을 나타내기 때문이다. 그리고 가족주의적 가치관을 강조하는 경찰관은 행정조직 내에서 학연, 지연 등으로 별도의 집단을 형성하기도 쉽다.

두 번째로는 권위주의적인 가치관을 타파하여야 한다는 것이다. 그 이유는 권위주의적 가치관이 지배적인 경찰기관은 대부분의 정책이 고위층에서 이루어지며 하위층에서는 단지 상급자의 지시만 따르려고 하는 나머지 위임된 권한의 영역 내에서도 재량행위나 선택행위를 좀처럼 하지 않으려고 하기 때문이다.

세 번째로는 의식주의적 가치관의 타파이다. 이러한 경찰의 의식주의적 가치관은 주로 부패와도 결부되는데 그 이유는 경찰의 의식주의적 가치관이 그들의 성격이나 사고방식을 획일화시킬 뿐만 아니라 보수성과 소극성을 더욱 강화하여 선례의 답습을 조장시키기 때문이다. 그리고 변화에 둔감하게 만들고 행정행위를 소정의 기준에만 맞추려고 하는 경우가 많기 때문이다.

네 번째로는 의리주의적 가치관의 타파이다. 이에 따라 경찰관은 평소 알고 지내는 사람의 부탁을 의리나 정 때문에 거절하지 못할 때가 많다. 특히 친구 등 지인들의 부탁에 대한 거부는 이러한 문화와 자주 충돌하게 된다(최상일 외 2002, 34~36).

■ 패러다임의 전환

신고가 들어올 때까지 기다리다 신고를 받고 출동한다면 범죄예방은 실패한 것이다. 주민에게 친근하지 않은 경찰은 범죄신고나 주민의 협력을 얻을 수 없고 범죄억제 능력도 줄어들게 된다. 범죄억제와 범죄예방 모두가 친근한 주민협력이 필수적인 것이다.

최근의 각국 경찰은 주민의 범죄 및 사고에 대한 불안을 해소하는 것을 목적으로 경찰활동을 전환하고 있다. 경찰이 전통적인 방법으로 범죄나 사고가 발생한 후에 대응하는 것은 주민불안을 감소시키지 못한다는 인식의 전환에 따른 것이다. 이제까지의 패러다임은 경찰이 존재하는 이유를 발생한 범죄나 사건을 해결하는 것에서 찾았다. 그래서 경찰관서에서 주민의 신고가 들어오면 그 사건을 해결하는 것만 잘하면 되고 사회에 해가 되는 것에 대한 사전 준비와 대처는 부차적인 것이라고 생각하였다.

여기에는 인력 부족과 같은 문제점도 있지만 그보다는 경찰의 범죄나 사고억제에 대한 시각이 반응적일 뿐 행동 지향적이지 않았기 때문이라고 볼 수 있다. 앞으로 경찰은 적극적으로 범죄예방에 나서는 행동 지향적인 시각을 가져야 한다. 발생한 범죄해결보다 범죄를 예방해야 주민의 불안을 해소하고 범죄억제도 가능하다는 패러다임을 받아들여야 하는 것이다. 이러한 패러다임의 전환이 일어날 때 경찰이 범죄와 사고를 더 효과적으로 예방하고 억제할 수 있을 것이며 지역주민의 인권도 향상될 것이다.

또한 범죄수사의 경우에도 범죄자를 처벌하여 불법으로부터 사회정의를 수호한다는 의식과 함께 사회 안전을 유지하는 공공 서비스를 제공한다는 인식이 필요하다. 교통사고 방지는 물론이고 교통사고 조사를 하는 것 역시 사고위험으로부터 사회를 보호하는 서비스라는 인식이 필요하다. 범죄예방 활동이 각종 사고를 방지하는 것은 단순한 규제를 의미하는 것이 아니고 사회 안전을 확보하는 공공 서비스 활동인 것이다. 이렇게 범죄의 진압이나 수사, 교통사고 조사를 하는 경찰활동을 서비스로 인정한다면 그 경찰관은 스스로 자원봉사자로서의 의무감, 친절, 공정한 태도를 형성하게 될 것이다(홍성삼 1999, 42~43).

2) 민주적 리더십

지역사회와 고립된 경찰은 이제 과거의 일이다. 변화하는 환경은 적극적으로 지역사회에 참여하는 새로운 유형의 경찰지도자를 요구한다. 경찰서장은 범죄와 무질서뿐만 아니라 지저분한 거리, 황폐한 주택까지 여러 이웃의 문제를 기꺼이 이해하고자 해야 한다. 지역사회 경찰활동은 범죄와 무질서에만 관심을 갖는 것을 허락하지 않는다. 경찰서장은 여러 지역사회 기관들을 조직하고 그 기관들과 함께 활동할 수 있어야 한다.

지역사회 경찰활동은 지역사회와 경찰의 관련성을 다시 한번 강조할 뿐만 아니라 경찰조직과 리더십에 있어서 역동적인 변화를 요구한다. 지역사회 경찰활동은 체포자의 수, 서비스 요청에의 대응, 사건해결, 과태료 청구서의 발부를 강조하기보다는 오히려 각 경찰서비스의 질을 강조하기 때문이다.

민주적 리더십을 지닌 경찰간부는 할 수만 있다면 부하 경찰관들에게 조언을 구하고 그들을 정책결정에 참여시켜서 창의적인 경찰정책을 마련하고, 그 집행에 있어서도 조직원 전체가 참여할 수 있도록 해야 한다. 또한 민주적인 경찰간부는 경청하고 설득하지만 지휘할 필요성은 거의 느끼지 않는다. 민주적 리더십을 지닌 경찰간부는 부하 경찰관들이 자신의 권한과 책임을 갖고서, 독창적이고 혁신적이며 공정하고 정당하며 합법적인 방법으로 구체적인 문제들을 확인하고 해결할 수 있도록 이끌어야 한다.

이를 위해서 경찰간부들의 직무성과 평정에 상관뿐만 아니라 동료 부하 경찰관들도 참여할 수 있도록 하고, 주민들의 만족도를 반영하는 방법을 찾아야 할 것이다(임창호 1999, 238).

3) 디지털 경찰관

■ 전문화와 지식화

디지털 시대의 도래로 행정의 환경이 바뀌고 있다. 즉 독립형에서 네트워크화로, 대형 복합형에서 축소·단순화로, 안정형에서 스피드화로, 영역 구분형에서 무경계·유연화로 변하고 있는 것이다. 디지털 시대에는 행정도 디지털화 되어야 하고, 공무원도 디지털화 되어야 한다.

디지털 혁명에 적극적으로 대응하고 정보사회를 구현하기 위해서 디지털 전자행정을 기반으로 한 디지털 전자경찰제도를 구축하여야 한다. 디지털 기관의 효과적인 역할 없이는 경쟁력 향상이 불가능하다. 디지털 경찰은 비용절감과 서비스 향상 등 고객만족 정부를 위한 가장 효과적인 수단이다.

디지털 행정의 구현은 정부의 회의방식이나 공무원의 업무 모습도 바꾸어 놓고 있는데 원격영상회의가 그 대표적인 경우이다. 또한 디지털 시대의 경찰행정은 조직 내의 인적 정보, 기술적 인프라를 효율적·효과적으로 활용하여 지식자산을 창출, 공유, 축적하고 고객인 국민과의 연계를 강화하여 정부경쟁력을 제고하는 것이 목표이다. 또한 우수 정책을 발굴, 제시하고 능률적, 효과적으로 행정서비스를 제공하며 타 기관의 지식활동을 효과적으로 지원하는 능력이 중요하다는 것을 알 수 있다.

또한 지식행정 패러다임에 맞는 경찰관의 자세변화가 있어야 하며, 경찰관은 지식의 공급자가 되어야 한다. 정보의 '통제자'가 아닌 스스로 지식을 축적하고 이를 바탕으로 신지식을 창조해 활용·확산하는 능동적인 '지식공급자'가 되어야 한다(서순복 2002, 45~50).

■ 창의성의 개발

경찰 자체에서 수립되고 집행되는 많은 정책들이 실패로 귀결되는 경우를 종종 보게 된다. 정책실패의 원인을 여러 차원에서 접근해 볼 수 있지만, 다음과 같이 3가지로 나눠서 살펴보기로 하자(서순복 2002, 29~30).

먼저 제도적 원인으로는 정책결정과 집행의 유기적 연계가 부족해 정책실패를 가져올 수 있다는 것인데 이것은 정책수립에 대한 철저한 통제체제의 부족 때문이다. 아울러 정책집행 과정에 대한 엄격한 평가방법의 미비, 정책의 중간 점검장치 부족, 경찰예산과 사업과의 유기적인 연계방안 미비, 정책결정·집행의 기준이 되는 경찰통계의 부실 등을 들 수 있다.

그 다음 형태적 측면에서 살펴보면 경찰공무원의 전문성 부족, 단기적 성과에 집착하는 경향 등을 들 수 있다.

마지막으로 운영적 측면의 원인에 대해서는 정책수단의 불확실성과 정책평가의 어려움과 왜곡 등을 들 수 있다.

따라서 이러한 것들을 정리하자면 결국 창의성의 부족으로 결론지을 수 있는데 창의성의 개발 또한 시급하다 할 수 있다.

4) 자질에 대한 평가

■ 주민만족도에 따른 평가

자질에 대한 정확한 평가도 중요하다 할 수 있다. 경찰 직무성과 평정을 할 경우에는 근무성적 평정표상에 경찰관들의 대국민 서비스 노력이 구체적으로 평가될 수 있도록 해야 한다. 그리고 경찰관 입장에서만 평가할 것이 아니고 경찰활동의 대상인 지역주민의 입장에서도 경찰관 직무에 대해 평정해야 할 것이다. 또한 개인의 성과를 위하는 행위보다는 지역사회의 입장에서의 직무수행이 중요하게 평가되어야 한다.

지역사회 경찰활동은 경찰관으로 하여금 지역사회에 더 가까이 가고 주민들과 대화를 나누게 함으로써, 주민들은 더욱 정확히 경찰관의 능력을 측정하고 경찰활동에 대한 만족도를 측정할 수 있게 한다.

■ 평가기준의 정립

지역사회 경찰활동을 평가할 때에 평가기준이 될 수 있는 것은 범죄통제, 경찰서비스에 대한 주민들의 만족감, 주민들의 두려움 정도, 경찰관들의 직무만족의 정도이다. 이러한 평가기준들이 긍정적일 때 지역사회 경찰활동은 성공적이라고 말할 수 있듯이, 지역사회 경찰활동을 수행하고 있는 경찰관들에 대한 평가도 이러한 기준들을 근거로 하여 평가되어야 할 것이다. 이 중에서도 경찰서비스에 대한 주민들의 만족감을 중요하게 여기고, 직접 주민들과 접하며 주민들의 고충을 해결해 주고자 하는 노력을 근무성적 평정에 반영하여 인사에 있어서 많은 혜택을 주도록 해야 한다(임창호 1999, 235). 그래야만이 지역주민은 필요할 때 최소한의 도움이라도 받을 수 있으며 이에 따라 자연스럽게 주민인권이 향상되는 것이다.

끝내며

경찰활동의 가장 중요한 목적이 범죄에 대한 통제와 대처이며 경찰의 임무가 범죄자의 체포와 범죄사건의 수사라고 규정되어 있었던 때가 있었다. 이 시기에는 범죄문제가 모두 경찰의 책임이며, 경찰이 처리해야 할 중요한 임무는 범죄와 직접 관계된 업무이고 그 밖의 다른 경찰업무는 중요하지 않은 것으로 간주되었었다.

이에 따라 그동안 우리나라 경찰도 법을 집행하고 범죄자를 체포하여 범죄에 대응하는 범죄 진압자로서의 역할을 주된 임무로 하였었다.

그 결과 시민들은 통제의 대상 혹은 잠재적 범죄자로 인식되고 경찰과의 제한된 접촉과 소원한 관계를 유지하여 서로의 협력관계가 제대로 형성되지 못하였던 것이 사실이다. 아울러 우리나라 경찰은 법규의 집행, 범죄의 진압, 수동적이고 표준화된 활동, 경직된 위계조직, 폐쇄적이고 고압적인 주민관계 등으로 특징져지기도 한바, 이는 단순한 범죄통제 모형에 근거한 전통적 경찰활동으로 볼 수 있었다.

물론 지금은 경찰활동도 지역사회와 최대한 융화가 되도록 요구하고 있고 이에 따른 지역주민의 권리와 복지에 초점을 맞추고 있다. 그러나 지금의 위와 같은 상황에서도 한편으로는 이와 상반되는 논의를 요구할 수도 있다. 「지역사회 경찰활동이라는 것이 경찰 스스로의 독자적인 노력만으로는 주민을 안전하게 보호할 수 없다는 개념에 기초를 두고 있다. 따라서 성공적인 범죄예방을 위해서는 주민감시가 요구되고, 성공적인 범죄자 체포 및 기소를 위해서는 혐의자를 확인하고 법정에서 증언하는 과정에서 주민의 협력이 요구된다. 그럼에도 불구하고 범죄예방에 있어서 주민의 공동생산자로서 노력한 결과가 아직까지 입증되지 않았다」는 것이 그것인데 본 내용에서는 이와 관련된 논의는 언급하지 않았다. 그 이유는 이에 대한 논의가 글의 주제인 인권과 경찰활동과의 상관관계를 설명하는 데에는 연관성이 크지 않다는 판단에서였다.

이제까지의 내용에서는 경찰활동을 통한 인권향상을 이야기하고자 주민인권과 지역사회 경찰활동의 관계를 주로 분석하였다. 이를 위해서는 다양한 관계에 대한 논의가 필요한데 경찰과 지역주민과의 관계, 경찰 내의 관계, 경찰과 기타 부문의 관계가 중요하다는 점을 인식하였다. 또한 경찰활동을 통한 주민인권 향상 모형을 구축하는 경우 경찰-대민관계, 경찰제도, 경찰시설, 경찰교육, 경찰자질 모두에 보다 전진적인 보완책이 마련되어야 한다는 것도 알게 되었다.

또한 현 단계 경찰이 수행하고 있는 여러 활동과 관련하여 우리에게는 여전히 대민관계, 제도, 교육, 시설 등에 한계가 있다는 점을 감안한다면 외국의 사례를 통해 보았듯이 예산과 이에 따른 제도 보완, 그리고 경찰자질 향상을 통한 교육 등이 필수적임을 알 수 있다.

시민과 주민의 인권향상을 기하자면 다음과 같은 방안도 고려해 보아야 하는 것으로 나타났다. 대민관계에서는 거버넌스 시대 취지에 맞게 지역주민의 협조와 참여를 확대시키는 것이 중요하고, 제도적으로는 경찰서비스가 보다 구체화될 수 있도록 경찰관 처우개선이 중요하다. 또한 다양한 시설과 프로그램의 운용, 교육훈련을 통한 서비스 정신의 함양이 동시에 중요한 것으로 나타났다.

아직까지는 주민과 함께하는 경찰활동의 과정과 내용, 결과를 한 눈에 보고 평가할 수 있는 시스템이 제대로 가동되지 못하는 형편이다. 주민참여로 인한 이익이 불확실하며 이를 위한 예산이나 제도적인 보완이 어느 정도 수준까지 이뤄질지는 미지수이다. 한편으로 경찰관서의 장이나 실무자들이 주민의 의사와 건의를 충분하게 수렴하지 않거나, 또는 지역전문가들의 교육을 소홀히 생각할 경우, 그리고 관련 시설들에 대한 배려와 사고가 미흡할 경우 주민들은 여러 가지 현안문제에 대한 관심을 밖으로 표출할 수밖에 없다.

이 과정에서 조금이라도 경찰활동이 주민인권을 침해하는 경우 경찰은 신뢰를 상실하게 되어 있다. 이 점에서 경찰 주체와 주민 간에 '인권'이라는 합의가 이루어져야 하며 이 합의가 이루어지기 위해서는 경찰업무를 수행하는 데 있어서 드러난 여러 가지 내용을 주민들에게 사실 그대로 알려주는 작업이 필요하며, 적절한 법의 적용이 뒤따라야 한다.

그럼으로써 기관과 주민 간의 신뢰와 이해가 조성되며, 그래야만이 인권이 도마 위에 오르지 않는 것이다. 그리고 덧붙이자면 주민의 경찰에 대한 관심을 유발시키고, 나아가서 자신이 속해 있는 도시를 담당하고 있는 경찰관서에 대한 주인의식을 고취시킬 수 있다는 것이 또 하나의 대민관계 필요성이라 말할 수 있다.

이렇듯 많은 어려움에도 불구하고 이러한 제도와 활동을 도입하고 시행하려는 것은 경찰의 민주화와 정치적 중립, 주민의 권익보호, 그리고 주민편익 위주의 치안서비스 강화에 있다고 할 수 있다. 경찰의 민주화는 경찰에 대한 주민통제를 강화함으로써 개인생활에 대한 침해를 최소화하려는 것이고, 정치적 중립은 중앙집권적 국가경찰제 하에서의 선거개입이나 체제 유지적 기능의 수행으로 인한 폐해를 방지하고 경찰 본연의 임무에 충실하고자 하는 것이며, 주민의 권익보호는 지역구성원들의 인권향상을 의미한다. 그리고 주민편익 위주의 치안서비스 강화는 지역사회 경찰이 그 지역의 치안을 책임지며 경찰의 역할을 통제가 아닌 서비스 차원으로 전환시키려는 것을 의미하는 것이다.

주민 위주의 서비스, 고객만족을 지향하는 경찰활동이 지역사회에서 정상적으로 이루어지는 경우 권위주의와 관료주의를 불식시키고 주민참여와 협조 속에서 보다 나은 지역주민의 삶을 보장할 수가 있다. 그동안 경찰은 관료화와 권위주의적인 행태의 답습으로 인하여 주민과의 거리가 멀어져 있었고 주민의 의사가 경찰업무에 제대로 반영되지 못한 측면도 있었지만 지방분권, 자치경찰제 논의와 시행, 그리고 지역사회 경찰활동이 강조되는 여건에서 앞으로는 주민인권을 보다 더 보장할 수 있는 경찰의 모습이 기대되고 있다.

경찰은 지역사회와의 협조와 상호작용을 강조하면서 또한 지역주민을 중심으로 하는 치안과 서비스 활동을 적극적으로 전개할 때 주민의 협조와 지지를 얻어 낼 수 있다. 분권, 자치시대에 부응하여 주민인권 향상에 대한 의욕과 욕구가 고조되고 있다는 점에서 주민 지향적, 지역사회 위주의 경찰제도 도입은 보다 강화될 필요가 있다.

이러한 경찰활동이 지역주민의 인권향상을 가져온다는 것을 부인할 수는 없지만 그래도 장점만이 있을 수는 없는 것이다. 그렇지만 그럼에도 불구하고 이를 시도해야만 하는 이유를 강조하는 것은 민주주의, 복지주의의 기본원리에 대해 보다 충실하기 위해서이다.

■ 참고문헌 ■

1. 국 문

1) 단행본

경찰개혁위원회 실무팀. 1999.『자치경찰제의 이해-자치경찰제의 이념, 조직, 운영, 수사권-』. 서울: 경찰청.

경찰청. 1997.『경찰백서』. 서울: 경찰청.

경찰청. 1988.『경찰백서』. 서울: 경찰청.

경찰청. 2000.『경찰백서』. 서울: 경찰청.

경찰청. 2002.『경찰백서』. 서울: 경찰청.

경찰청 개혁추진단. 2001.『21세기 한국경찰의 비전』. 서울: 경찰청.

구민상. 1998.『지방자치의 이론과 실천』. 대전: 한남대학교출판부.

국가인권위원회. 2003.『유치장 시설환경 인권실태조사보고서』. 2002년도 인권상황실태조사연구용역 사업보고서. 서울: 국가인권위원회.

국가인권위원회. 2004.『2003 국가인권위원회 연간보고서』. 서울: 국가인권위원회.

김복영·류문무. 1996.『경찰교육제도개선방안』. 서울: 치안연구소.

김용환. 1998.『지역사회 경찰활동의 구체적 활동모델 개발에 관한 연구』. 서울: 치안연구소.

김인. 1997.『경찰의 치안서비스 활동에의 시민참여 활성화 방안』. 서울: 치안연구소.

김중섭. 2001.『한국지역사회의 인권』. 서울: 오름.

내무부. 1972.『70년대의 한국경찰의 방향』. 서울: 내무부.

로렌스 화이트헤드·오도넬. 1987.『권위주의 정권의 해체와 민주화』. 염홍철

역. 서울: 한울.

마이클 J. 팔미오토. 2001. 『지역사회 경찰활동론-21세기의 경찰활동 전략-』. 양문승 역. 서울: 대영문화사.

박세정. 1998. 『학교-경찰 연계프로그램 도입에 관한 연구』. 서울: 치안연구소.

손봉선. 2001. 『경찰학개론』. 서울: 형설출판사.

오석홍. 1993. 『인사행정론』. 서울: 박영사.

유네스코한국위원회 편. 1995. "인권에 관한 주요 국제적 문서." 『인권이란 무엇인가』. 서울: 도서출판 오름.

이상안. 1986. 『현대경찰행정학』. 서울: 형설출판사.

이상안. 2001. 『신경찰행정학』. 서울: 대명출판사.

이황우. 1996. 『경찰행정학』. 서울: 법문사.

임창호 편. 2002. 『경찰학개론』. 서울: 화학사.

정균환. 1996. 『자치경찰』. 서울: 신유영사.

조병인. 2001. 『경찰활동과 시민참여에 관한 연구』. 서울: 한국형사정책연구원.

조효제 외. 2002. 『인권 길라잡이(경찰편)』. 서울: 국가인권위원회.

최상호. 1996. 『지방시대 지역사회개발론』. 서울: 박영사.

스콜닉, 베일리. 2001. 『지역사회 경찰활동-각국의 이슈 및 현황-』. 최선우 역. 서울: 집문 당.

최재원 외. 1991. 『지역사회개발론』. 서울: 백산출판사.

치안본부. 1985. 『2000년대를 향한 경찰발전 방향』. 서울: 치안본부.

토마스 버겐탈. 1992. 『국제인권법 개론』. 양건, 김재원 역. 서울: 교육과학사.

카렐바삭. 1986. 『인권론』. 박홍규 편. 서울: 실천문학사.

하워드 얼. 1997. 『경찰과 지역사회-현대의 위기』. 김충남 역. 서울: 여명출판사.

한국개발연구원. 1992. 『2000년대 한국행정발전방안』. 서울: 한국개발연구원.

한국생산성본부. 1991. 『치안실태조사와 대책』. 서울: 한국생산성본부.

한국형사정책연구원. 1991. 『경찰에 관한 시민의 의식에 관한 연구』. 서울: 형사정책연구원.

한상범. 1991. 『인권-민중의 자유와 권리-』. 서울: 교육과학사.

한상범·이철호. 2003. 『경찰과 인권』. 서울: 패스 앤 패스.

황석하. 1997. 『시민운동의 올바른 정립과 치안활동과의 연계 확보방안』. 서울: 치안연구소.

2) 논 문

강순원. 1997. "한국 평화교육의 성격과 그 실제", 『한일 평화교육』. 한신대
　　학교 민중교육연구소, 54～73.

김각. 1994. "헌법교육의 실태와 개선방안에 관한 연구", 서울대학교 박사학
　　위논문.

김영래. 2003. "NGO의 역할－시민정치시대의 개막은 지역 NGO로부터", 『지
　　방자치』 2월호. 현대사회연구소.

김인. 1997. "경찰서비스 공동생산의 효과: 자율방범활동을 중심으로", 『2000
　　년대를 대비한 정부조직의 혁신방안』 하계학술대회 논문집, 서울.

김인. 1986. "공공 서비스 배분의 결정요인과 형평성에 관한 연구", 서울대
　　학교 박사학위논문.

김인. 1986[b]. "공공 서비스 배분의 결정요인과 형평성에 관한 연구: 대구
　　와 포항지역을 중심으로", 『지방화와 정책과제』. 계명대학교 부설
　　사회과학연구소.

김인. 1997. "경찰 치안서비스 활동에의 시민참여 활성화 방안", 『치안정책
　　연구』 제6호. 치안연구소.

김종국. 2002. "우리나라 지방자치단체의 상호관계와 갈등 해소방안(1)", 『지
　　방자치』 12월호. 현대사회연구소.

김충남. 1989. "경찰과 지역사회 관계에 관한 연구", 동국대학교 대학원 박
　　사학위논문.

김형청. 1996. "지역사회에 있어서의 청소년 비행 예방", 『치안정책연구』 제
　　5호. 치안연구소.

노종래 1998. "경찰과 시민의 상호작용에 관한 연구", 『한국공안행정학보』
　　제7집. 한국공안행정학회.

노호래. 1997. "미국경찰의 문제지향활동과 한국경찰의 적용가능성에 관한
　　고찰", 『한국공안행정학회보』 제6집. 한국공안행정학회.

노호래. 2000. "한국의 지역사회 경찰활동에 관한 연구", 동국대대학원 박사
　　학위논문.

노호래. 2000[b]. "지역사회 경찰활동의 문제점과 개선방안", 『한국공안행정
　　학회보』 제11집. 한국공안행정학회.

노호래. 2000[c]. "파출소의 효율적 운영방안", 『한국공안행정학회보』 제10
집. 한국공안행정학회.

노호래. 2001. "경찰의 GIS를 이용한 범죄통계정보 활용도 제고방안", 『한
국공안행정학회보』 제12집. 한국공안행정학회.

노화준. 1997. "정책개혁과정에 있어서 정책평가의 쟁점과 정책학습", 『행정
논총』 제35권 제2호. 서울 대학교 행정대학원.

노화준·황혜신. 2001. "1990년대 한국 정책평가연구의 동향 분석", 『정책분
석평가학회보』 제11권 제1호. 한국정책분석평가학회.

문제우. 2000. "치안행정서비스와 경찰개혁의 과제", 『한국경찰학회보』 제2
집. 한국경찰학회.

박세정. 1998. "21세기 경찰행정의 패러다임으로서의 지역 중심 경찰모형:
개념적 소개와 우리나라 경찰행정에 대한 시사점", 『한국공안행정학
회보』 제8집. 한국공안행정학회.

박세정. 1998. "효과적인 학교폭력 대책으로서의 학교-경찰 연계제도 도입에
관한 연구", 『한국공안행정학회보』 제7집. 한국공안행정학회, 238~246.

박영신. 1994. "범세계화와 가능세계", 『현상과 인식』 제18권 1호(봄). 한국
인문사회과학회, 93~114.

서순복. 2002. "네트워크 접속시대 고객관계형(CRM) 행정의 구현", 『지방자
치』 10월호. 현대사회연구소.

서순복. 2002. "디지털 공무원의 조건", 『지방자치』 11월호. 현대사회연구소.

서순복. 2002. "공무원의 창의성 계발과 브레인스토밍", 『지방자치』 9월호.
현대사회연구소.

신희권. 1995. "지방자치와 지역정부-기업관계의 변화", 『한국행정학보』 제
29권 3호. 한국행정학회.

오창근. 1998. "지역사회 치안환경에 대한 주민만족도 연구", 『사회과학논총』
제14집 제1호. 전주대학교.

이기헌·임영철·기광도. 1995. "미국경찰의 범죄예방 활동에 관한 연구", 『형
사정책연구』. 한국형사정책연구원.

이상안·박범래·노승일·임학순·이은구. 1995. "파출소 방법활동체제 개선방
안", 『치안논총』 제11집. 치안연구소.

이상원. 1995. "한국경찰의 자치경찰화를 위한 소고", 『한국공안행정학회보』

제4호. 한국공안행정학회.

이상환. 1998. "우리나라에 적합한 지방경찰제도의 방향", 『경찰행정』 제8호. 육서당.

이완구. 1992. "한국경찰의 문제점과 개선방안", 『형사정책』 제6호. 한국형사정책학회.

이유준. 1995. "경찰행정의 서비스 향상방안", 『한국행정연구』 제4권 제2호. 한국행정연구원

이종복. 1996. "21세기를 대비한 경찰윤리 확립방안에 관한 고찰", 『한국공안학회보』 제5호. 한국공안행정학회.

이현희. 2000. "경찰의 범죄분석을 위한 지리정보시스템 활용방안", 『한국공안행정학회보』 제11집. 한국공안행정학회, 306~318.

이황우. 1991. "민생치안과 수사경찰력의 향상", 『치안논총』 제8집. 경찰대학.

이황우. 1995. "지방화 시대에 따른 자치경찰제 도입 모형에 관한 연구", 『한국공안행정학회보』 제4호. 한국공안행정학회.

이황우. 1996[b]. "미국의 지역사회 경찰활동에 관한 연구", 『한국공안행정학회보』 제5호. 한국공안행정학회.

임창호. 1999. "한국지역사회 경찰활동의 활성화 방안에 관한 연구", 동국대학교 석사학위논문.

임창호. 2000. "한국지역사회 경찰활동의 실태분석 및 발전방안", 『한국경찰학회보』 제2집. 한국경찰학회.

전대양. 1998. "일본의 지역사회 경찰활동에 관한 연구", 『수사연구』 8월호. 수사연구.

전대양. 1997. "한국 소년경찰의 활성화 방안", 『한국공안행정학회보』 제6집. 한국공안행정학회.

전용찬. 2000. "한국경찰개혁의 성과와 발전방향", 『한국경찰학회보』 제2집. 한국경찰학회, 391~403.

정영선. 1999. "동아시아 인권과 국가 경제성장 논리: 인권 논의의 '아시아적 가치' 비판을 중심으로", 『정치정보연구』 제2권 2호. 한국정치·정보학회.

정영선. 2000. "인권논리의 아시아적 접근과 쟁점: 인권의 보편성과 경제성장론의 충돌을 중심으로", 『인권과 평화』 제1권 1호. 성공회대학교

인권평화센터.

정영섭. 2002. "행정경험과 노하우", 『지방자치』 2월호. 현대사회연구소.

정윤수. 1994. "치안서비스의 공동생산과 정책방향", 『한국정책학회보』 제3호. 한국정책학회.

정진환. 1998. "경찰기구의 개편과 지방경찰제도의 도입", 『경찰행정』 제2호. 육서당.

정찬형. 1986. "독일의 경찰제도와 교육제도", 『경대학보』 제4호. 국립경찰대학교.

잭 도널리. 1996. "인권개념과 아시아적 가치", 『계간 사상』 겨울호. 사회과학원.

조명래. 1999. "주민참여 활성화, 무엇이 가능하게 하나", 『지방자치』 10월호. 현대사회연구소

조성호. 1998. "경찰의 대국민 친절봉사상 저해요인과 그 대처방안에 관하여", 『한국공안행정학회보』 제7집. 한국공안행정학회, 438~449.

주희종. 1998. "범죄에 대한 공포문제의 해결을 위한 정책대안: 지역사회 경찰활동", 『한국공안행정학회보』 제8집. 한국공안행정학회, 112~118.

최상일 외. 2001. "관료부패 통제전략에 관한 논의(Ⅰ)", 『지방자치』 12월호. 현대사회연구소.

최상일. 2002. "관료부패 통제전략에 관한 논의(Ⅱ)", 『지방자치』 1월호. 현대사회연구소.

최운도. 1999. "치안행정서비스의 특징과 정보화", 『연세사회과학연구』 제5권(가을호). 연세대학교 사회과학연구소, 53~63.

최종술. 1999. "바람직한 자치경찰제의 모형에 관한 연구", 『한국행정학보』 제33권 2호. 한국행정학회.

최준호. 1999. "지방언론 지방정부의 홍보매체인가", 『지방자치』 3월호. 현대사회연구소.

표창원. 1990. "영국경찰, 과학적 강·절도 해결책", 『수사연구』. 수사연구사.

홍성삼. 1999. "경찰서비스 문제점과 개선방안", 『한국행정연구』 제8권 제2호. 한국행정연구원, 32~45쪽.

2. 영 문

1) 단행본

Adams, Thomas F. 1994. *Police Field Operations.* 3rd ed. Englewood Cliffs. NJ: Prentice Hall Career & Technology.

Alderson, John Cottingham. 1984. *Law and Disorder.* London: Hamish Hamilton.

Ames, Walter L. 1981. *The Police and Community in Japan.* Berkeley, California: University of California Press.

Baltimore County Police, Field Operations Bureau. 1988. *Community Foot Patrol Officer Guidelines and Procedures.* Towson, MD: Baltimore County Police Department.

Banton, Michael. 1963. *Social Integration and Police.* Boston: Police Chief. 1963.

Barker, Thomas, Ronard D. Hunter and Jeffery P. Rush, 1994. *Police Systems & Practices: An Introduction.* Englewood Cliffs, NJ: Prentice Hall Career & Technology.

Barker, T. 1986. *An empirical study of police deviance other than corruption, In Police deviance,* Cincinnati, OH: Anderson.

Bayley, David H. 1976. *Force of Order: Police Behavior in the United States.* Berkeley, California University of California Press.

Bayley. 1985. *Patterns of Policing.* New Brunswick, N.J: Rutgers University Press.

Bennett, Trevor. 1987. *An Evaluation of Two Neighborhood Watch Schemes in London.* Cambridge, England: University of Cambridge, Institute of Criminology.

Beyer, Lorraine R. 1993. *Community Policing: Lessons from Victoria.* Canberra: Australian Institute of Criminology.

Boydston, John E et al. 1977. *Patrol Staffing in San Diego.* Washington, D.C.: Police Foundation.

Brown, J. 1990. *Insecure Societies-Drlinquency in Troubled Times.* New York: Macmillan.

Bureau of Justice Assistance, 1994, *Business Alliance: Planning for business and community partnerships*, Washington, D.C.: U.S Department of Justice.

Carter, David L., Allen D. Sapp and Darrel W. Stephens. 1991. *Survey of Contemporary Police Issues: Critical Findings.* Washington, D.C.: Police Executive Research Forum.

Chung, Young-Sun, 1999. *Asian Perspectives on Human Rights and Trade-off Thesis*, Ph. D. Dissertation. The University of Tennessee.

Claude, Richard P., Burns H. Weston. 1992. *Human Rights in the World Community: Issues and Action.* University of Pennsylvania Press.

Cohn, Alvin W. and Emilio C. Viano. 1979. *Police Community Relation: Images, Roles, Realities.* New York: J. B. Lippincott Co.

Copper, C. L. and I. L. Mangham, eds. 1971. *T Group: A Survey of Research.* N.Y.: John Wiley and Sons.

Cox, Steven M. and Jack D. Fitzgerald, 1996. *Police in Community Relations*, Third Ed. Madison: Brown & Benchmark.

Donnelly, Jack. 1989. *Universal Human Rights in Theory and Practice.* Ithaca: Cornell University Press.

Eck, John and William Spelman, 1987. *Problem-Solving.* Washington, D.C.: Police Executive Research Forum.

Ericson R., P. M. Baranek and J. B. L. Chan. 1989. *Negotiating Control*, Milton Keynes: Open University Press.

Farrell, M. J. 1988. *Community Policing: Rhetoric or Reality.* New York: Praeger.

Ferguson, J. A. 1986. *The Third World.* R. J. Vincent ed.

Frank, Fisher. 1995. *Evaluating Public Policy.* Chicago: Nelson-Hall Publishers.

Friedmann, Robert R. 1992. *Community Policing.* New York: Harvester Wheatshef.

Goldstein, Herman. 1990. *Problem-Oriented Policing.* New York: McGraw-Hill.

Hale, Charles D. 1994. *Police Patrol: Operations and Management*, 2nd ed. Englewood Cliffs, NJ: Prentice Hall Career & Technology.

Hartmann, Francis X., Lee P. Brown and Darrel W. Stechens. 1989. *Community Policing: Would You Know It If You Saw It?* East Lansing, MI: National Center for Community Policing.

Helgesen, Jan., Allan Rosas. 1990. *Human Rights in a Changing East-West Perspective*. London: Printer Publishers.

Henkin, Louis. 1985. *Human Rights, Encyclopedia of Public International Law*. Amsterdam: North-Holland.

Houston Police Department.(not dated). 1995. *Citizen Patrol Training Manual*. Mimeographed Training document of the Houston. Texas Police Department.

Johnson, D. R. 1981. *American Law Enforcement: A History*. St. Louis: Forum Press.

Johnson, T. A. 1981[b]. *The Police and Society*. New Jersey: Prentice-hall.

Kansas City, Missouri Police Department. 1977. *Response Time Analysis: Executive Summary*. Kansas City, Mo.: Board of Police Commissioners.

Kelling G. L., T. Pate D. Dieckman, C. E. Brown. 1974. *The Kansas City Preventive Patrol Experiment: A Technical Report*. Washington, D.C.: Police Foundation.

Kelling, George L. et al. 1974. *The Kansas City Preventive Patrol Experiment: A Summary Report*. Washington, D.C.: The Police Foundation.

Kelly, Charles. 1992. *Community Involvement Report of the Chief Constable of Staffordshire for 1992*. Stafford, England: Mimeographed Report of the Staffordshire Constabulary.

Keohane, Robert O., Joseph S. Nye. 1977. *Power and Interdependence-World Politics in Transition*. Boston: Little, Brown and Company.

Meese, E Ⅲ. 1991. *Community Policing and the police officer, Perspectives on Policing*. Washington, D.C: National Institute of Justice.

Montgomery, John. 1996. *Human Rights and Human Dignity*. Michigan: Zondervan Publisher.

Morris, Pauline and Keven Heal. 1981. *Crime Control and the Police: A Review of Research*. London: Home Office Research Study No.67.

Mower, Jr, A. Glenn. 1987. *Human Rights And American Foreign Policy*. New York: Greenwood Press.

National Commission on the Causes and Prevention of Violence. 1969. *Law and Order Reconsidered*. Washington, D.C.: U.S. Government Printing Office.

Peak, Kenneth J., Ronald W. Glensor. 1996. *Community Policing and Problem*

Solving(Strategies and Practices). New Jersey: Prentice Hall.

Pfiffner, John M. 1967. *The Function of the police in a Democratic Society*. Occasional Paper 8 No.1. LA, California, University of Southern California Press.

Radelet, Louis A. and David L. Carter. 1994. *The Police and the Community*, 5th ed. NY: Macmillan College Publishing Co.

Raymond G. Hunt and John M. Magenau. 1993. *Power and the Police Chief: An Institutional and Organizational Analysis*. Newbury Park, California: Sage Publication.

Reiner, Robert. 1985. *The Politics of the Police*. England: Wheatsheaf Books.

Rich, T. F. 1995. *The Use of Computerized Mapping in Crime Control and Preventive Programs Research Action*. Washinton, D.C.: National Institute of Justice.

Roberg, Roy R. and Jack Kuykendall. 1990. *Police Organization and Management: Behavior, Theory, and Processes*. California: Brooks / Cole Publishing Company.

Roberg, Roy R., Jack Kuykendall. 1996. *Police Management*. L.A.: Roxbury Publishing Company.

Roberts, Albert R. 1989. *Juvenile Justice: Policies, Program, Services*. Chicago: Dorsey Press.

Rosentraub, Mark S. and Lyke Thompson. 1982. *Analyzing Urban Service Distributions*. Lexington: D.C. Heath and Company.

Schaffer, Evelyn B. 1980. *Community Policing*. London: Croom Helm.

Siegel, Arthur I., Philip J. Federman and Douglas G. Schultz. 1963. *Professional Police-Human Relations Training*. Springfield: Thomas.

Skolnick, Jerome H., David H. Bayley. 1988. *Community Policing: Issues and Practices Around The World*, National Institute of justice, U.S. Department of Justice.

Spelman, William and Dale Brown. 1984. *Calling the Police: Citizen Reporting of Serious Crime*. Washington, D.C.: National Institute of Justice.

Swanson, Charles R., Leonard Territo, and Robert W. Taylor. 1998. *police*

Administration, 4th ed. New Jersey: Prentice-Hall.

Thibault, Edward A., Lawrence M. Lynch and R. Bruce McBride. 1995. *Proactive Police Management*, 3rd ed. Englewood Cliffs, NJ: Prentice Hall.

Thomas, McEwen, et. al. 1969. *Evaluation of the Differential Police Response Field Test*. Washington, D.C.: National Institute of Justice.

Toch, Hans and J. Douglas Grant. 1991. *Police as Problem Solvers*. New York: Plenum Press.

Torney, J. V. 1980. *UNESCO Report on the Congress on the Teaching of Human Rights*. Paris: UNESCO.

Towler, Juby E. 1964. *The Police Role in Racial Conflicts*. Springfield: Thomas.

Trevor, Bennett. 1990. *Evaluating Neighborhood Watch*. Aldershot: Gower.

Trojanowicz, Robert C and David L. Carter. 1988. *The Philosophy and Role of Community Policing*. East Lansing, MI: National Center for Community policing.

Trojanowicz, Robert C., Bonnie Bucqueroux. 1998. *Community Policing: A Contemporary Perspective*. Cincinati: Anderson Pub Co.

Trojanowicz, Robert C. and Hazel A. Harden. 1985. *The Status of Contemporary Community Policing*. East Lansing, Michigan: National Neighborhood Foot Patrol Center, Michigan State University.

UNESCO. 1993. *The International Congress on Education for Human Rights and Democracy*, Canada: UNESCO.

Vasak, Karal 1982. *The international Dimensions of Human Rights*. Westport: Greenwood Press.

Wallace, Harver, Cliff Roberson, and Craig Steckler. 1995. *Fundamentals of Police Administration*. Englewood Cliffs, New Jersey: Prentice Hall.

Weatheritt, M. 1986. *Innovations in Policing*. London: Croom Helm Ltd.

Whisenand, Paul M. and R. Fred Fergunson. 1996. *The Managing of Police Organization*s. New Jersey.

Whitmire, Kathryn and Lee P. Brown. 1995. *City of Houston Command Station / Neighborhood Oriented Policing Overview*. Houston: Houston Police Department.

2) 논 문

Crawford, Beverly and Arend Lijphart. 1995. "Explaning Political and Economic Change in Post-Communist Eastern Europe." *Comparative Political Studies*, Vol.28, No.2. 171~199.

Donnelly, Jack. 1986. "International human rights: a Regime Analysis." International Organization.

Ekblom, P. 1992. "Urban Crime Prevention: Development of Policy and Practice in England." *International Society for Criminology XL VII International Course on Crime Prevention in the Urban Community*, April 13~17. 211~234.

George, Joyce St. 1991. "Sensitivity Training Needs Rethinking." *Law Enforcement News*, Nov.30.

Henderson, Kristin and Lt, Robert Lowell. 2000. "Reducing Campus Crime Through High-Definition Mapping." *Crime Mapping Case Studies: Successes in the Field.* Vol.2, N.Y.: Police Executive Research Forum. 3~12.

Hillery, G. A. 1958. "Definition of Community: Area of Agreement." *Sociology* 23, March.

Hunter, Ronald D. 1990. "Three Models of Policing." *Police Studies*, Vol.13, No.3.

Kagan, Robert. 1998. "What Korea Teaches", *The New Republic*, Vol.218, No.10.

Klotz, Audie. 1995. "Norms reconstituting interest: global racial equality and U.S.santions against South Africa." *IO* 49, 3(Summer). 451~478.

Mclanus, Tina. 1992. "Columbia, South Carolina: Officers Become Neighbors Through Police Home Loan Program." *Footprints*, 4(1).

Reno, Susan. 1998. "Using Crime Mapping to Address Residential Burglary." *Crime Mapping Case Studies: Successes in the Field.* N. Y.: Police Executive Research Forum. 15~21.

Rieckenberg, Eric J. and Tara Grube. 1998. "Reducing Traffic Accidents Using Georgraphic Analysis." *Crime Mapping Case Studies: Successes in the Field.* N.Y.: Police Executive Research Forum.

Robbin, Christine A. 2000. "Apprehending Violent Robbers Through a Crime Series Analysis." *Crime Mapping Case Studies: Successes in the Field*. Vol.2. N.Y.: Police Executive Research Forum. 73～79.

Rosenbaum, Dennis P. 1987. "The Theory and Research Behind Neighborhood Watch: Is It a Sound Fear and Crime Reduction Strategy?" *Crime and Delinquency*.

Schmitz, Hans Peter & Kathryn Sikkink. 2003. "International Human Rights", Walter Carlsnaes et al. eds. *Handbook of International Relations*, London: SAGE Publications.

Shlesinger, P. et al. 1991. "The Media Politics of Crime and Criminal Justice." *in British Journal of Sociology*, Vol.42, No.3. 397～420.

Snyder, Jack. 1989. "International Leverage on Soviet Domestic Change." *World Politics*. Vol.37, No.1. 1～30.

Stipark, B. 1984. "Interpreting Subjective Data for Program Evaluation." *Policy Studies Journal*, 12(December).

Spellman, William and John E. Eck. 1986. "Problem-Oriented Policing." National Institute of Justice. *Rearch in Brief*(October).

Spercey, tephen L. 1980. "Response Time and Citizen Evaluation of Police." *Police Science and Administration* 8. 75～86.

Vernon, R. L. and J. R. Lasley. 1992. "Police / Citizen Partnerships in the Inner City." *FBI Law Enforcement Bulletin*, May. 18～22.

Weigel, George. 1995. "Are Human Rights Still Universal?" *Commentary*, Vol.99, No.2(Feb). 41～45.

Whitaker, Goldon P. 1980 "Coproduction: Citizen Participation in Service Delivery." *Public Administration Review* 40(3). 240～246.

Wycoff, Mary Ann, and Wesley G. Skogan. 1994. "The Effect of a Community Policing Management Style on Officers' Attitudes." *Crime and Delinquency*, Vol.40, No.3, Jury.

3. 자 료

경찰개혁위원회. 1999. 『자치경찰제의 이해(자치경찰제의 이념, 조직, 운영, 수사권)』.

경찰관직무집행법.

곽노현, 1994. "문민정부 1년의 인권정책: 평가와 내용." 민변 주최 심포지엄 '인권으로 본 김영삼 정부의 평가' 서울. 2월.

국가인권위원회법.

극동조사연구소. 1998. 『98 전국민대상 치안행정관련 여론조사결과보고서』. 12월.

대법원 2001.10.26.선고, 2001다51466 위자료청구사건.

대한민국헌법.

서울지방법원 1999.12.1.선고, 99가합54351 손해배상사건.

유엔세계대회를 위한 민간단체공동대책위원회. 1994. 『'93 유엔세계인권대회자료집』. 166.

유엔한국협회 역. 1996. "유엔이란 무엇인가." 『UN, Basic Facts About The United Nations』 서문참조.

이대훈. 2003. "국가인권교육계획 수립을 위한 인권교육의 정의와 정책 방향 — 유엔 인권교육 10개년 행동계획에 기초하여 —." 『인권교육실태와 발전방향』 세미나. 국가인권위원회.

이상안. 2000. "경찰보수예산의 국부창출효과와 체계개선." 치안정책학술세미나 제10회. 치안연구소. 4월.

이상안 외. 2000. "경찰개혁의 평가와 지속화 전략." 제12회 치안정책학술세미나.

이재훈, "투자해야 선진경찰이 된다." 『월간조선』 1월호.

인권운동사랑방 인권교육실. 2000. "유엔과 국제인권법." 1회민간단체활동가를 위한 인권교육 워크샵. 1월.

한국개발연구원. 『경찰관 의식결과』. 1991년 1월 7~10일(대상: 경찰관 1,500명)

헌법재판소 전원재판부 2001.7.19.선고, 2000헌마546.

Donnelly, Jack. 1986. "International human rights: a Regime Analysis." *International Organization.*

International City Managers Association, 1967. "Police-Community Relations Programs."

Management Information Service Report No.286. Washington, D.C.

Interpol. 1987. "Policing and Justice in Europe." *International Criminal Police Review*, No.407.

Murdock, George P. 2002. 『Outline of Cultural Materials』(5rd ed.)참조.

President's Commission on Law Enforcement and Administration of Justice, 1967. *The Challenge of Crime in a Free Society.* Washington, D.C.: U.S. Government Printing Office.

Spelman, William. 1987. *Problem-Solving.* Washington, D.C.: Police Executive Research Forum. xv.

경향신문 1999년 2월 11일자.
경향신문 2002년 11월 5일자.
국민일보 2001년 10월 19일자.
대한매일 1995년 10월 18일자.
대한매일 1999년 3월 23일자.
대한매일 1999년 11월 16일자.
대한매일 2001년 2월 23일자.
동아일보 1999년 3월 24일자.
동아일보 1999년 5월 2일자.
동아일보 1999년 6월 7일자.
세계일보 2000년 10월 20일자.
세계일보 2001년 2월 2일자.
세계일보 2001년 3월 2일자.
연합뉴스 2000년 5월 10일.
전북일보 2002년 9월 28일자.
조선일보 1999년 5월 2일자.
조선일보 1999년 11월 10일자.
중앙일보 2000년 6월 29일자.
한국경제신문 2000년 1월 14일자.
한국경제신문 2000년 3월 8일자.
한국일보 1990년 1월 13일자.

한겨레신문 1999년 4월 5일자.
한겨레신문 2000년 6월 10일자.
한겨레신문 2002년 2월 15일자.

4. 인터넷 홈페이지

http://cp1.khan.co.kr/board.cgi?mode=read&num=77855&db=netizen(검색일: 2002. 11. 1)
http://cyberhumanrights.com: 5555/index.html(검색일: 2003. 2. 7)
http://home.cein.or.kr/~goto33/doc4/4212.htm(검색일: 2003. 2. 27)
http://members.tripod.lycos.co.kr/bobesum/3-04.htm(검색일: 2002. 11. 1)
http://myhome.netsgo.com/cwsamk/논문개요.htm.(검색일: 2003. 3. 10)
http://myhome.netsgo.com/cwsamk/수원21세기.htm.(검색일: 2003. 3. 2)
http://www.amnesty.or.kr/journal/ai5~6/committee.htm(2002년 9월 24일 검색)
http://www.budreview.com/html/1/1-nondan-chosung-3.htm(검색일: 2003. 2. 25)
http://www.helproad.co.kr/news/news2001a6.htm(검색일: 2002. 9. 24)
http://www.humanrights.go.kr - 인권정보 - 인권통계자료(검색일: 2007. 1. 19)
http://www.jachi.co.kr/study/local_0101.htm(검색일: 2004. 6. 17)
http://www.kopsa.org/new/new2/k-index.htm(검색일: 2003. 3. 4)
http://www.nkhumanrights.or.kr/pds/pds_docu.html(검색일: 2003. 2. 10).
http://www.police.go.kr/cybercenter/cybercenter/body_others.html(검색일: 2002. 9. 24)
http://www.rights.or.kr(검색일: 2003. 2. 8).
http://www.rights.or.kr/html/rights040001.html?num=41&new_num=11&page=
      4&search=&search_1=&searc(검색일: 2003. 2. 15).
http://www.sarangbang.or.kr/kr/main/kr-frame.html(검색일: 2002. 9. 25)
http://www.socialwork.ne.kr/rights/content.asp?idx=112(검색일: 2002. 9. 24)
http://www.youthright.or.kr/ja10.htm(검색일: 2003. 2. 13).
http://100.nate.com/EnSrch.asp?kid=10416850(검색일: 2004. 6. 17)

■ **저자 약력** ■

김 수 원

전북대학교 정치외교학과를 졸업하고 동 대학원에서 『지역사회 경찰활동(Community Policing)과 인권에 관한 연구』로 박사학위를 받았다. 2003년도부터 국가인권위원회 조사관으로 근무하면서 다양한 분야에서의 인권침해 조사와 사례를 연구하였으며, 현재는 우석대학교 경찰행정학과 교수로 재직하면서 범죄수사, 인권관련 과목들을 강의하고 있다.

한국부패학회 전북지역위원장 및 국민고충처리위원회 자문위원, 교정행정자문위원으로도 활발한 활동을 하고 있으며 주요 논저로는 『경찰의 사생활 비밀 침해에 관한 연구』, 『수사관행에서 나타난 경찰윤리의 해이』, 『한국자치경찰에 대한 인식과 도입에 관한 연구』, 『경찰의 인권보호 향상방안: 경찰서 유치장 실태와 관련하여』, 『정신질환자 인권과 경찰: 정신의료기관 사례를 중심으로』, 『다수인 보호시설의 사회적 책임에 관한 연구』 등이 있다.

경찰활동과 인권

• 초판 인쇄	2007년 7월 10일
• 초판 발행	2007년 7월 10일
• 지 은 이	김수원
• 펴 낸 이	채종준
• 펴 낸 곳	한국학술정보㈜
	경기도 파주시 교하읍 문발리 526-2
	파주출판문화정보산업단지
	전화 031) 908-3181(대표) · 팩스 031) 908-3189
	홈페이지 http://www.kstudy.com
	e-mail(출판사업부) publish@kstudy.com
• 등 록	제일산-115호(2000. 6. 19)
• 가 격	17,000원

ISBN   978-89-534-6989-1 93340 (Paper Book)
           978-89-534-6990-7 98340 (e-Book)